KB244994

로마의 선택과 결정

① 도시의 창건

로마의 선택과 결정

① 도시의 창건

초판 1쇄 인쇄일 2018년 6월 25일
초판 1쇄 발행일 2018년 7월 2일

편저자 윤홍렬
펴낸이 양옥매
디자인 표지혜 송다희

펴낸곳 도서출판 책과나무
출판등록 제2012-000376
주소 서울특별시 마포구 방울내로 79 이노빌딩 302호
대표전화 02.372.1537 **팩스** 02.372.1538
이메일 booknamu2007@naver.com
홈페이지 www.booknamu.com
ISBN 979-11-5776-575-1(04920)
ISBN 979-11-5776-576-8(04920) 〈세트〉

이 도서의 국립중앙도서관 출판시도서목록(CIP)은 서지정보유통지원 시스템
홈페이지(http://seoji.nl.go.kr)와 국가자료공동목록시스템
(http://www.nl.go.kr/kolisnet)에서 이용하실 수 있습니다.
(CIP제어번호 : CIP2018019231)

*파손된 책은 구입처에서 교환해 드립니다.

로마의
선택과 결정

1

도시의 창건

윤홍렬
편저

책과나무

신神의 검지를 위해 여백을 남긴다

Ad indicem Dei marginem relinquo

• 일러두기 •

1. 이해를 돕기 위해 시대별로 통사를 앞에 두었고, 개별 서사는 뒤따르면서 요약 또는 설명을 먼저 서술하고 그다음에 내용을 붙였다.

2. 지명은 당시의 지명에 따랐으며, 필요시 현재 지명을 부기해 두었다. 다만 오히려 혼란스러울 경우에는 현재 지명으로 표기했다.

3. 기원전은 'BC', 기원후는 'AD'로 표기했으나 아무런 표기가 없는 경우 기원후다.

4. 도량형은 가능한 현대식으로 표기했고, 화폐 단위와 토지 면적 등은 단수형으로 표기했으며, 인명은 프라이노멘 · 노멘 · 코그노멘을 모두 명기한 경우에도 셋 중 일반적으로 통용되는 1개만 주로 적었다.

5. 나이는 한국식으로 적었으며, 필요시에는 만 나이를 부기해 두었다.

6. 지도의 지명이 여러 곳일 경우는 좌에서 우로, 상에서 하로 붙였다.

7. "마음에 새기는 말"은 참고한 문헌에서 말한 자의 이름을 언급한 경우에는 명시했으며, 저자의 말을 인용했을 경우에는 별도로 이름을 명시하지 않았다.

8. 용어 정리는 종교, 군사, 정치 · 행정, 사회, 시설 · 기타 등의 순서로 했다.

○ 서로마의 경우만 보더라도 로마는 BC 753년에 건국하여 AD 476년
오도아케르에게 멸망(동로마는 AD 1453년 오스만 튀르크에 멸망)할 때
까지 1229년을 지켜 온 국가였다. 이 국가는 동으로는 메소포타미
아에 접하고 서로는 브리타니아까지, 남으로는 사하라 사막을 접하
며 북으로는 라인강과 도나우강을 경계로 하는 광대한 영토에 동일
한 생각과 가치관의 씨앗을 뿌렸다. 이러한 판도를 아우르던 로마는
오늘날 세계 문명을 이끌고 있는 서구 유럽 사회의 기반이 되었을 뿐
아니라 무력과 종교 그리고 법으로 세계를 3번이나 정복했다. 로마
가 어떻게 형성되고 무슨 이유로 멸망했는지, 그리고 그 세계에 속한
사람들의 생각과 행동이 어떠했는지에 대하여 과거를 살펴보는 인간
의 본성에 따라 이를 정리하여 의미 있는 부분을 되새긴다면, 권력이
란 무엇인가 그리고 인간성이란 과연 어떤 것인가, 더 나아가 산다는
것과 죽는다는 것의 가치를 어떻게 정의할 것인가에 깊이 생각하는
계기가 될 것 같다.

○ 역사서를 읽어야 하는 이유는 인간이란 어리석음을 반복하기 때문이다. 역사서를 접할 때마다 격앙된 느낌을 가지며, 책을 덮었을 때 무엇인가 보태었다는 생각이 드는 것은 비록 나만이 아닐 것이다. 역사 서술은 고된 훈련과 폭넓은 시야를 통해 인간의 이성을 자극하여 일깨우는 과정이므로 지식과 생각에 균형을 잡아 주고 판단의 그르침을 막아 주는 것은 역사서만 한 것이 없다고 한다. 또한 어리석은 자는 경험을 해야만 깨닫지만 현명한 자는 남의 경험으로부터 깨닫는다고 하는 만큼 역사란 과거를 되짚어 미래를 지향하는 분야다. 역사를 읽는 독자에게 얽히고설킨 주변의 문제를 어떻게 해결할 것인지에 대해 도움을 줄 수 있는 것은 그 결과가 어땠는지 미리 볼 수 있기 때문이다. 마키아벨리는 반복되는 인간의 어리석음에 대해 이렇게 설파했다. "과거의 사건들을 부지런히 검토하는 자는 모든 나라에서 일어나는 사건들을 쉽게 예견하게 된다. 그리하여 그는 과거의 사람들이 사용한 치유책이나 유사성에 착안하여 미래의 일들에 적용할 수 있다. 하지만 이러한 경우에도 그의 통찰이 사회적 지도 계층에게 무시되어 이해되지 않거나, 그렇지 않더라도 통치자들에게 알려지지 않기에 어느 시대건 동일한 분쟁이 반복해서 일어나기 마련이다."

○ 기번은 로마 제국 쇠망사를 쓸 때 평생에 가장 행복했다고 했으며, 플루타르코스는 남을 위해 영웅전을 쓰기 시작했지만 결국 자신을 위해 집필을 이어 가고 있으며 즐거움을 느끼고 있다고 실토했다. 좋은 책이란 읽고 나서 사색할 것이 많다는 점에서만 본다면, 똑같은 책을 읽어도 누가 읽느냐에 따라 즐거움과 마음의 풍요로움이 다를 수는 있겠다. 하지만 책 한 권이 인생관을 바꿀 수 있다는 것은 평소

에 쉽게 깨달을 수 있는 것이 아니지만, 적어도 로마사는 쉽지 않은 책 중 하나에 포함되지 않을까 생각된다. 로마사는 통치자, 귀족과 평민, 군대 그리고 속주들의 갈등이 뒤섞이고 인간 내면의 어둡고 일그러진 본성을 들추어내면서 준엄한 목소리로 교훈을 주고 있다. 이러한 내용을 정리하여 항상 옆에 놓아둔다면 인생의 깊이를 느끼면서 읽어 볼 수 있으리라 생각하고 그런 책을 찾았다. 그러나 누군가가 말했듯이 찾고 있던 책을 결국 본인 스스로 쓰게 되었다는 전철을 되밟고 말았다.

○ 역사란 모름지기 보는 자에 따라서 다른 것이 당연함에도 우리는 그러하지 못하다. 조선의 청렴한 명재상 황희 정승조차도 대사헌 때 황금으로 뇌물을 받았고 부도덕한 여인을 자신의 집에 숨겨 주는 대가로 몸을 요구하는 패덕을 부렸다고 하지 않던가 말이다. 그러나 이러한 청백리를 대놓고 비난한다면 그자가 정신없는 사람이거나 상식이 없는 사람이거나 심지어 국익에 위해를 가하는 사람으로 매도될지 모른다. 따라서 우리의 역사는 누구를 냉정하게 바라보지 못하고 기껏해야 기존에 비난받았던 자들에게 다시 한 번 난도질하기 십상이다. 새로운 시각으로 사실을 드러내며 비판을 시도한다면 그의 지지자들은 온갖 방법으로 막으려 할 것이다. 세계 일류 국가들은 자신의 비판에 겸허했다. 카이사르가 카토를 찬양하는 키케로에게 논박은 하였을지언정 권력을 휘두르지는 않았고, 아우구스투스는 리비우스에게 공화파라고 놀리기는 했을지언정 권력으로 위압을 가하지는 않았다. 이는 다시 말해 언론의 자유와 같으며, 자유로운 정신을 가진 자라면 인정해야 할 최소한의 양심이기도 하다. 이를 거부하고 인

정하지 않는다면 우리가 집단 독재를 바라는 것이 아니고 무엇이겠는가? 타키투스가 말했듯이 자유란 원하는 대로 생각할 수 있어야 하고 생각하는 대로 말할 수 있어야 하기 때문이다.

○ 신은 살아 있어 역사 속에서 신의 의지와 발자취를 느낄 수 있으며, 따라서 역사를 서술하는 것은 신에 대한 봉사 정신이라고 했다. 우리가 자신의 오점과 부정함에 대한 비난에 겸허하지 않는다면 이류 국가요 이류 민족이 될 수밖에 없다. 역사서란 과거의 사료를 가지고 재구성한 결과물이며 그 속에는 온갖 모범 사례들이 나열되어 있다. 그 과정에서 무엇을 취하고 무엇을 버릴 것인가 그리고 어떻게 해석하고 어떤 가치를 부여할 것인가는 사람마다 차이가 있음이 당연하다. 그러나 이를 인정하지 못하는 것이 우리의 버릇임을 실토할 수밖에 없다면, 우리는 남의 역사에는 한결 관대하니 그들을 살펴보아 우리를 되짚어 보고자 한다. 다만 여기서 실명으로 서술한 것은 그의 품성을 탓하고자 한 것이 아니라, 그 행동의 잘못을 지적하고자 했을 따름이다. 기품으로 본다면 그들은 모두 자신의 지위에 모자람이 없으리라. 그럼에도 비난하는 자는 자신의 허물은 잘 보지 못하나 남의 허물은 덮어 두질 못한다는 질책을 기꺼이 받고자 한다.

○ 그럼에도 역사는 서술하는 자가 누구냐에 따라 관점이 달라지고 정직한 자가 아집과 비열함과 위선으로 가득 찬 사람이 될 수 있다. 따라서 생각을 달리할 수 있는 사실들은 참고 문헌을 편집하는 과정에서 한 번 더 짚어 보며 설명을 붙였지만, 오히려 그것이 원작의 깊이를 훼손하지 않을까 걱정된다. 이렇듯 미네르바의 부엉이는 황혼이

깃들기도 전에 날개를 폈다. 그러나 하나하나의 사건들을 지혜의 산실로 여겨 삶의 나침판으로 사용하고, 비록 설익은 판단일지라도 그렇게 생각할 수 있겠구나 하며 이해하여 주고, 더 잘 아는 분들은 나의 오류를 용서해 주기 바랄 뿐이다. 더불어 로마사와 관련된 몇 가지 잘 알려진 그리스 신화를 덧붙여 두었다. 키케로는 훗날 세네카에게 창조적 사상가가 아닌 절충적이고 모방적인 철학자라며 호되게 비판당했지만, 키케로 스스로도 한 권의 책을 제외하고는 자신의 어떤 저술에도 독창성을 주장하지 않았다고 한다. 그는 이렇게 말했다. "이 책들은 남의 생각을 베낀 사본이다. 나는 거기에 낱말을 공급했을 뿐이다." 이것은 나에게도 틀린 말이 아니었다.

○ 이 글을 아들과 딸 그리고 그들의 아들과 딸에게 남긴다.

−2018년 6월
윤홍렬

2

공화정 시대 BC 509년~BC 27년

왕정 시대

1-1. 건국 신화와 일곱 왕(BC 753년~BC 509년)

○ 트로이아(註. Troia 영식으로 '트로이Troi')가 함락되자, 트로이아 왕 프
리아모스의 사위이며 안키세스의 아들인 아이네아스(註. 그리스식은
'아이네이아스')는 베누스 신(註. 그리스의 '아프로디테', 영식으로 '비너
스')의 도움을 받아 불타는 트로이아를 뒤로 한 채 일족을 이끌고 탈
출했다. 그는 시킬리아(註. 현재 지명 '시칠리아')에서 만난 풍랑으로
조난을 당해 카르타고 해안까지 떠내려갔지만 그곳에서 디도 여왕의
도움으로 구조된 후 그녀와 사랑에 빠졌다. 하지만 유피테르 신(註.
그리스의 '제우스')은 카르타고에서의 안락한 삶을 꾸짖었다. 유피테
르의 충고에 이성을 되찾은 아이네아스는 디도 여왕의 애절한 만류
를 뒤로한 채 유민들을 이끌고 '약속의 땅' 이탈리아로 항해하여 로마
근처 해안에 도착했다. 아이네아스는 그곳의 왕 라티누스에게 신망
을 얻었지만 연적 투르누스와의 전쟁에서 승리한 다음에야 라티누스
의 딸 라비니아 공주와 결혼하여 정착할 수 있었다. 세월이 흘러 트
로이아를 떠나올 때 함께 데려온 어린 아들 아스카니우스가 어느덧
장성했다. 그는 부모의 영토를 이어받기보다는 스스로 나라를 세우
겠다며 부모 곁을 떠나 알바롱가에 자신의 왕국을 건설했다.

○ 수백 년이 흐른 뒤 알바롱가의 왕위는 누미토르와 아물리우스 형제
에게 세습되었지만, 두 형제는 왕권을 놓고 서로 다투다가 동생 아물
리우스가 형을 물리치고 왕권을 독점했다. 그뿐만 아니라 아물리우

스는 형의 자손이 생겨서는 안 된다고 생각하고 조카 실비아를 여사제로 만들었다. 그러던 어느 날 실비아는 군신 마르스의 총애를 받게 되었고 그와 관계하여 쌍둥이 형제 로물루스(Romulus)와 레무스(Remus)를 잉태했다. 아물리우스는 실비아가 자신의 명령을 어긴 것에 격노하며, 조카가 쌍둥이를 낳자 부하를 시켜 쌍둥이를 내다 버렸다. 하지만 버려진 아이들의 운명은 그들을 그대로 죽게 내버려 두지 않았다. 쌍둥이는 어미 늑대에게 발견되어 늑대의 젖을 먹고 아사의 위험에서 가까스로 벗어날 수 있었기 때문이다. 게다가 그들은 마침 그곳을 지나가던 양치기에게 발견되어 생명을 구할 수 있었다.

○ 양치기로 자라난 쌍둥이 형제는 우연히 외할아버지 누미토르를 만나면서 비극 속에 숨겨진 자신들의 과거를 알게 되었다. 복수심에 불탄 그들 형제는 세력을 모아 알바롱가로 쳐들어가서 아물리우스를 폐위하고 외할아버지의 왕위를 되찾아 주었다. 그런 후 그들 형제는 범죄로 얼룩진 알바롱가에서 왕위를 계승하느니 차라리 그곳을 떠나 새로운 도시를 세우기로 결정했다.

○ 티베리스강(註. Tiberis 강의 현재 명칭 '테베레강'. 이 강은 애초에 '투스쿠스강' 또는 '알불라강'으로 불리다가 알바롱가 왕 티베리누스가 강물에 빠져 죽은 이후로 '티베리스강'으로 불렸다.) 언덕에 터를 잡은 두 형제는 형 로물루스가 팔라티누스 언덕에, 동생 레무스는 아벤티누스 언덕에 국가를 세우자며 서로 간의 고집을 굽히지 않았다. 결국 내기로 승부를 가리기로 했으나 내기에서 패배한 레무스가 형의 승리를 인정하지 않자 형제는 각각 나라를 다스리기로 했다. 그러나 내기에 져 분통이 터진 레무스는 자신이 거처하던 아벤티누스 언덕을 나와 형이 위치를 정하고 성벽을 쌓은 신성한 도시 경계선(註. '포메리움

pomerium')을 침범하는 짓을 저질렀고, 이에 분노한 로물루스는 레무스를 살해하고 말았다.(註. 역사가 리비우스는 로물루스가 레무스를 직접 살해했다고 했지만, 시인 오비디우스는 로물루스가 켈레르에게 누구든지 포메리움을 넘는다면 죽일 것을 명령했다고 전한다. 따라서 레무스가 나지막한 성벽을 조롱하며 이를 넘자 켈레르가 그를 삽으로 쳐서 죽였으며, 로물루스는 동생의 죽음을 알자 눈물을 억제하지 못하며 애도했다고 한다.) 이 때문에 훗날 어느 시인은 이렇게 읊조렸다. "로마의 도성은 처음 쌓은 성벽부터 형제의 피가 흘러내렸노라." 이것이 로마 건국에 대하여 전해 내려오는 신화와 전설이다.

○ 최초의 로마인은 모두 3천 3백 명이었고, 장로로서 원로원 의원 100명을 선출했다. 건국은 되었으나 로마 시민들은 도망자, 부랑인, 가난뱅이 등과 같은 사회적 낙오자로 이루어져 결혼할 여인을 구할 수 없었다. 이에 로물루스는 계책을 마련했다. 그는 신성한 물건을 발견했다는 소문을 퍼뜨렸고, 이를 기념하기 위해 잔치를 벌일 것이라며 인접 부족인 사비니족을 연회에 꾀어냈던 것이다. 사비니인들이 연회에 정신이 팔려 있을 때, 로마인들은 미리 계획한 대로 로물루스의 신호에 따라 사비니족의 여인들을 강제로 납치한 후 자신들의 아내로 삼고 말았다. 엉겁결에 로마인들로부터 폭거를 당한 사비니족은 잃어버린 오누이와 딸들을 돌려 달라고 로마 측에 강력히 요구했지만, 강탈한 자가 스스로 내놓기는 만무했다. 그녀들이 하녀가 아니라 정식 아내로서 살고 있으니 결혼을 인정해 달라는 답변만 로마인들로부터 되돌아왔을 뿐이었다.

○ 굽히지 않는 두 부족 간의 주장으로 협상은 결렬되고, 결국은 창과 검의 힘으로 상대를 납득시키는 일만 남게 되었다. 잡혀 온 여인들

은 신체가 강탈당한 충격에서 채 벗어나기도 전에 친정아버지와 오라비의 피로써 지참금을 마련하게 된 것이다. 사비니족은 티투스 타티우스를 총사령관으로 임명하여 로마로 밀어닥쳤다. 수차례의 전투는 수많은 전사자와 불구자 그리고 부상자를 낳았지만 쉽게 승패를 가르지 못했다. 그러자 로마인의 아내가 된 사비니족 여인들은 자신들의 오라비와 남편이 서로 간에 싸우는 가혹하고도 잔인한 현실을 더 이상 견딜 수 없었다. 마침내 여인들은 이 비참한 현실을 멈추게 해야겠다고 마음먹고, 한참 전투가 진행 중인 전쟁터에 끼어들었다. 그녀들은 이 전쟁으로 인해 자신들이 얼마나 비참한지를 호소했다. 여인들의 눈물과 비참한 현실에 결국 로물루스와 타티우스는 협정을 맺고 두 부족을 합쳐 공동 통치하기로 합의했다. 도시는 로물루스 이름을 따라 '로마'로 불렸으며, 시민들은 사비니족의 도시인 쿠레스(Cures)에서 따와 '퀴리테스(Quirites)'라고 부르기로 결정했다.(註. 고대 라틴어는 'c'와 'q'의 음가가 분명하게 구분되지 않아 혼용했다.)

○ 로물루스 왕이 저지른 범죄가 두 부족의 동화로 마침표를 찍은 후, 동화 정책이 로마를 이끄는 국가 정책의 주요 이념과 지표가 되었다. 로마의 동화 정책은 한번 동맹으로 맺어진 국가들이 훗날 로마의 적들이 내미는 강력한 유혹에도 손을 내밀지 않는 이유가 되곤 했으며, 국가 팽창 시대에는 몇 개의 군단보다도 가치 있는 정복의 무기가 되어 주었다.

○ 어느 날 타티우스가 로물루스의 사주를 받은 폭도에게 살해되자, 권한은 로물루스에게 집중되었다. 처음에는 타협과 공정성을 유지했던 그도 집권 기간이 길어지자 강압과 독선으로 치달았다. 한마디로 그는 전제 군주로 변했다. 원로원조차도 왕에게 조언하지 못했으며,

왕의 명령을 묵묵히 듣고서는 시행할 뿐이었다. 더군다나 베이이(註. 현재 지명 '베이오')와의 전쟁에서 획득한 전리품을 로물루스가 임의로 분배함에 따라 불만은 결정적으로 커지고 말았다. 로물루스가 전제 정치를 마구 행하는 가운데 그에게 반대하는 세력이 서서히 고개를 쳐들기 시작한 것이다. 그러다가 폭풍우가 몰아치던 어느 날, 제사를 지내던 로물루스가 갑자기 사라졌다. 사람들은 지상의 일을 모두 마친 그가 하늘로 올라가서 퀴리누스 신이 되었다고 했다. 로물루스의 죽음은 그렇게 전해지고 있다.

○ 로물루스가 죽은 후 두 부족은 서로 자신의 부족민 중에서 다음 왕을 추대하려고 경쟁했다. 몇 번의 회의 끝에 마침내 그들은 공정한 결론에 도달했다. 로마인이 왕의 선택권을 가지되 사비니족 중에서 왕의 인품을 가진 가장 훌륭한 자를 뽑기로 했고, 사비니족은 로마인에게 선택된 로물루스의 후계자에 대해 승인권을 가지기로 결정한 것이다. 로마인들은 로마로 이주하지 않은 사비니인 중에서 명망 있던 누마를 다음 왕으로 선택했고, 사비니인들도 로마인들의 결정을 이의 없이 받아들였다. 그만큼 누마의 명성과 인품은 높았고 소문이 자자했기 때문이다. 하지만 누마는 로마인의 전투적인 성향이 자신의 기질과는 너무나 다르다는 이유로 왕의 자리를 거절했다. 몇 번이나 왕위를 거절하자 누마의 아버지가 나서서 그에게 통치의 고삐를 움켜잡고 전쟁을 즐겨 하는 로마인들을 질서와 평화의 길로 인도하라고 충고하기에 이르렀다. 왕이 될 운명을 타고난 자가 어찌 자신의 운명을 거역할 것인가? 결국 누마는 아버지의 충고에 따라 왕위를 수락하게 되었다.

○ 누마는 즉위하자마자 로물루스가 거느리고 있던 3백 명의 호위병들

을 해산시켰다. 그가 생각하기에 호위병이란 압제 수단이자 전제 정치의 표상일 뿐이었다. 또한 누마는 제위 기간 동안 제례의 규칙을 정했고 국가 체계의 목적과 목표를 설정했다. 누마가 등극했을 때만 해도 로마는 라틴파와 사비니파로 그리고 신시민과 구시민으로 분열되어 있었다. 그뿐만 아니라 진정한 의미에서 국가가 아니었으며 오갈 데 없는 무리들이 모인 부랑자들의 모임에 불과했다. 누마는 이들을 하나로 결속하기 위해 농촌에서는 소작농 공동체를 만들었고, 도시에서는 기능별 조합(註. '콜레기움collegium'이라고 한다.)인 목수 조합, 철공 조합, 염색공 조합 등을 조직했다. 이들 조직은 서로 간에 경쟁하며 부족 간의 대립을 초월했고, 그렇게 하여 마침내 로마에서는 부족 간의 대립과 다양성이 서서히 사라지게 되었다. 또한 누마는 전쟁을 포기하여 평화를 세웠으며 신을 섬기며 두려워할 줄 아는 시민들로 개조했다.

○ 로마인들은 누마의 뛰어난 지혜가 그의 연인인 숲과 샘의 여신 에게리아로부터 신탁받은 것이라고 믿었다. 왜냐하면 그는 생각에 잠길 때마다 숲으로 가서는 며칠이고 머무르다 나왔고, 그때마다 신선한 제안을 내놓았기 때문이다. 이렇듯 누마의 정책은 신비에 싸여 '폰티펙스'라는 사제직과 '베스타'라는 여사제직 등 종교 제도를 만들었다.(註. 베스타Vesta는 화로를 수호하는 여신이다. 고대의 공동체에서 불씨는 쉽게 구할 수 없는 소중한 것이었으므로 불씨의 보존은 여성의 중요한 일이었다. 따라서 베스타는 농경민에 의해 만들어진 화로와 같은 임시 취사 시설이 지적 영역에 반영되어 여신으로 이상화되었다.) 그러나 평화와 우정을 기초로 한 누마의 정책은 그가 죽자 얼마 안 있어 곧 사라지고 말았다. 왜냐하면 시민들의 교육을 기반으로 하지 않은 정책

이란 영속되지 못하는 법이었기 때문이다.

○ 누마의 뒤를 이은 툴루스는 누마의 정책을 패대기쳤다. 그는 누마 왕의 종교 정책에 따라 40여 년간 무기를 손에 놓았던 로마인들을 훈련과 지도를 통해 순식간에 병사화시켰던 것이다. 로물루스만큼이나 호전적이었던 툴루스는 로마의 모태인 알바롱가를 병합하기로 마음먹었다. 마침내 그는 양 도시의 경계선에 거주하는 농민끼리의 다툼을 빌미 삼아 전쟁을 일으켰다. 하지만 로마 왕 툴루스와 알바롱가의 왕 메티우스는 양 도시의 병사들끼리 전투를 벌인다면 서로 간의 출혈이 너무 심하다고 생각했다. 전투의 결과로 패자는 물론이거니와 승자도 심각한 피해를 입을 것은 뻔했고, 이 기회를 노려 인접한 국가들이 공격을 시도한다면 막지 못할 것이 틀림없었다. 그리하여 그들은 두 진영에서 가장 뛰어난 전사를 각각 3명씩 뽑아 싸움을 겨루어 패한 측이 승자의 요구를 들어주기로 합의했다. 로마에서는 호라티우스 가문의 3형제가 출전했고, 알바롱가에서는 쿠리아티우스 가문의 3형제가 과감히 나섰다. 양군의 병사들이 모두 지켜보는 가운데 벌어진 이 싸움에서 로마의 호라티우스 형제는 먼저 두 명이 죽는 힘든 싸움 끝에 겨우 승리할 수 있었다. 하지만 알바롱가 왕 메티우스는 약속을 성실히 지키지 않았을 뿐 아니라, 오히려 주변의 도시들을 부추겨 로마와 대항하게 했다. 왜냐하면 메티우스는 내기에 지고 나서야 국가의 운명을 기껏 3명의 전투로 결정짓는 경솔한 짓을 저질렀음을 깨달았기 때문이다. 이렇게 되자 로마는 알바롱가와 동맹을 결성한 도시들을 먼저 굴복시킨 후 알바롱가로 쳐들어갔다. 로마군은 국가 간의 약속을 저버린 알바롱가 왕을 사로잡아 두 대의 사두마차에 팔과 다리를 묶은 채, 서로 반대 방향으로 말을 몰아 찢어 죽

였다. 그럼에도 알바롱가의 시민들은 노예가 아니라 동등한 시민으로서 로마에 받아들여졌다. 이는 아이네아스가 투르누스와 일대일로 겨룰 때, 만약 자신이 승리한다면 패한 자들과 동등한 조건으로 동맹을 맺을 것이라고 신들에게 맹세했던 바를 충실히 지킨 것이었다. 로마에서는 알바롱가의 시민들을 카일리우스 언덕으로 이주시켰으며, 훗날 율리우스 카이사르를 낳은 율리우스 가문도 이때 로마로 이주되어 로마 귀족이 되었다.

○ 사비니족과의 병합으로 시민이 늘어난 로마는 알바롱가와의 병합으로 더욱 많은 시민들이 생겨났고, 따라서 군대를 지원할 병사들이 보강되어 더욱 강대해졌다. 이렇듯 로마의 성장은 배타적인 전리품의 배분에 있었던 것이 아니라, 경쟁국을 동화시켜 국가를 성장시키는 데 있었다. 툴루스는 무수한 전공을 남긴 채 32년간의 치세 중에 벼락에 맞아 죽었다. 그가 로마로 이주하지 않았던 사비니족과 전투를 벌일 때 신들조차 맹렬하고 피비린내 나는 전쟁에 등을 돌렸는지 불운한 징조가 나타나기 시작했다. 하늘에 돌멩이가 비처럼 쏟아지더니 심하게 꾸짖는 신의 소리가 들린 것이다. 그런 경고에도 툴루스는 계속하여 전투를 벌이다가 마침내 전염병에 걸렸고, 그 병은 로마 전체에 퍼지고 말았다. 그러자 전쟁에 대한 그의 열망이 누그러지고, 누마의 방법에 따라 유피테르 신(註. 그리스의 제우스 신에 해당)에게 제례를 올리게 되었다. 하지만 툴루스가 제례를 올리는 도중에 사소한 실수를 범하자 즉각 벼락이 그에게 떨어졌다고 전한다. 이를 두고 사람들은 이제껏 그가 신에 대한 제사를 제대로 지내지 않고 오로지 전쟁에만 몰두한 탓에 유피테르 신이 진노한 것이라고 믿었다.

○ 제4대 로마 왕은 누마의 외손자인 안쿠스였다. 툴루스가 야성적으로

이웃 부족과의 전쟁을 일삼았기에 온화한 평화주의자의 피를 이어받았을 것으로 생각되는 누마의 외손자를 로마인들은 선택한 것이다. 그러나 안쿠스는 누마처럼 검소와 권위로 치장하지 않았으며, 또한 당시의 상황이 평화만 고집할 수도 없었다. 강력하게 성장하고 있던 로마는 이웃 부족들에게 늘 견제의 대상이었으며 끊임없이 도전을 받았기 때문이다. 결국 페티알리스의 창이 로마에 도전하는 적의 영토에 꽂히게 되었다.(註. 로마의 선전 포고권은 왕이나 원로원이 아니라 '페티알리스fetialis'라고 불리는 사제들에게 있었다. 이들은 20명의 귀족으로 구성되어 외교와 선전 포고 등 국가 간의 업무를 담당했다. 페티알리스는 선전 포고의 정당한 사유가 생기면 국경 지대로 가서 공격할 적의 영토를 향해 창을 던졌다. 이 사제직은 누마 왕이 창설했고, 툴루스 왕이 창을 던지는 투창 의식을 도입했다고 전해진다. 페티알리스는 적국과 분쟁이 발생하면 유피테르 신에게 제사를 지낸 다음 갈등을 빚고 있는 적국에게 배상을 요구하는 일을 했는데 머리에 모자를 쓰고 적국과의 국경에서, 처음 만나는 적국의 사람 앞에서, 적국의 도시 성문에서, 적국의 광장에서 각각 배상 요구를 낭독하고 신에게 요구의 정당함을 증언해 달라고 기원했다. 만약 30일이 지난 후에도 로마의 요구가 수용되지 않으면 전쟁할 것임을 선언한 후 로마로 귀환했다. 그런 후 왕이 원로원의 자문 결과 전쟁이 결정되면 페티알리스는 적국과의 국경으로 가서 3명 이상이 적국 성인 남자가 모인 자리에서 전쟁을 선포하고 적국의 영토에 창을 던졌다. 그러나 학자에 따라서 투창 의식은 훗날 옥타비아누스가 안토니우스에게 선전 포고를 할 때 행했던 의식에 대해 역사적인 근거를 마련하기 위해 날조된 것이라고도 한다.) 안쿠스는 남쪽으로는 라틴족, 동쪽으로는 사비니족, 그리고 북쪽으로는 에트루리아족의 일부를 굴복시켜 병합했고, 아벤티누스 언덕과 티베리스강 너머의 야니쿨룸 언덕을 로마에 편입했다. 또한 그는 로마의 영역을 오스티아(註. 현재 지명은 '오스티아 안티카'이며, 오스티아 안티카는 퇴적 작용 때문에 항구의 기능을 잃었다. 따라서 이 도시는 현재의 오스티아보다 상류 쪽에 도시가 있었으며, 안쿠스에 의해 로마 최초의 식민시가 되었다. 다만 BC 2세기의 역사가 폴리비오스는 누마가 오스티아를 식민시로 세웠다고 했다. 오스티아는 '문, 출입구'를 뜻하는 라틴어 '오스티움ostium'에서 파생되었는데, 이는 바다에서 로마로 가거나 로마에서 바다로 나오려면 거쳐야 할 출입 관문이란 의미에서 유래된 것으로 여겨진다.)까지 넓혔으며, 이 일대에 최초로 염전을 만들어 소중한 소금을 생산했다. 오스티아에서 로마로 소금을 나르던 비아 살라리아(註. via salaria '소금길'이란 의미)는 아스팔트로 포장되어 지금까지도 이용되고 있다.

o 안쿠스가 로마 왕으로 있을 때 로마의 인접 도시 국가인 에트루리아에 루쿠모(註. 에트루리아어로 '우두머리'를 의미한다.)라는 자가 있었다. 그의 아버지 데마라토스는 코린토스(註. 현재 코린토스는 고대 도시에서 북동쪽으로 약 5㎞에 위치해 있으며, 성서에는 '고린도'로 불린다.) 사람으로 명예, 권위 그리고 재산이 도시에서 제일가는 자였다. 그는 코린토스 참주 킵셀로스의 전제 정치에 신물이 나서 재산을 모두 들고 에트루리아의 도시 타르퀴니이로 도망 와서 타르퀴니이 여자와 결혼하여 아들을 낳았던 것이다.(註. 킵셀로스는 곡식을 넣어 두는 통을 의미하는 '킵셀레'에 숨어서 피살을 모면했다고 붙여진 이름이며 그는 투쟁 끝에 참주가 된 다음 선정을 베풀었다고 전해진다. 하지만 데마라토스는 킵셀로스의 경쟁 관계가 되었거나 미움을 받게 되자 코린토스에서 도망친 것으로 여겨진다.) 루쿠모는 그리스인 아버지로부터는 철

학과 수학을 익혔고 에트루리아인 어머니로부터는 사교술을 배웠으며 막대한 재산도 있었지만, 순수 혈통주의를 고수하고 있던 에트루리아에서는 아버지가 그리스의 코린토스인이었기에 자신의 포부를 펴 나갈 미래의 희망이 없었다. 그러나 로마에서는 혈통에 관계없이 누구나가 자신의 뜻을 펼칠 수 있다는 것이 주변 지역에 널리 퍼졌으며, 루쿠모는 이 점에 주목했다. 마침내 루쿠모와 그의 아내 타나퀼라는 일족을 이끌고 로마에 귀화한 다음 루쿠모는 자신이 떠나온 고향의 지명을 따라 타르퀴니우스로 개명했다. 로마에서 그는 시민들을 도와주고 보호하며 베푸는 친절로 민심과 명성을 얻었다. 안쿠스 왕은 타르퀴니우스의 재능을 알아보고 그와 절친한 친구가 되어 아들의 가정교사로 초빙하였으며, 자신의 유언 집행자로 지명하기도 했다.(註. 로마의 북서쪽 약 100㎞에 당시 지명이 '타르퀴니이Tarquinii'였던 '타르퀴니아Tarquinia'가 있다. 그곳은 타르퀴니우스가 생존했을 당시에 에트루리아 땅이었으므로, 타르퀴니우스란 이름은 그 지명에서 유래된 것으로 보인다. 또한 루쿠모가 타르퀴니이의 동남쪽 다시 말해 로마 북서쪽 약 50㎞에 위치한 '카이레Caere'에서 왔다는 주장도 있다. 카이레는 그리스 문헌에 등장하는 최초의 이탈리아 도시다.)

○ 안쿠스가 사망한 후 타르퀴니우스는 아버지의 죽음 뒤에 찾아오는 피로감을 풀라며 왕자들에게 며칠간의 휴식을 권했다. 그러면서 그는 선왕과의 신뢰와 우정을 저버리고 자신의 야심을 채웠다. 타르퀴니우스는 왕의 지위에 오르기 위해 로마 역사에서 처음으로 선거 운동을 벌이며 스스로를 왕으로 추천한 것이다. 그러면서 로마에서 왕은 세습이 아니라, 민회와 원로원을 통해 시민들과 원로원 의원들이 선출하고 승인하는 방식임을 호소했다. 그는 선거 유세에서 이렇

_____ 로마의 선택과 결정 ① 도시의 창건

게 말했다. "나는 다른 나라에서 이주한 사람이지만 가지고 있는 모든 재산과 가족들을 이끌고 로마에 왔습니다. 그렇기에 로마를 조국으로 생각하고 죽을 때까지 헌신할 것이며, 그뿐만 아니라 이미 로마에서는 누마 왕과 같이 이방인을 왕으로 추대한 적이 있습니다. 나는 선왕으로부터 신뢰와 재능을 인정받았고, 로마의 규율을 존중할 것입니다." 타르퀴니우스는 압도적인 호응을 얻어 민회에서 그를 왕으로 선출했고 원로원에서 승인함으로써 왕위에 올랐다. 안쿠스의 두 아들이 귀가해서 이 사실을 알았을 때는 왕의 선출은 이미 끝나 버렸으며, 더 이상 손을 쓸 수가 없었다.

○ 제5대 왕이 된 타르퀴니우스(註. 제6대 왕과 구분하여 '타르퀴니우스 프리스쿠스Tarquinius Priscus'라고 불렸으며, 이에 반해 제6대 왕은 '타르퀴니우스 수페르부스Tarquinius Superbus'라고 불렸다.)는 스스로가 말한 대로 뛰어난 지도자적 자질을 보여 주었다. 그는 당시 선진국이던 에트루리아로부터 기술을 지원받아 로마를 대대적으로 변모시키는 도시기반시설 사업을 시행했다. 그것은 언덕과 언덕 사이의 넓은 저지대에 수로를 만든 다음 고인 물을 빼내어 습지대를 대지로 바꾸는 간척 사업이었다. 그는 그곳에 대경기장(키르쿠스 막시무스circus maximus)과 로마 광장(포룸 로마눔forum romanum)을 착공했으며, 카피톨리누스 언덕에는 유피테르 신전을 짓기 시작했다. 이로써 로마는 세계의 수도(註. '세계의 머리'라는 의미로 '카푸트 문디caput mundi'라고 한다.)로서의 면모를 갖출 기반을 마련했다. 그리고 타르퀴니우스는 원로원의 의원수를 100명에서 200명으로 늘렸는데, 이는 자신을 따르는 자에게 원로원 의석을 배정하여 왕권을 안정을 꾀하고자 한 속셈이었다.

○ 그러나 개혁이란 항상 반발이 수반되듯이 타르퀴니우스의 변혁은 기존 세력들의 반발을 낳았다. 더군다나 기존의 라틴계와 사비니계의 귀족들은 이방인이 자신들의 영역과 권리를 침해한다고 생각했다. 그들이 그렇게 생각을 품은 데는 또 다른 이유가 있었다. 타르퀴니우스는 근본을 알 수 없는 에트루리아 소년의 총명함에 반하여 자신의 아들과 함께 교육시키고 있었는데, 그 소년의 이름은 세르비우스였다. 라틴어 '세르부스servus'가 노예를 의미하므로 사람들은 그가 원래 노예였다고 추측했다. 그렇지만 타르퀴니우스는 그를 사위로 삼았으며 자신의 아들을 제쳐 두고 후계자로까지 생각할 정도였다. 그러자 로마의 귀족들과 후계를 노리고 있던 선왕 안쿠스의 아들들은 불안했다. 결국 안쿠스의 아들들은 욕망과 질투를 견디지 못했고, 게다가 귀족들의 사주를 받자 타르퀴니우스 왕의 암살을 계획하기에 이르렀다. 그들은 부친의 은혜와 신뢰를 짓밟고 자신들의 자리를 찬탈한 자를 응징하기로 결정한 것이다. 안쿠스의 아들들은 자객 두 명을 고용하여 서로 논쟁이 붙은 소송 당사자인 것처럼 위장하고서는 왕의 심판을 받기 위해 타르퀴니우스에게 접근했다. 이렇게 타르퀴니우스에게 접근한 두 사람은 한 사람이 변론을 하는 동안 다른 자가 뒤에서 몰래 왕에게 다가가 품속에 숨겼던 도끼를 꺼내 왕의 뒤통수를 내려쳤고, 왕은 골수를 쏟으며 그 자리에서 숨을 거두었다.

○ 하지만 안쿠스의 아들들은 타르퀴니우스를 살해하는 데는 성공했지만 왕위에 오르지는 못했다. 왜냐하면 타르퀴니우스의 아내 타나퀼라 때문이다. 그녀는 정숙하고 조용하기만 한 여인이 아니었다. 타나퀼라는 남편이 살해되자 즉각 국가의 지휘 계통을 틀어쥐고 사위인 세르비우스에게 왕위에 오를 것을 독촉했다. 결국 세르비우스는

민회와 원로원의 결의 없이 스스로 왕위에 올라 로마의 제6대 왕으로 선포했다. 그가 국가의 법적 절차를 무시하고 왕이 된 것은 그때의 상황이 국가 비상사태였기 때문이다.

○ 세르비우스 왕은 오늘날에도 그 흔적이 남아 있는 세르비우스 성벽을 쌓아 7개의 언덕과 과거 습지대인 대지를 적으로부터 보호했다. 이로써 성곽으로 둘러싸인 로마라는 이름의 도시가 태어나게 되었다.(註. 세르비우스 성벽은 BC 390년 갈리아의 세노네스족 침입을 겪은 후 보강 공사를 했고 현재 로마시에 남아 있는 유물은 그때의 것이다. 보강 공사가 완료된 세르비우스 성벽은 길이가 11㎞로 에트루리아 도시의 어떤 성벽도 세르비우스 성벽의 절반을 넘지 못했다. 언어학적으로 로마의 역사를 추적하고 추론했던 19세기 독일의 역사가 테오도르 몸젠에 의하면, 태동기의 로마는 언덕마다 각각의 부족들이 자신들의 구역임을 내세우며 거주했던 것이 세르비우스 성벽의 건립으로 세계사를 빛낼 로마라는 도시가 마침내 탄생되었다고 주장했다.) 또한 그는 티베리스강 동쪽의 습지대를 간척하여 '마르스 광장(캄푸스 마르티우스campus martius)'이란 명칭을 붙였고, 군신(軍神) 마르스의 이름을 딴 명칭에서도 알 수 있듯이 그곳을 로마 군단의 집결지와 민회의 투표장으로 사용했다.(註. 역사가 리비우스는 이곳에서 종종 화산 연기가 보였다는 이유로 '캄푸스 이그니페르campus ignifer'라고 했다.) 또한 그는 로마에서 처음으로 인구 조사를 실시했다. 인구 조사의 주목적은 전투에 나갈 수 있는 병사들의 수를 파악하고자 하는 것이었고, 병역의 의무를 부과하기 위해 시민들을 경제력에 따라 기사 등급 외 5등급으로 나누었다. 그는 병법을 확립하여 로마군을 전위, 본대, 후위로 나누어 전술을 펼쳤으며, 이러한 군사 배치는 당시로서는 획기적이어서 아무렇

게나 병사들이 밀집하여 전투를 치르던 주변의 부족들과의 전투에서 엄청난 위력을 발휘했다. 그리고 그는 노예였다가 해방된 자의 아들에게 시민권을 부여함으로써 수천 명이 혜택을 받게 했다. 이렇게 수혜를 받은 자들은 자신의 강력한 지지층이 되었으므로 이는 그의 정치적 역량을 보여 주는 것이었다.

○ 그러나 세르비우스는 44년간의 장기 집권을 계속 이어 가는 동안에 적들이 생겨났다. 그것도 너무 가까운 자들이 적이 되었다. 세르비우스는 선왕의 손자들에게 두 딸을 모두 시집보냈는데, 그중 성격이 괄괄하고 야심이 많은 큰딸 툴리아가 동생의 남편 타르퀴니우스(註. 제5대 타르퀴니우스 왕의 손자)를 유혹했다. 툴리아는 자신의 남편이 온후한 성격이어서 자신과는 뜻을 이룰 수 없다고 생각했던 것이다. 하지만 야심을 이루는 데도 방식이 있거늘 그들은 신의 법칙과 인간의 규칙을 어기고 배우자가 될 사람의 형제와 자매를 살해했다. 요컨대 툴리아가 자신의 남편을 죽이고 타르퀴니우스는 자신의 아내를 죽인 후 그 둘은 결혼한 것이다.

○ 타르퀴니우스는 할아버지가 에트루리아에서 이주했을 때부터 부유했지만 도시개발과 상공업으로 더욱 부유해졌으며, 자신을 따르는 세력도 생겨났다. 타르퀴니우스는 툴리아와 결혼한 후 원로원에서 연설하기를, 근원도 알 수 없는 미천한 자에게 나라를 맡겨서는 안 된다며 세르비우스 왕을 규탄하고 병사들을 동원하여 반란을 일으켰다. 그리하여 그는 왕이자 자신의 장인인 세르비우스를 살해하고 제7대 로마 왕에 올랐다. 정당한 방법이 아닌 쿠데타로 왕위에 오른 타르퀴니우스는 민회의 선거도, 원로원의 승인도 받지 않았다. 로마인들은 그를 거만하다는 뜻에서 '타르퀴니우스 수페르부스(Tarquinius

Superbus)'라고 불렸다.

o 제7대 왕 타르퀴니우스는 선왕 세르비우스의 장례식까지도 금지했고, 왕위에 올라 권력을 잡자마자 세르비우스파로 분류된 자들을 무자비하게 학살했다. 그러했지만 그에게도 외교와 전쟁에 대한 재능은 있어 로마의 세력과 주변에 대한 영향력을 넓혀 갔다. 또한 그는 자신의 할아버지 제5대 왕 타르퀴니우스 프리스쿠스가 시작한 대경기장과 유피테르 신전을 완공하려고 에트루리아의 기술자들을 대거 모집하고 시민들을 강제 노역에 동원시키기도 했다.(註. BC 5세기 그리스 역사가 헤로도토스에 따르면 소아시아에 살던 리디아인이 기근을 견디지 못하고 전체 국민을 반으로 나눈 다음, 반은 그대로 리디아에 남고 나머지 반은 왕의 아들 티레노스의 인솔하에 서쪽으로 이주했는데, 이때 이주한 자들이 에트루리아인이 되었다고 한다. 그리고 티레노스 왕의 이름을 따서 이탈리아 반도 서측 바다를 티레니아Tyrrhenia 해로 부르게 되었다는 것이다. 하지만 에트루리아인의 리디아 이주설은 어디까지나 헤로도토스의 주장일 뿐이다.)

o 그러던 어느 날 왕이 아르데아 전쟁터에 나가 있던 중 그의 아들 섹스투스가 일을 저질렀다. 섹스투스의 친척인 콜라티누스에게는 아름답고 정숙한 아내가 있었는데 섹스투스가 남몰래 그녀에게 연정을 품고 있다가, 마침 콜라티누스가 왕과 함께 전쟁터에 나간 틈을 타서 그녀의 집을 방문하여 강제로 범한 것이다. 루크레티아는 친정아버지 루크레티우스와 남편 콜라티누스를 급히 불렀다. 그때 루크레티우스는 로마에서 큰 영향력을 가지고 있던 발레리우스를 대동했고, 콜라티누스는 타르퀴니우스 왕의 생질 브루투스와 함께 왔다. 그들이 도착하자 루크레티아는 눈물을 흘리며 능욕당한 자신의 복수를

부탁한 후 자결하고 말았다. 루크레티아가 자결하자, 브루투스는 발레리우스와 뜻을 같이했다. 그는 로마 광장의 연단에 올라 루크레티아의 시신을 앞에 두고 지금의 왕과 가족들이 정숙한 여인을 죽음으로 몰아넣었으며, 치세 동안 훌륭한 업적을 남겼던 선왕 세르비우스를 살해한 난폭한 자들이라고 폭로했다. 그러면서 파렴치한 타르퀴니우스와 그의 가족들을 로마에서 몰아내자고 부추겼다. 전쟁터에 나가 있던 타르퀴니우스가 이런 변고를 알고 급히 로마로 되돌아왔지만 이미 성문은 굳게 닫힌 채 그에게 문을 열어 주지 않았다. 왕의 전제 정치에 신물이 난 브루투스와 로마 시민들은 이참에 왕이란 제도를 아예 없애고 1년 임기인 두 명의 집정관이 국가를 다스리는 공화정을 열었다. 이때가 BC 509년이었다.

✳ 아이네아스(Aeneas)

≪BC 1세기 로마 시인 베르길리우스는 미완의 대작 아이네아스에
서 로마의 영광을 읊조렸다. 신화의 시대였던 그때 베누스 여신과 유
피테르 신이 아이네아스를 보호하며 이끌었고, 모든 것은 신이 인도
하는 대로 이루어진 필연적 결과였다. 필연과 당연은 누구보다도 그
땅의 후예들이 원하는 바였다. 이런 식으로 로마인들은 아이네아스의
고귀한 혈통에 연결 고리를 닿게 하여 그들이 야만인이 아니라 유서
깊고 존경스런 종족임을 주장했다.≫

○ 아이네아스(註. 그리스 식은 '아이네이아스Aeneias'. 트로이아 왕 프리아
모스는 아이네이아스의 7촌 아저씨이다.)는 베누스 여신이 트로이아 왕
족 안키세스에게 반해 그와 관계하여 낳은 트로이아인이었다.(註. 트
로이아는 현재 터키의 히사를리크 언덕이다. 트로스가 자신의 아들 일로
스와 함께 세운 도시이며 그리스 식으로 '트로이아Troia' 또는 '일리오스
Ilios'라고 하며, 영식으로는 '트로이Troi'다. 다만 '트로이아'는 도성과 주
변 지역을 모두 가리키는 것이며 '일리오스'는 도성만을 지칭한다. 호메로
스의 서사시 일리아스는 '일리오스 이야기'란 의미이며, 일리아드와 일리
움은 라틴식 발음이다.) 그는 트로이아 전쟁에서 그리스 장군 디오메
데스가 던진 바위에 맞아 허리에 중상을 입고 거의 죽을 뻔했으나 어
머니 베누스 여신의 도움으로 겨우 목숨을 구하기도 했다. 마침내 트
로이아가 그리스군에게 함락당하자, 트로이아 왕 프리아모스는 밀
려오는 그리스군에게 목이 잘려 유피테르 제단을 피로 물들이며 처
참하게 살해당하고 트로이아는 통곡과 아우성 그리고 여인들의 비명

「안키세스를 안고 트로이를 탈출하는 아이네아스」, 바로치 作

과 절규 속에 멸망했다. 트로이아 장군 아이네아스는 조국이 멸망하는 참극이 눈앞에 벌어지자, 격한 절망을 이기지 못하고 비극의 씨앗이던 헬레네를 죽이고 자신도 자살하리라고 결심했다. 패전이 확실해지자 이미 아이네아스의 동료 병사들이 모두 자결하고 마지막으로 그 자신만 남았던 것이다.(註. 트로이아 전쟁은 BC 1250년경 아가멤논이 그리스 동맹군 사령관이 되어 트로이아를 상대로 벌인 전쟁이다. 이 전쟁에서 아르고스의 아가멤논, 아가멤논의 동생인 스파르타의 메넬라오스, 테살리아의 아킬레우스, 이타카의 오디세우스 등은 트로이아의 왕자 파리스에게 빼앗긴 스파르타의 왕비 헬레네를 되찾으려고 했다. 문제의 여인 헬레네는 제우스와 스파르타 왕비인 레다의 딸이었다. 그러나 역사적으로는 트로이아의 부를 강탈하기 위해 그리스 아카이아인들이 일으킨 전쟁으로 알려졌다. 이 전쟁의 고증은 19세기 독일의 고고학자 하인리히 슐리만에 의해 유적이 발굴됨으로써 이루어졌다.) 하지만 베누스 여신은 자신의 아들이 여인을 죽였다는 오명과 비참하게 죽어야만 하는 운명에서 벗어나게 해 주고 싶었다. 아이네아스가 검을 빼어 들고 절망과 분노 속에 헬레네에게 다가서자, 베누스는 아들에게 한 여인이 트로이아를 멸망하게 한 것이 아니라 신들의 무자비함 때문이라며 강한 어조로 만류하고 가족에 대한 의무를 저버리지 않아야 한다며 이성을 일깨웠다. 그러면서 여신은 모정이 북받쳐 아들에게 자신이 앞길을 지켜 주리라고 약속했다. 베누스 여신은 방화와 약탈 그리고 살육이 벌어지고 있는 트로이아로부터 아이네아스가 아들과 아버지를 동반해 탈출할 수 있도록 도와주었다. 아이네아스는 조국을 버리고 떠나느니 차라리 죽음을 택하겠다는 아버지 안키세스를 겨우 설득하여 업고 살육과 방화의 현장을 나올 수 있었다.(註. 안키세스는 걷지 못하는 불구자였다. 그는 베누스 여신이 충고하였음에도 여신과 동침했다는 말을 발설하여 유피테르의 노여움으로 벼락을 맞았기 때문이다.) 하지만 그의 아내 크레우사는 집을 함께 나왔으나 피난 중에 잃어버렸다. 아이네아스는 아내를 찾기 위해 트로이아 성내로 다시 들어가 실성한 사람처럼 이름을 부르짖으며 찾아다녔으나 결국 혼란과 처참한 조국의 멸망 속에 목숨을 잃었을 것이란 예감에 포기할 수밖에 없었다.

○ 아이네아스는 트로이아를 탈출하여 유민들을 이끌 때 20척의 배로 출발했다.(註. 아이네아스가 이끈 유민들은 3단 갤리선 기준으로 배 한 척당 400명으로 어림잡는다면 8천 명을 넘지 않았다고 본다. 물론 BC 13세기의 배가 3단 갤리선은 아니었을 것이나, 피난민들은 작은 배에 적정 인원을 초과해 탑승했을 것임에 틀림없다. 여하튼 1만 명이 안 되는 수천

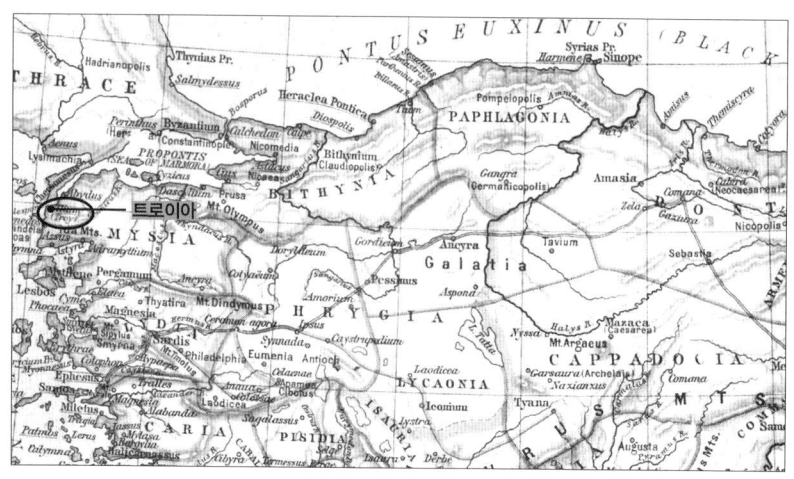

트로이아

┃ 트로이아 ___ 출처 : 텍사스 대학 도서관. 이하 같다

명이었을 것이다.) 그는 크레타섬과 그리스 해안을 거쳐 '약속의 땅'
이탈리아를 향해 항해했다. 하지만 시킬리아에서 폭풍을 만나 뜻하
지 않게 북아프리카 카르타고에 닿게 되었다.(註. 카르타고는 '신도시'
란 의미다.) 그곳은 페니키아에서 오라비 피그말리온의 폭정으로 남
편을 잃고 도망쳐 나라를 세운 디도 여왕이 다스리고 있었다. 디도
는 폭풍에 밀려 조난당한 트로이아 유민들에게 호의를 베풀었다. 그
뿐만 아니라 그들의 지도자 아이네아스를 보자 사랑에 빠졌다. 하지
만 미리 말하자면 그 사랑은 디도에게 불행을 가져다주었다. 사냥이
있던 어느 날, 천둥과 비바람이 몰아치자 디도와 아이네아스는 따르
던 사람들이 모두 흩어지고 그 둘만이 동굴로 피신하게 되었다. 그곳
에서 디도는 아이네아스를 향한 사랑의 감정을 숨기지 않고 정결의
선을 넘었다. 그녀는 그것을 결혼이라고 생각했다. 그러나 유피테
르 신(註. 그리스의 '제우스 신')은 아이네아스에게 약속의 땅 이탈리아

로 떠날 것을 충고했다. 마침내 아이네아스는 이탈리아로 떠나야 한다는 말을 디도에게 전했다. 디도가 만류했지만 아이네아스의 결심은 아주 굳었다. 그녀는 아이네아스를 남편으로 생각했지만, 아이네아스가 자신은 남편의 자리를 차지하지 않았다고 말하자 그녀는 절망하며 분노했다. 디도는 백성들이 자신을 정결하지 못한 여인이라고 비난할 것이며, 아이네아스의 자식이라도 생겼다면 아이의 모습을 보면서 위안을 찾을 것이지만 그것조차도 기대할 수 없다며 울부짖었다. 그러면서 잔혹한 오라비 피그말리온이든지 아니면 자신에게 청혼했으나 거절당한 적으로부터든지 여하튼 죽음을 피할 수 없을 것이라며 흐느꼈다.

○ 디도의 애절한 만류에도 아이네아스가 떠나자 그녀는 분노하며 외쳤다. "카르타고인들이여! 영원히 트로이인들의 핏줄 모두에게 미움을 버리지 말라. 내 죽음 앞에 저들과의 평화는 일체 없으리라고 맹세하라. 언제든 무력을 갖추면 저들 원수들이 저지른 조롱의 대가를 갚고 무기에 무기로 당대에도 후대에도 싸워라!" 그녀는 죽음을 생각하며 절규했다. "이렇게 죽어야 하는가, 이렇게! 무정한 자는 저 멀리 바다에서 나의 주검이 불타는 것을 오래오래 바라보며 모든 나쁜 전조들을 가져가기를!" 그런 후 그녀는 칼 위에 몸을 던져 스스로 목숨을 끊었고 시신은 장작더미 위에서 불태워져 모질고 고단했던 생명이 재가 되어 바람결에 흩어졌다.(註. 먼 훗날 로마와 카르타고 간에 벌어진 3차례의 포에니 전쟁은 이러한 디도 여왕의 분노 때문이라고 로마인들은 믿고 있다.)

○ 카르타고를 떠난 아이네아스와 유민들은 이탈리아 반도 로마 부근에 닻을 내렸다. 그곳은 라우렌툼 왕 라티누스가 다스리고 있었는데,

그는 파우누스와 요정 마리카 사이에서 태어난 아들이었다.(註. 그곳이 '라우렌툼'이라고 불리게 된 것은 라티누스가 성채를 쌓을 때 아폴로 신에게 봉헌했으며, 궁전 깊은 안쪽에 한 그루의 월계수가 자라고 있었던 데서 유래되었다. 월계수는 아폴로를 상징하는 나무이며 라틴어로 '라우루스laurus'라고 한다.) 아들이 요절하고 없던 라티누스는 아이네아스를 보자 자신의 딸 라비니아의 사윗감으로 생각했다. 왜냐하면 여러 전조가 이방인 영웅이 이곳을 지배할 것이라고 예언했기 때문이다. 게다가 파우누스의 성전에서 라비니아 공주는 멀리서 온 자와 결혼하리라는 신탁이 들려오자 더욱더 마음이 굳어졌다. 하지만 그의 아내 아마타는 루툴리 족장 투르누스를 사윗감으로 삼고 싶어 했다. 결국 아이네아스와 투르누스는 전투를 벌였고 수많은 생명들이 전쟁터에서 목숨을 잃은 후에야 아이네아스와 투르누스는 일대일로 겨루어 승패를 가름하자고 맹약하게 되었다. 마침내 이 싸움에서 아이네아

라비니움

——— 로마의 선택과 결정 ① 도시의 창건

스가 승리하여 라비니아 공주를 아내로 맞이하고 도시를 세워 아내의 이름을 따 라비니움으로 정했다. 또한 아이네아스는 라티누스가 죽자 그의 자리까지 넘겨받았다.

o 그 이후 아이네아스의 아들 아스카니우스(Ascanius)는 로마의 모태가 된 알바롱가(Alba Longa)에 신도시를 건설했다. 이 신도시는 BC 12세기에 지금의 간돌포성 근처에 있었다고 전해진다.(註. 학자들 중에는 알바롱가라고 불리는 도시 공동체는 실제로 존재하지 않았으며, 단순히 알바노 호수 주위에 흩어져 있던 주거지를 지칭한다고 주장한다.) 아스카니우스는 트로이아가 건재하게 있을 때의 이름이 율루스(Julus)였고 트로이아가 패망한 후 이탈리아에 와서는 아스카니우스(Ascanius)라고 불렸으며, 그가 바로 훗날 독재관 가이우스 율리우스 카이사르를 낳은 율리우스 씨족의 시조였다.(註. 아스카니우스의 어머니 크레우사는 프리아모스의 딸이므로 아스카니우스는 헥토르의 생질이요, 프리아모스의 외손자였다. 다만 베르길리우스와는 달리 역사가 리비우스는 아스카니우스가 아이네아스와 라비니아 사이에 태어났다고 했다.)

o 아이네아스와 라비니아 사이에는 포스투무스가 태어났다. 라비니아

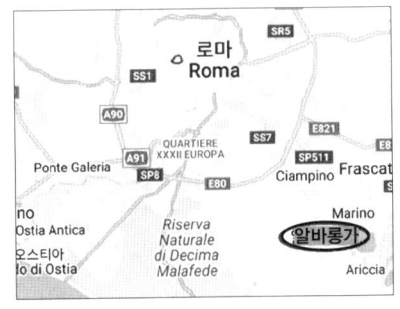

알바롱가

간돌포성 부근

는 아스카니우스가 새로 태어나는 이복동생에게 질투를 할까 봐 숲에 가서 포스투무스를 낳았다고 한다. 이로 인하여 포스투무스는 실비우스라고 불렸으며, 그는 아스카니우스의 뒤를 이어 알바롱가를 다스렸다.(註. 오비디우스에 따르면 'Silvius'는 숲이란 의미의 '실바silva'에서 유래했다고 했다.)

○ 먼 훗날 BC 205년 로마 집정관 스키피오가 아프리카 카르타고 본토를 공격하려고 준비할 때, 여태껏 이탈리아에 버티고 있던 한니발을 몰아내려면 키벨레 여신을 로마로 모셔야 한다는 시빌라 신탁의 충고에 따라, 로마인들은 아이네아스 이야기를 근거로 자신들의 혈통이 트로이아에서 유래되었다고 주장하며 트로이아의 수호신 키벨레(註. 대모신Magna Mater)를 로마에 양도해 달라고 페르가몬의 아탈로스 왕에게 요청했다. 당시 트로이아를 통치하고 있던 로마의 동맹국 페르가몬은 그 요청을 들어주었고, 아이네아스가 태어난 이다(Ida)산으로부터 로마에 도착한 여신은 장엄한 행렬과 공들인 의식으로 추앙된 후 팔라티누스 언덕의 신전에 정중히 모셔졌다.(註. 이다산은 트로이아뿐만 아니라 크레타섬에도 같은 이름의 산이 있다.)

※ 왕이 다스린 시대

≪7대 244년간 지속된 로마의 왕정 시대는 대제국으로 가는 길목의 맹아기였다. 그때조차도 왕이란 신분은 아버지로부터 세습되어 물려받는 것이 아니라, 원로원과 시민들의 동의를 받아야 권위와 힘을 가

질 수 있는 자리였다. 시민들은 장기간의 권력 집중이 필연적으로 낳게 되는 왕정의 폐해를 실감하고 국가 체제의 변혁을 일으켰지만, 국가의 태동기 때는 강력한 권력이 필요한 것이기도 했다.≫

○ 로마는 로물루스에 의해 건국되고 난 후 왕정 시대가 시작되었다. 7대에 걸친 왕의 내력은 다음과 같다. 로물루스(BC 753~715), 누마 폼필리우스(BC 715~673), 툴루스 호스틸리우스(BC 673~641), 안쿠스 마르티우스(註. 2대 왕 누마의 외손자)(BC 641~616), 루키우스 타르퀴니우스 프리스쿠스(BC 616~579), 세르비우스 툴리우스(BC 579~534), 루키우스 타르퀴니우스 수페르부스(註. 5대 왕 타르퀴니우스의 손자)(BC 534~509)까지 모두 7대에 걸친 244년간이었다. 이들은 모두 아버지로부터 왕위를 세습받은 것이 아니었다.

○ 선왕의 아들이 왕위를 계승하여 권력을 가진다는 것에 의심을 품었던 로마인들은 왕정 시대조차도 민회의 선출을 거쳐 원로원의 승인을 얻어야 왕위에 오를 수 있었다. 하지만 본받을 만한 로마의 이러한 관습도 한 사람에게 아부하여 재물과 안위를 지키고자 하는 인간의 속성을 벗어나지 못했다. 권력이 한 사람에게 귀속되어 부자 계승이 서서히 확립되려고 한 것이다. 이로 인하여 로마 사회는 부패와 국력의 쇠퇴를 가져오고 몰락의 징후가 나타났다. 결국 로마가 새롭게 완성시킨 국가 체제는 공화국이었다. 왕정에 종지부를 찍고 이를 극복하기 위해 공화정 제도를 탄생시킨 것은 고대 국가로서는 보편적인 생각을 넘어선 대단한 일이었다.

노력도 분투도 없이 논쟁조차 하지 않고 나약하게 물러서는 고분고분함을
화합을 위한 태도라고 칭하는 것은 옳지 않다.

– 스파르타는 탁월한 행위를 장려하기 위해 야망과 경쟁심을 국가
  체제 속에 심어 주고, 시민들이 언제나 어느 정도의 의견 차이와
  분쟁을 겪게 만든 것에 대하여. 다만 지나친 경쟁과 논쟁은 오히려
  해악을 낳을 수 있다는 전제를 두었다.

❋ 로물루스(Romulus) 탄생의 전설

≪전설의 역사는 신화와 결부되어 만들어졌다. 태어나면서 권력의 중
심으로부터 내던져지고 버려진 왕족 로물루스와 레무스는 오늘 스스
로의 힘과 용기 그리고 역량으로 잃어버렸던 지위를 되찾았다.≫

○ 알바롱가(Alba Longa)에서는 아스카니우스 이후로 12명의 왕이 뒤를
  이었으며 마침내 그의 13대손인 누미토르와 아물리우스가 조상 대대
  로 물려 오던 왕권과 재산을 이어받게 되었다. 그들은 공정성을 기하
  기 위해 한 사람이 유산을 왕권과 재산으로 나누고, 다른 사람이 선
  택 우선권을 가지기로 결정했다. 그리하여 아우인 아물리우스가 유
  산 전체를 둘로 나누어 트로이아에서 가져온 금은보화를 놓고 다른
  한쪽에는 왕국의 통치권을 놓았는데, 선택 우선권을 가진 형 누미토
  르는 통치권을 선택했다.(註. 훗날 세네카는 한 사람은 나누고 다른 한

사람이 선택권을 가지는 이 방법을 '로마 상속법의 원칙'이라고 말했다.)
이로써 누미토르는 아스카니우스 이후 약 400년간 계승되어 내려온
알바롱가 왕이 되었다.

○ 그러나 권력과 재물을 놓고 서로 분할하기로 한 약속은 지켜지지 않
았다. 아물리우스는 금은보화를 이용하여 누미토르보다 더 강력해질
수 있었고, 결국 당초 약속했던 유산 분배의 원칙과 정의를 저버리고
형의 왕권을 쉽게 **빼앗아** 버렸기 때문이다. 통치권을 가진 누미토르
가 마음만 먹는다면 재물을 쉽게 얻을 수 있을 것이고, 재물을 가진
자를 굴복시킬 수도 있었겠지만, 천성이 부드럽고 선정을 베풀고자
했던 그는 남의 재물을 강탈하는 비난받을 짓은 하지 못했던 것이다.
결국 두 형제의 갈등에 종지부를 찍은 것은 전승되어 온 왕위를 선택
하는 것이 유리한가 아니면 재물을 선택하는 것이 더 나은 결정인가
하는 것이 아니라, 누구의 야심이 더 큰가 하는 문제였다.

○ 아물리우스는 형의 왕위를 찬탈할 때 형의 아들 라우수스는 살해했
으나 형의 딸 레아 실비아(註. 혹은 '일리아'라고도 하며, 일리아는 '율리
아'로 부르기도 한다.)는 살려 두었다. 하지만 형의 후손이 왕위를 다
시 되찾을 것이란 예언을 듣고서 혹여 조카딸이 결혼하여 아이를 낳
게 되면 자신의 지위가 불안해질까 봐 두려워했다. 그래서 조카딸 실
비아를 처녀의 몸을 유지한 채로 신을 섬겨야 하는 베스타의 여사제
로 만들었다. 하지만 군신 마르스의 사랑을 받은 실비아는 마르스와
관계하여 쌍둥이를 낳았다.(註. 다른 말에 따르면 아물리우스가 조카딸
을 겁탈하여 순결을 빼앗았다고도 전해진다.) 이에 격분한 왕은 조카딸
을 감옥에 가두었고, 하인을 시켜 실비아가 낳은 쌍둥이 형제 로물루
스(Romulus)와 레무스(Remus)를 궁궐 밖에 버리라고 명령했다.

○ 아물리우스의 명령을 받은 하인
은 쌍둥이를 구유에 담아 티베리
스강에 빠뜨릴 생각으로 강가에
갔다. 하지만 그는 강물이 크게
불어 물살이 거센 것을 보고 겁
먹어서인지 아니면 죄 없는 어린
아이들을 죽이자니 불쌍한 마음
이 생겨서인지 알 수 없으나 강
둑에 구유를 내려놓고 그대로 자
리를 뜨고 말았다. 불어난 강물
은 넘쳐흘러 구유를 떠내려 보냈

▎ 암늑대의 젖을 먹는 로물루스와 레무스
(늑대는 BC 5세기 경에 제작된 것으로 추
정되며, 두 형제는 15세기 조각가 안토니
오 폴라이우올로가 추가했다.)

고, 구유는 훗날 피쿠스 루미날리스(Ficus Ruminalis)라고 불리는 무
화과나무에 걸려 어느 기슭에 내려앉게 되었다. 죽음의 고비를 맞게
된 어린 쌍둥이는 홍수로 새끼를 잃고 이곳을 지나가던 어미 늑대를
우연히 만났는데, 어미 늑대는 놀랍게도 쌍둥이에게 자신의 젖을 물
렸다. 그리고 곁에 있던 마르스 신의 성조(聖鳥) 딱따구리가 아기들
을 먹이고 지키는 것을 도왔다. 쌍둥이가 늑대의 젖을 먹고 겨우 굶
주림에서 벗어나게 되었을 때, 때마침 그곳을 지나던 아물리우스의
양치기(註. 또는 돼지치기라고도 한다.) 파우스툴루스에게 발견되었
다. 쌍둥이가 발견된 곳은 팔라티누스 언덕 남서쪽 사면에 있는 루페
르칼 동굴이었다. 파우스툴루스는 이들 쌍둥이를 거두었고, 쌍둥이
는 그와 그의 아내 아카 라렌티아의 보살핌 속에서 강건하게 자라났
다.(註. 라틴족 사람들은 성적으로 문란한 여자를 암컷 늑대를 뜻하는 '루
파lupa'라고 불렀으며, 파우스툴루스의 아내 아카 라렌티아가 바로 그런

부류의 여자이기도 했다. 다시 말해 아카 타렌티아가 버려진 쌍둥이를 발견하고 데려다 키웠으며, 이 이야기가 훗날 암늑대 전설로 바뀐 것이 아닌가 여겨진다.)

○ 두 형제는 어렸을 적부터 범상치 않았으며 커서도 남다른 기백과 용기와 도량이 있었고, 위험을 오히려 반겼으며 그 어떤 것도 두려워하지 않았다. 특히 로물루스는 판단력이 뛰어나 정치적 역량에 두각을 나타냈으며, 명령하기 위해 태어난 사람이라는 인상을 주었다. 형제는 동등한 지위의 사람들에게나 신분이 아래인 사람에게는 호의적이었으나, 관리와 법 집행관과 같이 부족 내의 지도 계층들에게는 경쟁심을 발휘하여 자신들보다 더 나을 게 없다고 생각하며 얕잡아 보고 도전적으로 행동했으며, 그들의 협박과 분노에도 두려워하지 않았다. 또한 형제는 운동과 사냥에 열중했고, 강도와 도둑을 잡고 약자들을 폭력으로부터 구함으로써 명성을 널리 떨쳤다.

○ 어느 날 누미토르의 양치기들과 레무스의 무리들 간에 싸움이 벌어져 레무스가 누미토르 앞에 끌려가게 되었다. 누미토르는 레무스의 힘과 용기가 보통 사람을 뛰어넘는 것을 보았고, 어려운 처지에서도 표정에는 영혼의 패기와 활력이 그대로 녹아 있음을 대번에 알 수 있었다. 누미토르는 레무스에게 누구인지, 어디서 태어났는지 등 신변에 관해 나직하고 부드럽게 자세히 물었다. 누미토르의 너그러운 목소리와 온화한 표정은 레무스에게 자신감과 용기를 주었고, 레무스는 자신의 태생에 대한 오랜 비밀을 털어놓게 되었다. 레무스의 이야기를 끝까지 듣고 난 누미토르는 어쩌면 이 청년이 자신의 외손자일지도 모른다는 희망을 품었다. 그는 외손자의 출생에 대해 어렴풋이 들은 바가 있었기에, 아물리우스의 삼엄한 경비 속에 갇혀 있는 딸과

비밀리에 만났고, 결국 레무스가 그동안 생사를 알 수 없었던 자신의 외손자임을 확인할 수 있었다.

○ 이로써 모든 사실이 만천하에 드러났다. 그리고 로물루스와 레무스는 정의롭고 올바른 방법과 길이 어디에 있는지 알게 되었다. 그들은 세력을 규합하여 병력을 이끌고 시민들의 봉기를 선동하면서 폭군 아물리우스를 공격했다. 아물리우스는 저항했으나 혼란과 당혹감 속에서 반란군에게 살해당하고 말았다. 만약 로물루스와 레무스가 마르스 신의 아들이 아니라 아물리우스가 조카딸 실비아를 겁탈하여 낳은 자식들이라면, 아물리우스의 죽음은 자식들이 무법한 아버지를 죽인 비극이었다.

※ 건국의 전설(BC 753년)

≪건국의 시조들이 흔히 그러하듯 로물루스와 레무스는 평범한 인간의 능력과 기량을 뛰어넘었고, 행운과 기회가 항상 그들을 따라다녔다. 용맹함뿐 아니라 관대함까지 두루 갖춘 두 형제는 주변 사람들의 호감을 얻어 추종자가 끊임없이 늘었고, 이런 방식으로 지도자의 근성과 자질을 일찌감치 보였다. 이렇듯 뛰어난 자에게서 볼 수 있는 두드러진 특징은 쓰라린 여건을 이겨 내고 무언가를 이루어 냈다는 것이다.

테오도르 몸젠에 의하면, 로마는 척박한 터전 위에서 성립된 국가였으므로 신화란 이처럼 불리한 장소에서 로마가 생겨난 이유를 설명하기 위한 가장 훌륭한 방법이라고 말했다. 동시에 그는 로마의 탄생을 주변에서 가장 큰 도시 국가이자 선진국인 알바롱가와 연계시키려는 것은 로마인들이 자신들의 뿌리를 선진 문명에 접목시키려는 소박한 시도라고 주장했다. 역사란 신화와 전설을 우선적으로 배제시켜야 된다고 몸젠은 말했지만, 작정하고 거짓을 지어낸 것이 아니라면 전설조차도 생겨난 근거가 있는 것이니, 로마인의 희망과 경건함이 서려 있는 건국 신화까지도 어쩌면 역사의 일부분이 아니겠는가?》

○ 외할아버지 누미토르의 왕권을 되찾아 준 로물루스와 레무스는 어머니에게 예의를 갖추고 외할아버지의 통치 지역을 떠나 형제끼리 살기로 했음을 아뢰었다. 그렇게 결정한 데에는 외할아버지의 통치 지역에 남아서는 자신들의 뜻을 펼 수도 없었을 뿐 아니라 또 다른 이유가 있었다.

○ 형제 곁에는 자유분방하고 호전적인 기질을 가진 수많은 노예와 도망자들이 무수히 모여들었는데, 온 사방에서 모여든 이들은 누구보다 대담하고 어쩌면 지나친 호기와 무모한 용기를 지녔다. 형제는 자신들을 믿고 곁으로 모여든 떠돌이들을 해산시키지 않고 함께 살아가려면 알바롱가에서 나와 새로운 도시를 세울 수밖에 없다는 것을 깨달았다. 알바롱가 시민들이 떠돌며 도망자인 이들과 결혼은커녕 같은 시민으로도 인정하지 않을 것은 명백했기 때문이다.(註. 도시를 세운 뒤 넉 달 후에 벌어진 사비니족 여인들의 겁탈 사건도 로마인들의 무모함과 방종 때문이 아니라, 정식 결혼을 할 수 없었던 그들의 고육지책이었다.) 결국 형제는 자신들이 처음 젖을 먹고 자란 지역에 도시를 세우기로 결정했다. 형제는 자신들이 세운 도시에 도망자들을 위해 아실룸(註. asylum은 '피신처'란 의미의 라틴어)이라는 성소를 만들

어 피신해 오는 모든 자들을 받아들였다. 피신해 온 노예를 주인에게 내주지 않았고, 채무자를 빚쟁이에게 넘기지도 않았으며, 살인자조차 재판관에게 내주지 않았다. 이렇게 모여든 과감하고 몸을 사리지 않는 이들이 로마 탄생의 주역이었다.

「로물루스와 레무스」, 루벤스 作

○ 하지만 그곳에서 로물루스와 레무스는 도시 건립 장소를 두고 서로 간에 의견을 달리했다. 로물루스는 팔라티누스 언덕에 도시를 세우자고 했고 레무스는 아벤티누스 언덕에 도시를 세우자며 고집을 꺾지 않았다. 그렇게 되자 두 형제는 당시의 관습에 따르기로 약속했다. 독수리가 운명과 행운을 예견할 수 있다는 믿음에 맡기기로 한 것이다. 하늘의 지배자 독수리는 유피테르(註. 그리스 신의 '제우스'에 해당)의 분신이었으며 독수리의 행동은 곧 유피테르의 뜻이었다. 하늘을 날던 독수리들의 무리가 처음에는 레무스를 향해 날았으나, 마지막에 로물루스가 있던 팔라티누스 언덕을 향해 급선회했다. 마침내 로물루스가 선택한 팔라티누스 언덕에는 12마리의 독수리가 날아들었고, 레무스가 선택한 아벤티누스 언덕에는 6마리의 독수리가 날아들어 유피테르는 로물루스의 판단이 옳고 정당했음을 계시했다. 그러나 레무스는 형의 승리를 인정하지 않았으며, 결국 로물루스는 팔라티누스 언덕에, 레무스는 아벤티누스 언덕에 세력 기반을 두고

각자 다스리기로 결정했다.

o 로물루스는 에트루리아에서 전래된 의식에 따라 두 마리의 흰 소가 쟁기를 끌어 왼쪽에서 오른쪽으로 고랑을 파면서 도시 경계선으로 정한 후 그 위에 성곽을 쌓았으며, 이 경계선은 신성시되었다.(註. 에트루리아에서 전래된 토지 구획의 방법은 동서남북의 방위를 기준으로 하며, 우선 북에서 남으로 선을 긋고 그 점에서 방향을 바꾸어 동에서 서로 선을 그은 다음, 이미 그어진 선에 평행되게 남에서 북으로 그다음은 서에서 동으로 선을 그어 정방형의 토지로 나누었다. 이런 식이면 왼쪽에서 오른쪽으로 돌아가는 방식이 된다. 이 경계선을 '포메리움pomerium'이라고 한다. 하지만 실제 포메리움이 어디였는지 분명하지 않았으며, 훗날 로마의 통치권 즉 '임페리움imperium'을 확장시킨 자는 포메리움을 확장시킬 수 있다는 관례에 따라 제정 초에 클라우디우스 황제가 최초로 포메리움을 확장시켰다.)(註. 학자에 따라서는 로물루스가 에트루리아 방식으로 포메리움을 정한 것은 그가 에트루리아인이었기 때문이며, 7대 왕 타르퀴니우스 수페르부스가 죽자 로마인들이 정권을 잡고 모든 에트루리아 문화를 파괴한 다음 로물루스까지도 라틴계 사람으로 바꿔 놓았다고 주장한다.) 그러나 내기에서 패한 레무스가 분통이 터졌는지 아벤티누스 언덕을 나와 형제간의 약속을 무시하고 로물루스의 성벽 경계선을 침범하자, 이에 격분한 로물루스는 레무스와 싸움을 벌여 동생을 죽이고 말았다. 로물루스가 동생을 죽이고 로마의 창건자가 됨으로써 로마는 살인 위에 세워진 도시라는 오명을 얻게 되었지만, 형제간의 다툼은 동서고금을 막론하고 피비린내 나는 싸움이 되고 있는 것이 사실이다.

o 이렇게 하여 양치기들의 수호 여신 팔레스의 축제가 열리는 BC 753

년 4월 21일 '로물루스'가 세운 도시란 의미를 지닌 로마가 건국되었다.(註. 일설에 로마는 팔라티누스 언덕의 생김새를 지칭하는 '유방'이라는 뜻의 라틴어 '루마ruma', 또는 에트루리아어로 티베리스강의 고대 이름인 '루몬rumon'에서 유래한 것이라고도 한다. 또 다른 일설에 따르면 아이네아스가 데려온 트로이아 여인의 이름을 따서 도시의 이름을 '로마'라고 명명했다고도 하며, 그리스어로 강함을 의미하는 전설 속의 영웅 '로메ρωμη'에서 유래되었다고도 한다. 로마의 건국일은 BC 116~27에 생존했던 마르쿠스 테렌티우스 바로의 『인간과 신의 고대사』란 저서에서 유래했다.) 그때 로물루스의 나이 18세였으며, 시민은 3천 3백 명이었다. 이는 애초에 로마가 독립적인 3개의 부족이 각각 10개의 쿠리아(curia)로 나뉘어 모두 30개의 쿠리아가 있었고, 각각의 쿠리아에서 100명씩의 병사와 10명의 기병들을 선발하여 모두 3천 3백 명의 병사들로 로마군이 구성된 것을 의미했다.(註. 로마시의 위치는 위생과 농업 생산성에서 열악한 곳이었다. 몸젠에 의하면 로마는 300㎢ 정도의 면적과 전투력을 가진 자유민이 3,300명이었고 자유민 모두를 합하면 1만 명 정도였으며, 각각 독립적으로 존재했던 람네스족·티티에스족 그리고 루케레스족이 연합하여 세워진 국가였다고 한다. 또한 그는 이들 부족민이 다시 각각 원래부터 정주했던 구시민과 새로 이주한 신시민으로 나누어졌다고 주장했다. 로마에서 호민관을 의미하는 트리부누스tribunus는 이들 3부족의 족장에서 유래했으며, 트리부스 평민회concilium plebis tributum도 여기에서 비롯되었다.)

• 로마 건국 무렵

로마가 건국될 즈음에 페니키아인들에 의해 카르타고가 건설되었고(BC 810경), 제1회 고대 올림픽(BC 776년)이 개최되어 전설의 시대에서 역사의 시대로 다가섰으며, 조선은 학자들 간에 실존 여부를 놓고 논란거리가 되고 있는 기자 조선 시대였고 중국은 주나라 말엽이었다.

※ 겁탈당한 사비니족 여인들(BC 751년)

≪도망자와 부랑자, 범죄자 그리고 사회적 낙오자들이 모인 로마인들은 제도와 규율에 따른 결혼식을 올릴 수 없었던 사람들이 많았다. 국가의 단합과 번영을 위해 이들이 가정을 이루도록 주선해야했던 로물루스는 정당한 방법보다는 부당한 계책을 사용했고, 이는 용서받을 수 없는 범죄로 두 부족 간에 처참한 전쟁으로 이어졌다.

하지만 로마인들은 유랑자와 도망자 등 뒤로 물러설 곳이 없는 자들로 이루어졌고, 이들은 불행한 자들이 지닌 용맹스러움으로 다른 도시들을 압도했다. 게다가 당시 로마는 초라한 신생 국가에 지나지 않아 로마 시민이라는 배타적 우월감이 없었으며, 따라서 정복된 부족민들과 쉽게 동화할 수 있었다. 이러한 동화 정책은 로마 정신의 근간이 되어 끊임없이 인재를 수혈함으로써 국가를 강성하게 만들었고, 훗날 대국이 되는 토대가 되었다.≫

▎ 사비니족의 거주지였던 레아테(註. 현재 지명 '리에티')

○ 모든 사람들에게 로마를 개방한 로물루스는 자신이 세운 도시가 순
  식간에 외지인들로 가득 차게 되는 것을 보았다. 도망자이거나 유랑
  자인 그들은 결혼한 자가 거의 없었고, 대부분이 가난하고 사회적으
  로 멸시당하고 있던 어중이떠중이들이었다. 자연히 이들로부터 강한
  결속력을 기대할 수 없었던 로물루스는 한 가지 계책을 마련했다. 땅
  속에 숨겨져 있던 콘수스 신(註. 조언을 관장하는 신 또는 곡물 저장의
  신.)의 제단이 발견되었다는 소문을 퍼뜨리고, 이 제단에서 성대한
  제사와 잔치를 올릴 것이며 경기를 열어 모든 사람들에게 공개하겠
  다고 선포한 것이다. 그리고 그 잔치에 인접한 사비니족의 많은 남녀
  들을 초대했다.

○ 잔치가 무르익자 미리 약속한 대로 로물루스는 맨 앞줄에서 일어나
  자줏빛 겉옷을 벗어 접었다가 다시 걸치는 신호를 보냈다. 이것은 로
  마인들에게 사비니족 여인들을 강탈하라는 지시였다. 잔치장은 순식
  간에 난장판이 되었으며, 800여 명에 달하는 사비니족 여인들이 로
  마의 남자들로부터 안겨져 강탈되었다.(註. 이때의 사건이 후세에 전
  래되어 결혼식 때 신랑이 신부를 안고서 침실의 문지방을 넘는 관습이 생

「강탈당하는 사비니족 여인들」, 피에트로 다 코르토나 作

겼다고 알려졌다.) 로물루스는 말하기를 빼앗은 여인들 가운데 유부
녀는 로물루스의 아내가 된 타티우스의 여동생 헤르실리아 단 한 명
뿐이었으며, 그것조차도 실수였다고 변명했다. 그러면서 자신들이
여인들을 겁탈한 것은 방탕해서도 악의를 품어서도 아니며, 두 부족
을 결혼으로 맺어 굳게 화합하고 결속시키기 위한 목적일 뿐이라고
우겼다.

○ 그러자 전투적 기질이 다분한 사비니족은 두고만 보고 있지 않았다.
그들은 우선 사절을 로물루스에게 보내 로마인들이 납치한 여인들
을 돌려보내고 저지른 폭력 행위에 대하여 책임을 진 후, 합의와 정
당한 절차를 통해 두 부족 간의 우호적인 관계를 구축해야 한다고 전
했다. 그러나 로물루스는 사비니족의 요구에 응하지 않았을 뿐 아니
라, 오히려 강탈한 여인들과 로마인 사이의 결혼을 허락해 달라고 요

청했다. 이로써 평화적인 협상은 결렬되었고, 격분한 사비니족은 창과 검을 벼리고 부족의 영토에는 로마로 향하는 진군의 나팔 소리가 울려 퍼졌다.

※ 타르페이아(Tarpeia)의 반역(BC 750년)

≪재물에 눈이 멀어 의무와 정의를 배반한 타르페이아는 적들로부터 도 용서받지 못했다. 원칙을 거스르는 비열한 행위는 적에게도 비난을 면치 못한다는 보편적인 인간 감정을 미처 그녀는 깨닫지 못했던 것이다.≫

○ 사비니족은 로물루스가 저지른 사비니족 여인들의 겁탈을 징벌하기 위해 타티우스(Titus Tatius)를 총사령관으로 임명하여 로마로 진군했다. 로마는 카피톨리누스 언덕에 요새가 있었기 때문에 접근이 어려웠다. 이 요새의 책임자는 스푸리우스 타르페이우스였으며 그에게는 타르페이아라는 탐욕스런 딸이 있었다. 타르페이아는 요새를 공격해 온 사비니족 전사들이 왼팔에 차고 있던 황금 팔찌에 마음을 빼앗겼다. 그녀는 조국을 배반하여 자신의 욕망을 채우려고 마음먹고서 적과 내통하여 그들에게 성문을 열어 줄 터이니 그 대가로 황금 팔찌를 달라고 제안했다. 타티우스는 부족의 수치를 갚아야겠다는 일념에 사로잡혀 타르페이아의 제안에 즉시 동의했다. 그렇게 하여 사비니족 전사들은 야밤을 틈타 타르페이아가 열어 주는 성문을 통해 물밀

듯이 쳐들어와 요새를 손
쉽게 점령할 수 있었다.

⏐ 타르페이아 절벽

○ 누구나 배신의 제안에는
유혹되나, 마찬가지로 누
구나가 배신을 제안하고
실행하는 사람은 싫어하는
법이다. 훗날 카이사르는
반역은 좋아도 반역자는 싫다고 말한 적이 있다. 이는 반역자의 도움
을 필요로 하는 사람들이 반역을 행하는 비열한 자들에게 느끼는 매
우 보편적인 감정이다. 반역의 필요성을 절감하는 동안에는 어쩔 수
없이 반역자의 행위를 참고 견디겠지만, 원하는 것을 얻은 다음에는
반역자의 비열함에 넌더리를 내는 법이기 때문이다.

○ 타르페이아를 향한 타티우스와 사비니족 전사들의 감정 또한 그러했
다. 타티우스는 성문 안으로 들어오고 나서 사비니족 전사들에게 약
속은 약속이니 왼팔에 찬 모든 것을 타르페이아에게 주라고 명령했
다. 그리고 난 뒤, 그는 맨 먼저 팔찌뿐 아니라 방패까지 벗어서 타
르페이아에게 던져 버렸다. 사비니족 전사들도 모두 타티우스를 따
라 했고, 황금 팔찌와 방패에 수없이 얻어맞은 타르페이아는 그만 목
숨을 잃고 말았다. 이러한 이야기는 카피톨리누스 언덕 남서쪽에 불
쑥 솟아 살인자와 배반자를 내던져 처형하는 타르페이아 바위의 내
력이 되었다.(註. 타르페이아 바위는 카피톨리누스 언덕 남서쪽 모퉁이
에 있는 20미터 정도의 절벽으로 절벽 아래에는 뾰족한 바위들이 깔려 있
어 떨어지면 목숨을 부지할 수 없었다. 거룩한 유피테르 신전이 있는 카
피톨리누스 언덕에 국사범의 처형 장소가 함께 있었다는 점에서 '호사다

마好事多魔'라는 경구는 여기서도 들어맞았다.)

○ 반면에 기생 라합은 적의 정탐자를 숨겨 주는 반역을 저질렀다. 하지만 여리고성이 여호수아에게 함락되자 남녀노소를 불문하고 모두 학살되었으나, 그녀와 그녀의 가족들은 반역의 대가로 목숨을 구했다. 구약성서에 이렇게 기록되어 있다. "여호수아가 기생 라합과 그 아비의 가족과 그에게 속한 모든 것을 살렸으므로 그가 오늘날까지 이스라엘 중에 거하였으니 이는 여호수아가 여리고를 탐지하려고 보낸 사자를 숨겼음이었더라."(註. 여호수아 7장 25절) 다만 타르페이아는 적에게 성문을 열어 주는 대가로 재물을 요구했고, 기생 라합은 적을 숨겨 주는 대가로 목숨을 구했으며, 기생 논개는 적을 죽이는 대가로 자신의 목숨을 버렸다. 한쪽으로 치우치지 않은 맑은 정신을 소유한 자라면, 이 셋 중 역사에 가장 명예롭게 남아야 할 여인의 이름이 누구인지를 판단하기는 아주 쉬운 일이다.

☀ 사비니족 여인들의 호소

≪세월이 지나면 상황이 바뀌는 법이다. 한때 자신들을 강탈했지만 이제는 남편이 된 로마인과 친정 친족들과의 전투로 비참한 꼴을 당하고 있던 사비니족 여인들은 집안에서 뛰쳐나와 전쟁을 말렸다. 그녀들의 눈물 어린 호소로 전쟁이라는 참혹한 현실은 종식되었고, 두 부족 간은 합의점을 찾아냈다.≫

○ 로물루스의 사비니족 여인 강탈로 시작된 로마인과 사비니족과의 전투는 수차례 계속되었다. 전쟁은 수많은 희생자를 낳았으며, 사비니족 여인들은 남편과 오라비가 서로 싸우고 피를 흘리는 처참한 꼴을 당해야 했다. 그녀들은 이것을 지켜보고만 있을 수 없었다. 타르페이아를 매수하여 카피톨리누스 언덕을 점령한 사비니족과 팔라티누스 언덕에서 진을 치고 있던 로마인들이 두 언덕 사이의 계곡에서 전투를 벌이고 있을 때, 마침내 사비니족 여인들은 로물루스의 아내가 된 헤르실리아를 중심으로 의견 일치를 보고 곧바로 행동에 옮겼다. 그녀들은 어떤 이는 머리가 헝클어진 채, 어떤 이는 어린아이를 안은 채, 어떤 이는 울음을 터뜨린 채로 양측 병사들이 싸우고 있던 참혹한 전쟁터의 한가운데로 뛰어들었던 것이다.

○ 전쟁터에 갑자기 나타난 여인들 때문에 놀란 양측 병사들은 여인들에게 자리를 내어 주고 뒤로 물러섰다. 여인들은 끔찍할 만큼 불쌍하고 가련한 모습으로 친정 사람들에게 간청과 애원의 말로 흐느끼며 호소했다. "저희가 무슨 잘못을 저질렀기에 이렇게도 비참한 불행을 겪어야만 합니까? 지금은 지아비가 된 사람들로부터 한때 난폭하게 끌려왔으나, 동생과 오라버니 그리고 집안 어르신들은 그때 즉시 우리를 구해 주지 않으셨습니다. 그리고 세월이 흘러 우리가 혐오했던 그들은 저희들의 정식 남편이 되었고, 저희 또한 아내로서 정당한 대우 속에 자식을 낳고 질긴 인연으로 살아가고 있습니다. 지아비가 전쟁터에 나가면 걱정부터 앞서고, 남편의 죽음을 알았을 때는 삶이 무너지는 비통함을 느끼고 있습니다. 저희가 강탈당하자마자 처녀일 적에 구해 주지 않으시고 이제 와서 이런 식으로 해묵은 빚을 청산하겠다며 분풀이를 하신다면 그것은 저희를 버리신 것보다 더 비참하

게 만들 뿐입니다. 저희가 받은 사랑이 그 정도였고 저희가 받은 동
정심 또한 그 정도밖에 되지 않았습니다. 이제 적군끼리 장인과 사위
가 되었고 처남과 매부가 되었습니다. 이 싸움이 계속된다면 저희 모
두는 과부가 되거나 아니면 고아가 되어야 할 판입니다. 더 이상 이
전쟁으로 저희가 더 불행해지지 않도록 아이들과 남편들을 빼앗지
말아 주십시오. 그러하지 못하겠다면 로마인들의 아내이자 사비니인
들의 딸인 이 불쌍한 여인들을 차라리 모두 죽여 주십시오.”

○ 줄지어 선 양측 병사들 사이에서는 비통함이 흘렀고, 결국 휴전이 선
포되었으며 지도자들 간에 회담이 이어졌다. 사비니족은 자기 부족
의 여인들이 노예가 아니라 집안의 안주인으로 인정받고 있음을 확
인했을 뿐만 아니라, 남편들이 아내를 섬기고 아내로부터는 마음에
서 우러난 존경을 받고 있음도 명백히 알게 되었다.

▌「사비니족 여인들의 중재」, 쟈크 루이 다비드 作

—— 로마의 선택과 결정 ① 도시의 창건

○ 회담의 결과는 계속해서 로마인 남편들과 살기를 원하는 여인들은 살 수 있도록 하자는 것과 여인들은 옷감을 다루는 일 외에 노동과 고역에서 면제한다는 합의가 이루어졌다. 이어서 사비니족은 로마의 언덕 중 한 곳으로 이주하여 함께 살기로 했으며, 도시는 로물루스의 이름을 따 로마로 부르기로 하였고, 시민들은 타티우스가 통치하던 사비니족의 도시 쿠레스(Cures)를 따서 퀴리테스(註. 'quirites'는 복수형, 단수형은 'quiris'. 고대 라틴어는 c, k, q의 음가가 같았다.)라고 부르기로 결정했다. 이런 이유로 사비니족이 이주해 살던 언덕의 이름은 퀴리날리스라고 불리게 되었다. 부족의 인구가 늘어나자 시민들을 3등분하여 각각 로물루스의 이름을 따 람넨세스, 타티우스의 이름을 따 티티엔세스, 시민들의 피난처인 숲(註. 라틴어로 숲을 '루쿠스lucus' 라 한다.)을 따 루케렌세스로 정했으며, 로마는 로물루스와 타티우스가 공동으로 다스렸다.

❋ 신이 된 로물루스(BC 715년)

≪치세 말기에 접어든 로물루스는 노인 특유의 완고함을 보이며 지도층 인사들과 마찰을 빚었다. 이러한 갈등은 그를 죽음으로 몰았으며, 이를 두고 로마인들은 갑작스런 돌풍과 비바람 그리고 어둠과 함께 그가 하늘로 사라졌다고 주장하며 신격화시켰다.≫

○ 어느 날 타티우스의 부하들과 친척들이 로물루스를 찾아가는 라우렌

툼(註. 라티움 지역의 서부 해안 도시로 로마 남쪽 25㎞에 위치했다.)의 사절단을 살해하는 일이 발생했다. 라우렌툼 사절단이 가지고 있던 재물이 탐나 강탈하려고 사절단을 죽인 것이다. 이에 로물루스는 분개하며 살인자들의 즉각적인 처벌을 주장했지만, 타티우스는 친척들과 부하들에 대한 연민의 정이 있었는지 처벌을 거부하며 방해했다. 그러자 라우렌툼 사람들은 격분하며 범죄자들을 감싸는 타티우스에게 그에 대한 적절한 대가를 주기로 마음먹었다. 타티우스가 로물루스와 라비니움에서 제사를 올리고 있는 기회를 틈타 살해한 것이다.

○ 타티우스가 살해당하자 로물루스는 장례식을 성대히 치러 주었다. 하지만 타티우스를 살해한 라우렌툼 사람들에 대해서는 살인을 살인으로 갚은 것뿐이라며 풀어 주고 말았다. 이렇게 되자 로물루스는 권력의 욕망에 굴복하여 라우렌툼 사람들을 사주해 타티우스를 살해했다는 의심을 받게 되었다. 사실의 진위는 알 수 없는 노릇이나, 타티우스가 죽은 이후에 로물루스의 행동을 보면 의심은 어느 정도 사실에 가까웠다.

○ 왜냐하면 타티우스가 죽은 이후 독점적인 권한을 행사했던 로물루스는 베이이(註. Veii. 현재 지명 '베이오Veio')와의 전쟁을 승리로 이끌면서 더욱 강력한 힘을 얻어 거의 독재에 가까운 권력을 행사했기 때문이다. 그는 자신의 업적에 도취되어 거만한 태도를 취했으며 대중적이었던 기존의 방식을 버리고 전제 군주의 방식을 취했다. 겉치레에도 사치스러움을 더해 혐오감과 불쾌감을 느끼게 했으며, 접견을 받을 때조차도 비스듬히 누워서 받았다. 로물루스는 주변의 호위병들을 강력하게 보강했고, 호위병들은 로물루스가 명령을 내리기만 하면 사람들을 즉시 묶을 수 있도록 가죽끈까지 두르고 있었다. 이것은

위협과 독재의 상징이었다.(註. 학자에 따라서는 제4대 왕 안쿠스 마르티우스까지는 왕이라고 해도 왕궁도 호위병도 없는 한 명의 로마 시민에 지나지 않았으며, 다만 종교 의식이나 축제 기간에는 왕을 나타내는 특별한 의상을 입었다고 주장한다. 따라서 로물루스가 호위병을 거느렸는지 아니면 자신을 따르는 친구들의 호위를 받았는지 명확하게 알 수 없지만, 그가 장기 집권을 하면서 권력을 남용한 것은 분명한 것으로 보인다.)

o 원로원 의원조차 의회에 모이는 것은 중요 정책을 논하고 조언하는 자리가 아닌, 침묵을 지키면서 왕의 명령을 듣기 위한 관례에 지나지 않게 되었다. 기고만장해진 로물루스는 원로원 의원들을 향해 이렇게 말하기도 했다. "내가 너희를 선택한 것은 나를 이끌게 하려는 것이 아니라, 내가 너희들에게 명령을 내리기 위해서니라." 원로원의 가장 중요한 임무는 왕의 자문 역할을 하는 것임에는 틀림없다. 그리고 자문이란 어떤 사안에 대해 "의견을 말해 보아라."는 식으로 명령조가 될 수도 있다. 그렇다고 왕이 원로원을 대놓고 얕잡아 보는 말을 할 수 있는가? 사실 원로원은 민회의 부당한 결의에 대해 거부권을 행사하며 왕의 통치를 돕는 것이 원로원의 역할이기도 했지만, 로물루스의 언행에는 그가 전제 군주에 가깝게 변질되고 있었다는 것을 의미했다. 귀족인 원로원 의원들이 평민보다 나은 점이라면 고작해야 왕의 명령이 공식적으로 선포되기 전에 그 내용을 미리 알고 있다는 것뿐이었다. 이런 이유로 로물루스에 대한 불만은 서서히 커져 갔다.(註. 귀족과 평민의 구분은 서로 다른 인종적 기원을 가졌다는 생각은 전혀 근거가 없으며, 귀족들은 국가 창설에 참여했던 가부장들이 속한 대가문의 부유한 집안사람들이었다.)

o 그러다가 어떤 계기로 원로원들의 불만이 터지고 말았다. 로물루스

가 의원들과 전혀 상의도 없이 자신의 일방적인 결정에 따라 전쟁에서 획득한 영토를 병사들에게 나누어 주고 베이이로부터 받은 인질을 돌려주었던 것이다. 원로원 의원들은 로물루스가 이제는 자신들을 완전히 무시하고 있다는 것을 깨달았으며, 불만의 파장은 더욱 커져 갔고 불만을 가진 자들의 세력과 설득력은 힘을 더해 갔다.

○ 어느 날 로물루스가 도시 밖에서 민중 집회를 주재하고 있을 때 믿기 어려운 기상 이변이 일어났다. 햇빛이 어두워지고 어둠이 깔리면서, 엄청난 소리의 우레가 치고 맹렬한 돌풍 속에 세찬 비가 뿌려졌다. 놀란 시민들은 집회 장소를 피해 흩어졌고 귀족들은 그들끼리 모여 섰다. 기상 이변이 사라지고 햇빛이 다시 비추자, 다시 집회 장소로 모여든 시민들은 로물루스를 찾았으나 왕은 흔적도 없이 사라졌다. 시민들은 왕에게 적개심을 품은 원로원 의원들이 왕을 죽인 후 시체를 갈가리

┃ 고대 로마 주변 ___ 출처 : 텍사스 대학 도서관. 이하 같다

　　　　　　　　　　　　　___ 로마의 선택과 결정 ① 도시의 창건

찢어 각자의 옷에 숨겨 집으로 가지고 가서 버렸다고 수군거렸다.

○ 그러자 원로원 의원들은 로물루스가 아버지인 군신 마르스(註. 로물루스는 자신의 어머니 실비아가 마르스 신과 관계해서 낳았다고 알려졌다.)에 의해 하늘로 휘말려 올라갔으며 이제 그는 왕이 아니라 퀴리누스 신이 되었다고 했다.(註. 퀴리누스는 애초에 사비니족의 신이었으며 퀴리날리스 언덕의 신전에서 숭배되었다. 그러다가 공식적으로 로물루스와 퀴리누스를 동일시한 것은 BC 60년 카이사르가 주도했다고 한다. 카이사르는 BC 63년에 대제사장에 선출되었으며, 다른 선출직과는 달리 대제사장은 종신직이었다.) 의심하던 시민들은 그 말을 믿고 그제야 흉흉했던 민심이 잠잠해졌으며, 하늘로 올라가 신이 된 로물루스의 은덕이 자신에게까지 미칠 것을 기도하며 숭배했다. 그리고 원로원 의원들은 더 이상 왕의 증발에 대해 묻는 것을 금지시켰으며, 그들 스스로도 왕이 사라진 이유를 알려고 하지 않았다.(註. 로물루스가 사라진 그 장소에 훗날 아그리파가 판테온을 세웠다.) 그때 로물루스의 나이 54세였고, 왕위에 오른 지 38년째였다.

○ 그러나 일부 로물루스에게 진심으로 충성하고 따랐던 사람 중에 야멸찬 몇몇의 사람들은, 원로원 의원들이 기상 이변의 어수선한 틈에 왕을 살해하고서는 말도 안 되는 소리를 늘어놓고 이야기를 꾸며 내어 자신들의 범죄 행위를 감추려 하고 있다며 비난을 퍼부었다. 원로원 의원들은 시민들의 이러한 비난을 면하기 위해서 율리우스 프로쿨루스에게 도움을 청했다. 결국 로물루스의 절친한 친구였던 율리우스 프로쿨루스는 길을 가다가 로물루스의 환영을 보았으며 그때 로물루스가 자신은 하늘의 신이 되었다고 말했다며 시민들을 설득하여야만 했다.(註. 율리우스 프로쿨루스는 로마사에 처음 등장하는 율리우스 가문 출신이다.)

• 원로원의 변천

로물루스는 국정을 왕, 원로원, 민회로 나누었다. 왕은 민회에서 선출되고, 원로원은 100명으로 구성되었다. 그 이후 원로원은 국가의 성장과 정치적 이유에서 정원이 자주 바뀌었다.

원로원 정원은 로물루스에 의거 100명으로 구성되어, 5대 타르퀴니우스가 200명으로 증원(註. 인구 증가에 따른 조처이지만, 왕의 측근들을 원로원에 추대함으로써 결국은 왕권 강화를 도모함.)했고, 최초의 집정관인 루키우스 유니우스 브루투스가 또다시 300명으로 추가 증원(註. 공화정으로 정치 체제를 바꿈에 따라 원로원을 강화하기 위함.)했다. 그 이후 공화정 시대였던 BC 81년 루키우스 코르넬리우스 술라에 의해 600명으로 증원(註. 로마 세력이 확대된 결과이기도 하지만 기사 계급을 흡수하기 위함.)되었으며, BC 1세기에는 카이사르가 900명으로 확대 증원(註. 자파 세력을 원로원에 편입시켜 반대 세력의 약화를 도모함.)했으며, BC 1세기 아우구스투스는 이를 다시 600명으로 감원(註. 카이사르에 의해 의석을 차지한 갈리아 등 속주 출신 의원들과 일부 자격 미달되는 의원들의 의석을 박탈했는데, 이는 아우구스투스가 원로원의 요구를 화합 차원에서 수용한 것임.)하는 등 많은 변화를 겪었다. 또한 원로원 의석에 공석이 생기면 즉시 충원하는 것이 아니라, 보통 5년마다 실시한 인구 조사를 통해 원로원 명부를 개정할 때 충원했다.

원로원은 성격상 자문 기관이었고 공화정 때에는 원로원이 결의 사항이 행정관 또는 호민관에 의해서 거부되면 "원로원의 견해는 이러이러했으나 누구에 의해 받아들여지지 않았다."는 것을 등록했다. 그리하여 훗날 원로원의 자문을 받아들여지지 않음으로써 발생하는 모든 책임은 자문을 거부한 행정관 또는 호민관이 책임을 지고 민중의 분노를 고스란히 감당해야 했다.

테오도르 몸젠은 로마가 태동기 때 3개의 부족이 연합되어 탄생한 국가이므로 원로원 의원의 수가 300명으로 바뀐 것은 필연적이라고 말했다. 또한 그는 씨족의 독립성이 뚜렷할 때는 씨족에서 추천한 사람을 원로원의 공석에 채웠으나, 훗날 씨족의 영향이 줄어들고 국가와 민족의 공동체가 강화되었을 때 원로원 의원의 선출은 왕의 자유 의지에 맡겨졌다고 주장했다.

원로원 의원은 아버지를 뜻하는 "파테르(pater)"로 불리며, 파테르에서 귀족을 뜻하는 "파트리키(patricii)"가 생겼다. 이는 로마 건국 당시에는 도시로 흘러 들어온 많은 사람들이 아버지가 누구인지도 모르는 유랑민인 경우가 많았지만, 파트리키로 불리는 자들은 적법한 혼인 관계에 의해 낳은 사람으로서 아버지가 누군지 알았다는 데서 유래했다.

| 마음에 새기는 말 |

자기 절제를 실천하고 용기를 더한다면, 누구나 인간 능력의 극한에 다다를 수 있다.

_ 로물루스

- 민중 집회를 하던 로물루스가 갑자기 사라진 후 민심이 흉흉해지자, 로물루스의 절친한 친구였던 율리우스 프로쿨루스는 길을 가다가 사라진 로물루스를 만났다고 말했다. 그때 로물루스가 말하기를, 자신은 하늘에 올라가서 신이 되었음을 알려 주었다고 프로쿨루스는 시민들에게 전했다. 그리고 그는 로물루스가 자신으로 인해 민심이 흉흉해진 로마 사람들을 걱정하면서 위와 같이 말했다고 알려 주었다.

✺ 누마 폼필리우스(Numa Pompilius)의 등극(BC 715년)

≪로마는 재야의 현자 누마를 지도자로 맞이하기 위해 삼고초려를 마다하지 않았다. 로마인들은 자신들의 기질과 어울리지 않는 성품을 가진 누마에게 그가 원하지도 않는 왕위에 등극해 달라고 요청한 것이다. 몇 번의 거절 끝에 왕위에 오른 누마는 자신이 통치하게 된 국가를 평화롭고 유연하게 그리고 온화하고 정의롭게 변화시켰다.≫

○ 로물루스가 사라지고 난 후, 다음 왕을 누구로 정할 것인가를 두고 의견이 분분했다. 그리고 왕의 선출 문제로 라틴족과 사비니족의 반목과 갈등의 골은 깊어졌다. 라틴족은 사비니족이 도시와 영토를 나눠 받은 뒤에 그러한 특권을 허용해 준 자신들을 지배하려는 것은 참을 수 없는 일이라고 했다. 그에 대해 사비니족은 타티우스가 죽은 뒤에도 파벌을 만들지 않고 로물루스의 통치에 잘 따랐으니, 이제는 사비니족에서 통치자가 나와야 된다고 주장했다. 게다가 사비니족은 라틴족이 자신들보다 더 우월하다고 생각하지 않았고, 오히려 자신들이 로마에 합류함으로써 시민의 수가 많아지고 국력이 강화되어 그럴듯한 도시가 되도록 하는 데 기여했다고 생각하고 있었다.

○ 서로 간에 옥신각신하느라 왕의 선출이 늦어지자 통치 공백을 메우기 위해 임시로 원로원 의원들이 번갈아 가며 낮과 밤을 여섯 시간씩 왕의 업무를 대신했다.(註. 로마에서는 왕이 사망하게 되면 다음 왕이 선출될 때까지 원로원 의원들이 돌아가며 왕권을 대행했다. 원로원 의원들에 의한 왕권 대행은 어떤 경우에도 1인이 5일을 넘지 않았으며, 왕권 대행자의 권한은 왕과 동일했고, 다음 왕을 추천할 수 있는 권한을 가졌

다. 다만 첫 번째의 왕권 대행자는 추천권이 없었는데, 몸젠에 의하면 첫 번째 왕권 대행자는 추천자 없이 왕권을 대행했기에 이를 결격 사유로 보아서 그런 것이 아닌가 하고 추측했다.) 그러자 시민들 사이에서는 원로원 의원들이 왕의 지배를 받고 싶지 않아서 국가 체계를 과두정으로 바꾸어 놓아 버렸다고 비난이 일기 시작했다. 결국 라틴족과 사비니족은 상대방의 사람으로 왕을 추천하고 추천된 사람의 부족이 이를 동의하는 방식으로 통치자를 선출하는 데 합의하기에 이르렀다. 사비니족은 라틴족에게 왕의 추천권을 넘겨주었고, 라틴족도 사비니족이 뽑은 사람을 왕으로 모시느니 차라리 자신들이 뽑은 사비니족 사람을 왕으로 모시는 것이 낫다고 여겼다.

○ 라틴족은 회의를 거듭한 끝에 로마로 이주하지 않은 사비니족 중에 명망이 높은 누마 폼필리우스를 추천했다. 인품 좋기로 소문이 자자한 누마가 추천되자, 사비니족도 누마를 지명한 라틴족보다 더 흔쾌히 동의했다. 누마는 사비니족 도시인 퀴레스 사람으로, 폼폰이란 자의 네 아들 중 막내였다. 특이하게도 누마는 로마를 다스리라는 은총이라도 받은 듯이 로마가 세워진 4월 21일에 태어났다고 했다.

○ 누마는 자기 수련과 지혜를 닦아 미덕을 행하였고, 생활에서도 절제하여 사치와 낭비 그리고 폭력과 탐욕을 멀리했다. 이러한 누마의 명성을 듣고 타티우스는 누마에게 자신의 외동딸 타티아를 주어 사위로 삼았으나, 누마는 타티아와 결혼 후에도 장인의 권위를 등에 업지 않았으며 결혼 전과 같이 조용한 삶을 이어 가고 있었다. 타티아 역시 남편의 생각과 생활을 마음에 들어 했으며, 그녀는 결혼한 지 13년째 되는 해 남편 곁을 떠나 망자가 되었다.

○ 아내를 잃고 난 누마는 도시 생활을 떠나 대부분의 시간을 한적한 시

골에서 보냈다. 그는 숲과 초원에서 고독한 삶을 보냈는데, 사람들은 그가 평범한 생활을 하지 않는 것은 숲과 샘을 관장하는 에게리아 여신이 그를 사랑하여 연인이 되었기 때문이라고 믿었다. 그리고 누마가 보통 인간을 뛰어넘는 지혜를 가진 것도 바로 연인인 에게리아 여신이 알려 주었다고 생각하게 되었다. 훗날 왕위에 오른 누마는 시민들이 자신을 에게리아 여신의 연인이라고 믿는 것이 오히려 통치에 이롭다고 생각해서인지 자신과 에게리아 여신과의 소문을 인정하고 말았다.(註. 로마의 정치가들은 이런 종류의 믿음을 정치적으로 이용한 경우가 종종 있었다. 히스파니아에서 폼페이우스와 싸운 마리우스의 지지자 세르토리우스는 자신을 따라다니는 흰 새끼 사슴이 달의 여신 디아나가 신의 영감을 얻게 하려고 준 것처럼 가장하여 병사들이 자신을 따르게 했으며, 자마 전투의 영웅 스키피오는 카르타고 노바를 공략할 때 우연히 바닷물의 수위가 낮아진 것을 자신이 바다의 신 넵투누스의 가호를 받고 있기 때문이라고 은근히 내비치어 병사들의 충성을 얻어 내기도 했다. 게다가 어떻게 보면 유치한 이 방법을 독일의 히틀러도 써먹었는데, 자신의 별장이 있던 독일 남부 베르히테스가덴산을 내려오면서 신이 자신에게 계시한 내용을 전달했다고 한다.)

○ 누마가 로마의 사절단으로부터 왕위를 제의받은 때는 나이 40세를 꽉 채웠을 때였다. 사절단으로서는 프로쿨루스와 벨레수스가 지명되었는데, 프로쿨루스는 라틴족을 대표하였고 벨레수스는 사비니족을 대표했다. 이들은 누마가 굴러 들어온 복을 차 버리지는 않을 것이라 여기고 간략하게 왕위에 오를 것을 부탁했다. 그러나 누마의 답변은 이러했다. "인간의 삶에서 모든 변화는 위험한 법입니다. 부족함을 모르고 현재의 생활에 아무런 불만이 없다면 정신 나간 사

람이 아니고서야 어찌하여 삶의 목적을 수정하고 주어진 길을 버리겠습니까? 지금 살아가는 운명이 어떤 이점은 없더라도 안정적이고 편안하다면 불확실한 삶보다는 낫질 않겠습니까? 나의 품성 중에 추앙받고 존경받

▌ 누마

는 기질은 왕이 될 운명의 사람들이 나타내는 기질과는 거리가 멉니다. 내가 마음 깊이 사랑하고 추구하는 것이 있다면 평화이고, 홀로 살며 농사나 짓고 가축을 치는 것입니다. 이것은 누구나 다 아는 사실입니다. 그러나 로물루스가 통치하던 로마는 전쟁으로 성장한 까닭에, 로마 사람들은 전쟁에 익숙해졌고 잇따라 승리한 이후에 전쟁을 하지 못해 안달인가 하면 정복을 통해 번영하려는 욕망에 가득 차 있습니다. 군대의 지휘관이 왕이 되어야 할 도시에 내가 왕이 되어 신들을 경배하고 정의를 추구하여 폭력과 전쟁을 증오하라고 가르친다면, 나는 우스갯거리가 될 것이 뻔한 이치입니다." 이 같은 말로 누마는 사절단의 제의에 거절했다. 이에 사절단은 누마의 말에 조목조목 반박하고 로마가 라틴족과 사비니족 간의 내전으로 몰릴 상황을 내버려 두어서는 안 된다며 왕위에 오를 것을 간청했으나, 결국 설득하지 못하고 말았다.

○ 로마로부터 왕위 수락의 요청이 수차례 반복되자, 마침내 누마의 아버지가 아들을 설득하기에 이르렀다. "너의 고귀한 뜻은 내가 충분히

알겠다. 하지만 왕이 되
는 일 또한 신에 대한 봉
사라고 생각해 보아라.
현명한 자라면 이 책무를
피하거나 도망치지 않고,
왕위를 위대하고 고귀한
행위를 할 수 있는 발판으
로 여길 것이다. 통치자
란 사람들의 마음을 주무
를 수 있는 영향력을 갖는

에게리아 여신

법이니, 네가 통치의 고삐를 쥐고 전쟁과 폭력에 익숙한 로마 사람들
을 질서와 평화의 길로 이끌면 되지 않겠느냐?" 그리하여 아버지의
설득과 상서로운 징조 그리고 사비니족 사람들의 열광적인 지지로,
마침내 누마는 로마의 왕이 되는 것을 수락했다.

마음에 새기는 말

인간의 삶이란 전적으로 우연의 산물이고, 인생은 온갖 영고성쇠를 겪을
수 있으므로 운명이 변할 가능성이 있는 한, 모든 것을 다 갖추었다고 해서
행복한 사람이라고 불리기보다는 운이 좋았다고 해야 할 뿐이다.

_ 솔론

- BC 7~6세기 아테네(Athenai)의 정치가이자 입법자인 솔론(註. 그
  리스 최초의 성문법을 제정했다고 알려져 있다.)이 소아시아에 있
  는 리디아 왕 크로이소스를 만나 대화하는 자리에서 닥쳐올 미래는
  불확실하고 다양하므로 죽는 날까지 풍족함을 지킨 사람이 행복하

로마의 선택과 결정 ① 도시의 창건

다고 말한 것에 대하여. 신약성서 집회서 11장 28절에 다음과 같이 쓰여 있다. "죽기 전에 아무도 행복하다고 하지 마라."(註. 크로이소스가 리디아 왕으로서 막대한 재물과 권력을 움켜쥐고 있을 때, 솔론에게 이 세상에서 제일 행복한 사람이 누구냐고 물었다. 그는 제일 행복한 자가 자신이라고 답변하기를 기대했지만, 미래를

「리디아 농부로부터 진상품을 받는 크로이소스」, 클로드 비뇽 作

알 수 없는 여전히 삶의 위험과 마주한 사람에게 행복하다고 할 수 없다는 것이 솔론의 대답이었다. 훗날 부유함을 누리던 크로이소스는 페르시아 왕 키루스 2세에게 패한 뒤, 사로잡혀 화형에 처해질 운명이 되었다. 장작더미 위에 묶여 누운 그는 불을 붙여 형이 집행되기 직전, 온 힘을 다하여 회한의 목소리로 크게 세 번을 외쳤다. "솔론! 솔론! 솔론!" 그제야 크로이소스는 솔론의 답변을 납득한 것이다. 내용을 전해들은 페르시아 왕 키루스는 현명하게도 솔론의 현답이 자신에게도 해당될 수 있다는 것을 알고 크로이소스를 풀어 주고, 솔론의 현답을 평생 가슴에 새겼다.)

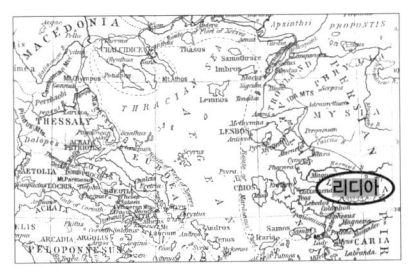

리디아

(註. 운명의 역전은 수없이 반복되는 희비극이며, 역사가 깨우쳐

주는 통렬한 가르침이며, 역사를 배우는 궁극적인 교훈이다. 마케도니아를 멸망시킨 로마 장군 아이밀리우스 파울루스는 불과 몇 시간 전만 해도 그리스를 호령했던 마케도니아 왕 페르세오스가 자신의 발아래 엎드려 목숨을 구걸하는 처지로 전락한 것을 탄식하며 휘하의 젊은 지휘관들에게 말했다. "반드시 죽어야 하는 인간이 성공을 이루었다고 해서 우쭐해지는 것은 과연 적절한 행동인가? 운명의 여신은 변덕스러워 언제나 바뀔 수 있는 것이므로 인간이 공통적으로 가지고 있는 약점을 깨닫고 그 무엇도 영원하거나 안전하지 않다는 것을 겸허하게 배워야 한다.")

☀ 베스타(Vesta) 여사제의 순결

≪누마는 종교적 순결을 지키기 위해 베스타 여사제에게 인간 본연의 성품을 버리고 인고의 세월을 보내도록 강요했다. 베스타 여사제는 로마에서 존경받는 위치였으나, 귀족들은 자신의 딸이 베스타 여사제가 되는 것을 두려워하며 노심초사했다. 이러한 점에서 누마의 성품은 인간적이거나 온화하였다고만은 볼 수 없는 광신적인 면모도 함께 지니고 있었다.≫

○ 로마의 제2대 왕 누마는 종교를 정치에 접목시켜 권한을 행사했다. 도시에 전염병이 창궐했을 때 하늘에서 안킬레(註. ancile. 모서리 없이 양옆이 잘린 8자 모양의 계란형 방패. 전쟁터로 떠나기 전 지휘관은 이를 두드리고 창을 높이 흔들며 "마르스여, 깨어나소서!Mars, vigila!"라고

———— 로마의 선택과 결정 ① 도시의 창건

외쳤다.)라는 청동 방패가 떨어졌는데, 누마는 에게리아 여신으로부터 이 방패는 도시를 구하기 위해 온 것이라고 전해 듣고서, 방패를 지키기 위해 살리이 사제들을 임명하고 11개의 모조품을 베투리우스 마무리우스에게 만들게 했다. 또한 폰티펙스라고 불리는 사제직도 그가 만들었으며, 베스타 여사제 제도도 그가 알바롱가에서 도입했다.(註. 폰티펙스pontifex는 '다리'를 의미하는 라틴어 '폰스pons'와 '만들다'를 의미하는 라틴어 '파키오facio'가 어미 변화된 합성어다. 다리는 최초 건립도 중요하지만 수시로 보수해야 하므로 다리를 건립하는 기관이 이를 관리하는 경우가 많듯이, 고대 로마에서도 다리를 건립하는 자가 관리의 의무까지 맡았다. 따라서 당초에 폰티펙스pontifex는 티베리스강의 다리를 만들고 관리하는 자를 일컬었다. 로마의 세력권이 티베리스강을 넘지 못하고 있던 시절에 티베리스강은 북쪽 에트루리아·움브리아 등 강력한 부족들의 침입에 대비한 보호막이 되었고, 로마인들은 국가 방어 차원에서 티베리스강의 다리를 나무로 허술하게 만들어 적이 침입해 올 때 쉽게 부수거나 불태울 수 있도록 했으며 이를 보수하고 관리하는 자는 중요한 직책이었다. 다리 관리자와 사제직이 같은 의미가 된 것은 국가의 위기를 관리하는 자는 곧 국가의 안전을 위해 신에게 제사를 올리는 자와 동일한 역할이라고 생각했기 때문이다. 이러한 역사적 사실 때문에 안쿠스 왕이 티베리스강에 건립한 기록상 최초의 다리인 수블리키우스 목교를 비롯하여 후대까지 상당히 오랜 기간 티베리스강의 다리를 철이나 돌이 아닌 나무로 만드는 관습이 있었다. 즉 BC 179년이 되어서야 최초의 석조 다리인 아이밀리우스 다리가 건립되었던 것이다. 폰티펙스들은 모든 제례를 관장했고 종교법 위반을 판단했으며 스스로 자신들의 지식을 '신과 인간사에 관련된 학문'이라고 치켜세웠다. 다만 로마의 사제들은 명령하는 것이 아니라 조언하는 역할이었고, 문의자들에게 신들의 대답을 설명했다는 점이다. 아무리 높은 사제라도 서열은 왕 아래였으며 왕의 요청이 있을 때만 조언했다. 이들은 여하한 경우에도 권력에서 완전히 배제되었고, 자신의 직책을 수행하는 데 어떤 명령에도 구속되지 않았다. 그렇지만 다른 시민처럼 아주 미천한 관리에게라도 복종해야 했다. 훗날 그리스도교에서는 '폰티펙스'를 '주교'로, '폰티펙스 막시무스Pontifex Maximus' 또는 '로마누스 폰티펙스Romanus Pontifex'를 '교황'의 의미로 사용했다. 최근 교황 베네딕토 16세가 트위터의 아이디를 폰티펙스로 정하자 많은 논란거리가 되었던 것도 이와 같은 역사적인 이유 때문이다.) 베스타 여사제는 로마의 3부족에서 각각 구시민 측에서 1명과 신시민 측에서 1명을 선발하여 한 부족에서 2명씩 모두 6명으로 구성되었다. 이들 모두는 고귀한 신분의 귀족 중에서 10세 안팎의 소녀들로 선택되었고, 그녀들은 30년간 순결을 지켜야 했다. 처음 10년은 임무를 배웠고, 두 번째 10년은 배운 임무를 수행했고, 마지막 10년은 이 임무를 새로 들어온 다른 여사제에게 가르쳤다.

○ 여사제들은 30년이 지나면 신성한 의무를 벗어나 원한다면 결혼할 수 있는 자유가 생겼다. 그러나 의무를 벗은 여사제가 결혼하는 경우는 많지 않았으며, 설령 결혼했다고 해도 행복하지 않았고 평생 후회하며 실의에 빠져 사는 경우가 많았다. 그 결과 여사제 사이에서는 두려운 미신이 생겨났고, 그녀들은 나이가 들어 죽는 날까지 처녀성을 지키는 경우가 많았다. 아마도 남자로서는 여사제의 사회적 높은 신분과 풍족한 부를 염두에 두고 결혼했겠지만, 나이 많은 여자에게 진솔한 애정을 느끼지는 못했으리라고 짐작된다. 또한 인간성이 거부된 채 혹독한 인고의 세월을 보낸 여사제들이 평범한 속세의 남자

들과 어울리기도 어려웠을 것이다.

○ 누마는 여사제들에게 속박된 생활을 강요하는 만큼 커다란 권리와 혜택도 부여했다. 부친이 살아 있을 동안에도 유언장을 쓸 수 있는 권리를 주었고, 아이를 셋 이상 둔 어머니에게만 주어진 권리였던 후견인이나 보호자 없이 자신의 재산을 스스로 처리하고 관리할 수 있는 권리를 주었다. 행차 시에는 권한을 상징하는 파스케스를 앞세울 수 있었고, 사형장으로 가는 죄인과 우연히 마주친다면 그 죄인은 여사제에게 죄를 사하여 달라고 청하여 목숨을 구할 수 있었다.

○ 베스타 여사제가 더 이상 처녀의 몸이 아닌 징표는 여러 가지가 많지만 그중에서도 신전의 불이 꺼지는 것이었다. 게다가 로마인들은 베스타 신전의 불이 꺼지는 것을 가장 두려운 재앙으로 생각했다. 왜냐하면 전래되는 이야기에 따르면 신전의 불은 아이네아스가 트로이아에서 가져온 신성한 성화로 어떤 이유에서든 불이 꺼진다면 그것은 곧 로마가 파괴된다는 경고로 믿었기 때문이다. 따라서 혹시라도 불이 꺼진다면 온갖 속죄 의식을 치른 후 불을 다시 점화했으며, 불씨를 꺼뜨린 여사제가 화형당하기도 했다. 베스타 여사제가 가벼운 죄를 지었을 경우 채찍질을 당했으며, 때때로 대제사장(폰티펙스 막시무

┃ 베스타 신전

스pontifex maximus)이 장막이 가로놓인 어두운 곳에서 죄를 범한 여사제를 벗겨 놓고 직접 채찍질을 가하기도 했다. 그러나 간음과 같이 순결 서약을 어겼을 경우에는 중대한 범죄로 취급되었다. 순결 서약을 어긴 여사제는 콜리나 성문(註. 퀴리날리스 언덕과 비미날리스 언덕 사이에 있는 북측 문) 근처에 구덩이를 만들어 그 안에 방을 만들고 의자와 등불, 빵, 물 한 그릇과 같이 최소한의 것들만 갖춘 뒤 그곳에 가두어 버렸다. 구덩이 방으로 내려가는 계단을 치우고 입구에 엄청난 양의 흙으로 채워 막아 버렸으니, 사실상 산 채로 땅에 묻어 버린 것과 다름이 없는 혹독한 처벌이었다.

○ 그럼에도 베스타 여사제의 정절은 수시로 무너졌다. BC 484년 오필리아가 음란죄로 처벌된 것을 비롯하여 공화정 때 미누키아, 섹스틸리아, 오피미아, 플로렌티아, 아이밀리아, 리키니아, 마르키아 등이 처벌되었으며, 1세기 말 도미티아누스 황제는 베스타 여사제들이 정절을 지키지 못했다며 6명 중 무려 4명을 처형했다. 처형된 4명 중 3명은 근친상간이 죄목이었고, 최고 여사제였던 코르넬리아는 많은 연인을 두고 몸을 더럽혔다는 이유였다. 근친상간의 죄를 범한 3명의 여사제는 스스로의 방식을 선택해서 죽을 수 있었고, 그녀들의 연인들은 추방형을 받았다. 그러나 코르넬리아는 전통적인 방식에 의해 생매장되었고, 그녀의 연인들은 민회가 열리고 있는 포룸(註. forum. 공공 집회 장소 등으로 쓰인 광장)에서 곤봉에 맞아 살해당했다.

권력이란 거칠고 폭력적인 형태로만 행사되는 것은 아니다.

– 왕정시대의 제2대 왕에 오른 누마는 로마 시민이 아니었기에 정치
적 지지 세력이 없었을 뿐 아니라 군사적 명성과 업적도 없었다.
그는 원로원의 요청에 따라 왕위에 올랐고, 민회에서 승인을 받았
지만 그것만으로 나라를 이끌기에는 힘이 너무 약했다. 그래서 누
마는 왕과 권력을 상징하는 자주색 옷 대신에 신관들이 입는 하얀
토가를 걸치고 자주 숲속에 틀어박혀 있었으며, 숲에서 나올 때마
다 새로운 개혁안을 민회에 제출하여 신비스러움으로 나라를 다스
린 것에 대하여. 이러한 누마의 행동을 보고 언제부터인가 시민들
은 그가 숲속에서 님프와 대화를 나누고 개혁안을 마련한다고 믿
게 되었다.

※ 누마력과 역의 변천

≪국가를 다스리려면 의식을 갖추어야 하고, 그것은 일정한 기준에
의해 반복되어야 한다. 그리고 반복되는 일정을 맞추려면 이에 걸맞
는 세밀한 역이 필요한 법이다. 누마는 해와 달의 주기를 기억해 두
었다가 역을 만드는 천재성을 보였다. 그는 자연의 주기란 10으로
나누어지는 것이 아니라, 12로 나누어진다는 것을 알아차린 지혜로
운 선지자였다.≫

○ 당초 로물루스 시대의 달력은 3월의 춘분을 그해의 시작으로 하여 1

년을 10개월(304일)로 정하고 있었다. 이는 로마가 10진법에 기초하여 사회적 기준이 고안되었음을 말해 주며, 사절과 관료의 구성·황소 한 마리는 양 열 마리와 동일하다는 기준·기병대의 구성 등에서도 엿볼 수 있다. 그러나 십진법에 의한 달력은 엉성하기 이를 데 없었다. 마침내 누마가 왕위에 오르자 로마에서 그동안 사용하던 허술하기 짝이 없던 역 대신 해와 달의 주기를 이용한 새로운 역을 만들어 사용했다. 누마는 천기란 사람의 손가락이 10개로 나뉜 것에 기초하는 것이 아니라, 1년에 달이 12번을 이지러졌다가 다시 살아나는 기운에 기반을 두었음을 깨달은 것이다. 후세 사람들은 이것을 '누마력'이라 불렀다.

〈누마력〉

- 달의 1년 주기가 354일, 해의 1년 주기가 365일이므로 두 주기의 차이가 11일이 된다. 누마는 1년을 355일로 정하고 매년 차이가 나는 11일을 2년마다 '메르케디누스'라는 22일짜리 윤달을 삽입함으로써 보정했다.

- 로마는 전쟁으로 성장과 번성한 국가였으며, 전쟁은 로마의 국가사업이었다. 따라서 전쟁이 시작되는 달을 전쟁의 신 마르스에게 헌정하여 1년이 시작되는 첫 달로 정했다. 마르스에게 헌정된 달을 마르티우스라고 했으며 곧 3월이었다. 그러나 전쟁은 평화와 정의를 기치로 내건 누마의 성향과 맞질 않았다. 누마는 1년의 첫 달이 전쟁의 신인 마르스에게 헌정된 것을 수정하기로 했다.

- 누마는 1년이 10개월로 된 것을 첫 달에는 야누아리우스를 마지막 달에는 페브루아리우스를 넣어 1년을 12개월로 정했고, 삽입된 달은

공정함과 정화를 상징하게 되었다. 윤달이 페브루아리우스(2월)에 발생하는 이유도 원래 페브루아리우스가 마지막 달이었기 때문에 역학상 발생하는 오차를 마지막 달에 보정했기 때문이다. 이렇던 것이 BC 5세기에 페브루아리우스를 야누아리우스(1월)와 마르티우스(3월) 사이에 옮겨 오게 되어 지금까지 내려오고 있다.

- 누마력은 율리우스 카이사르가 1년을 365일로 정할 때까지 650년간 사용됐다.

〈율리우스력〉

- BC 5세기 역사가 헤로도토스에 따르면 이집트는 1년을 12개월로 나누고 1개월을 30일로 하였으며 매년 5일을 덧붙였다고 한다. 그러니까 이집트는 1년을 365일로 정했다는 것이다.

- 율리우스 카이사르가 이집트(註. 당시 지명은 '아이깁투스Aegyptus')를 원정했을 때, 나일강의 규칙적인 범람과 천체의 움직임을 비교해서 1년을 365.25일로 사용하는 이집트인들의 태양역법을 모방하여 대제사장의 권한으로 새로운 역을 만들었다. 이는 그리스 천문학자 알렉산드리아의 소시게네스가 제안하고 조언했다.

- 율리우스력은 1년을 365일로 하되 4년에 한 번씩 1일의 윤일을 두어 평균 역년을 365.25일로 했다. 또한 1, 3, 5, 7, 9, 11월은 모두 31일이고, 다른 달은 30일로 하되 2월만은 평년에는 28일로 윤년에는 29일로 정했다.

〈그레고리력〉

- 현재 한국에서 사용되고 있는 양력이다. 율리우스력의 평균 역년

365.25일은 실제의 지구 공전주기인 365.2422일(註. 천문학자에 따라서는 지구 공전주기를 365.2424일이라고도 한다.)과는 0.0078일의 차이가 생기며, 128년이 지나면 1일의 차이가 발생하게 되어 있었다. 이를 보정해 주지 못한 율리우스력은 역법상 오차가 누적되어 1582년에는 원래의 춘분보다 10일이나 차이가 발생했다. 춘분은 부활절의 기준이 되는 날이었기에 교황 그레고리우스 13세는 1582년 10월 5일부터 10월 14일을 없애고(註. 결국 1582년 10월 5일부터 10월 14일은 역사에서 사라졌다.) 1582년 10월 5일을 10월 15일로 하는 새로운 역을 제정하기에 이르렀다.

- 태양의 공전 주기 365.2422일과는 1년에 0.2422일의 차이가 나며, 이를 보정하기 위해 4년마다 2월 29일을 넣어 주되, 100년 단위의 연도에서는 100과 400 어느 것으로 나누어도 정수로 나누어지는 해에만 2월 29일을 넣어 주면 1년은 365.2425일이 된다. 즉, 태양의 공전 주기와의 차이는 365.2425일−365.2422일인 0.0003일이 되어 약 3,333년에 1일의 오차만 발생하게 되었다.(註. 만약 공전 주기를 365.2424일로 볼 경우는 불과 10,000년에 1일의 오차가 발생한다.)

〈달력의 어원〉

- 1월(January)은 라틴어로는 야누아리우스(Janurius)로 야누스 신을 상징하며, 야누스는 '문'을 의미하는 라틴어 '야누아(janua)'에서 유래하였으며 1월은 한 해가 시작되는 문이다.(註. 고대 라틴어에서는 Ianvarivs로 표기했는데 이는 j가 없어 i로 표기한 것으로, 모음 앞에 있으면서 단어 첫 글자이거나 모음과 모음 사이의 중모음 i는 후에 j가 되었다.)
- 2월(February)은 페브루아리우스(Februarius)로 정화의 달이다. 양치

기들의 봄 축제인 루페르칼리아 때 쓰이는 양가죽 채찍을 '페브루아'
라고 하는 데서 유래했다.(註. 루페르칼리아 축제는 로물루스와 레무스
형제가 늑대에게 젖을 먹던 팔라티누스 언덕의 동굴이 축제의 중심이며,
이 동굴을 '루페르칼lupercal'이라고 한다. 라틴어 '루푸스lupus'는 '늑대'라
는 의미다.) 2월 15일에 열리는 이 축제에서 두 무리의 젊은이들이 이
마에 희생양의 피를 바르고 허벅다리에 양가죽을 두른 채 팔라티누
스 언덕에서 달리면서 만나는 모든 여성들에게 양가죽 채찍을 휘둘
렀다. 그들은 여성들이 이 채찍에 맞게 되면 몸과 마음이 정화되고
불임의 저주를 쫓아낸다고 믿었다.

- 3월(March)은 마르티우스(Martius)로 봄부터 전쟁을 시작하는 풍습에
  따라 군신(軍神) 마르스 신(註. 그리스의 아레스 신과 동일한 신.)에게
  헌정된 달이며,

- 4월(April)은 아프릴리스(Aprilis)로 아프로디테(註. 로마의 베누스와
  동일한 신이며, 미의 여신을 아프로디테라고 하는 것은 그녀가 그리스어
  로 거품을 의미하는 '아프로스αφρος'로부터 태어났기 때문이다.)를 기
  념했다.

- 5월(May)은 마이우스(Maius)로 정원이나 들판의 식물을 포함하여 생명
  의 성장을 관장하는 마이아 여신의 달이며,(註. 시인 오비디우스에 따르
  면 이 달은 장년층을 의미하는 마이오레스majores에서 따왔다고 한다.)

- 6월(June)은 유니우스(Junius)로 유노 여신(註. 그리스의 헤라 여신과 동
  일한 신.)에게 헌정된 달이다.(註. 오비디우스에 따르면 이 달은 청년층
  을 의미하는 유니오레스juniores에서 따왔다고 한다.)

- 7월(Jury)은 율리우스(Julius)로 율리우스 카이사르가 탄생한 달을 기
  념하였으며,

- 8월(August)은 아우구스투스(Augustus)로 아우구스투스 황제가 서거한 달을 기념했다. 게다가 8월은 그가 최초로 집정관이 된 달이며(BC 43년), 알렉산드리아 전투에서 안토니우스를 무찔렀던 달이며(BC 30년), 로마로 귀환하여 개선식을 행한 달이었다.(BC 29년)(註. 고대 라틴어에서는 Avgvstvs로 표기했는데, 이는 u가 없어 v로 표기한 것이며 훗날 반모음 v는 후에 u로 바뀌었다. 당초 8월은 30일이었으나 8월의 명칭이 섹스틸리스에서 아우구스투스로 바뀌면서 아우구스투스가 "어찌하여 나를 상징하는 달이 작은 것이냐?"며 2월에서 1일을 떼어 와 31일로 만들었다는 것은 꾸며낸 이야기일 뿐이다. 왜냐하면 8월이 아우구스투스로 바뀌기 전부터 31일이었으며, 무엇보다도 이 달은 그가 사망한 달이므로 죽은 자가 말했을 리 없기 때문이다.)

- 9월인 셉템베르(September)는 7번째 달이라는 뜻이며, 10월인 악토베르(October)는 8번째 달, 11월인 노벰베르(November)는 9번째 달, 12월인 디셈베르(December)는 10번째 달이란 뜻이다.

- 이것은 야누아리우스와 페브루아리우스를 새로 만들어 1월과 2월로 가져왔기 때문에 2달씩 뒤로 밀려나게 된 결과다.(註. 네로 황제 때 로마 원로원은 4월은 네로 달, 5월은 클라우디우스 달, 6월은 게르마니쿠스 달로 헌정하는 아부를 했다. 6월을 바꾼 것은 '유니우스'란 이름을 가진 두 명이 반역죄로 처형되어 불길하다는 이유에서였다 그들의 죄는 해방 노예를 이용하여 문서계, 회계계, 청원계 등으로 나누어 황제의 국가 통치를 흉내 냈다는 것인데, 이는 다름 아닌 반역 모의를 준비한 것으로 간주되었다. 그 이후 베스파시아누스 황제가 다시금 원상태로 복원했지만, 그의 둘째 아들 도미티아누스 황제는 자신의 칭호를 따 9월을 '게르마니쿠스' 10월을 '도미티아누스'로 또다시 바꾸기도 했다.)(註. 로마인들은

각 달의 1일을 '카렌다이calendae'라고 하고, 3 · 5 · 7 · 10월에는 7일 그렇지 않은 달엔 5일을 '노나이nonac'라고 했으며, 3 · 5 · 7 · 10월에는 15일 그렇지 않은 달엔 13일을 '이두스idus'라고 했다. 그리고 해당 날을 카렌다이, 노나이, 이두스의 며칠 전으로 불렀다. '카렌다이calendae'는 영어 '카렌더calendar'의 어원이다.)

| 알아두기 |

• 요일(曜日)의 순서

한국에서 사용되고 있는 요일의 순서는 바빌로니아 천문학에서 비롯됐다. 현대 천체 물리학으로 판단하면 잘못이 있긴 하지만, 바빌로니아 사람들은 7개의 천체에 대해 공전 주기를 계산해서 가장 큰 것부터 토성, 목성, 화성, 태양, 금성, 수성, 달로 생각했다. 또한 그들은 하루를 24시간으로 나누어 각 천체가 한 시간씩 관장하게 되지만, 하루가 시작되는 최초 한 시간을 관장하는 천체가 그날을 지배한다고 믿었다. 따라서 첫날의 최초 0시~1시를 토성부터 시작하면 그다음 1시~2시는 목성, 또 그다음 한 시간은 화성이 되어 하루의 마지막 23시~24시는 화성이 된다. 따라서 그다음 날의 시작은 태양부터 시작하게 되고, 그다음 날은 달부터, 또 그다음 날은 화성부터 시작하게 되어 결국 토 · 일 · 월 · 화 · 수 · 목 · 금 · 토로 반복 순환하게 되어 이것이 요일의 순서가 되었다.

※ 누마 정책의 퇴색과 의미

≪교육이 결여된 정책은 입안자가 죽고 난 후 흔적도 없이 사라져 버렸다. 그리하여 로마는 누마 왕 이후 그들의 본성과 방식에 따라 다시금 무기를 들고 번성의 길을 걸었다.≫

○ 누마 왕이 죽자마자 그가 수립한 국가 체계의 목적이자 목표, 즉 다른 나라와의 평화와 우정의 지속은 로마의 땅 위에서 자취를 감추었다. 오랫동안 닫혀 있던 야누스 신전의 양문은 활짝 열렸고, 그 안에서 갇혀 있던 전쟁의 망령이 제 세상을 만난 듯 이탈리아 반도는 병사들의 피로 온통 뒤범벅되었다.(註. 누마 왕은 출입문, 그리고 전쟁과 평화의 양면을 상징하는 신인 야누스 신전을 건립하고, 전시에는 열고 평화 시에는 닫게 했다. 전설에 의하면 로물루스에게 여자들을 빼앗긴 사비니족이 로마로 쳐들어오자 야누스 신이 뜨거운 샘물을 뿜어 그들을 물리쳤다고 한다. 이후로 전쟁이 터지면 야누스 신이 언제라도 개입할 수 있도록 문을 열어 두었고 평화 시에는 문을 닫았다. 전시에 문이 열리면 군대가 이 문을 지나 행군했다. 이처럼 야누스 신은 서로 다른 공간 사이에 존재하는 신이라고 믿어진 순수한 로마 신이며, 이에 대비되는 그리스 신이 없다.) 그가 세운 평화와 정의라는 구조물은 그가 없이 혼자서는 잠시라

▌ 야누스 신

도 서 있지 못했던 것이다. 누마가 집권한 43년 동안 야누스 신전의 문은 한 번도 열린 적이 없었지만, 그가 죽자마자 신전의 문은 활짝 열려 공화정이 막을 내리는 순간까지 단 두 번 그것도 잠깐 동안 닫혀 있었을 뿐이었다.(註. BC 235년에 1년간 닫혀 있었고, 그리고 BC 29년 아우구스투스에 의해 닫혔다.)

○ 그럼에도 누마의 일생에서 가장 뛰어나고 아름다웠을 뿐 아니라 실로 보통 사람의 능력을 뛰어넘은 점은, 그가 이방인이었음에도 왕위에 앉도록 요청받았고, 그 자리에 올라 설득의 힘만으로 포악하고 잔인했던 도시의 본성을 바꾸고, 평화와 정의에 공감하게 만들어 복종시켰다는 것이다. 그는 이것을 무기 없이 그리고 폭력 없이 이루어 냈고, 지혜와 의로움만으로 시민들의 마음을 사로잡아 화합하게 했다.

○ 누마가 죽고 세월이 많이 흐른 훗날(BC 181년), 야니쿨룸(註. 팔라티누스 언덕 서측의 티베리스강 건너에 위치)에 농토를 가지고 있던 테렌티우스란 자가 있었다. 하루는 그의 소작인이 누마의 무덤 근처에서 쟁기질을 하다가 흙 속에서 그리스어와 라틴어로 함께 적힌 책을 하나 발견하여 가져왔다. 그는 앞부분만 대충 훑어보고서 그 책이 누마가 자신의 종교 의식의 근거와 이유를 저술한 책임을 단박에 알아차렸다. 책의 중요성을 파악한 그는 원로원에 책을 보냈고, 원로원 의원들은 누마가 제정한 제도와 의식의 근거를 읽어 본 다음 누마가 쓴 것임을 인정했다. 그러고서 그들은 그 책을 불태우라고 집정관에게 요구했다.

○ 원로원은 누마의 제도와 의식이 비난받을 수 있다고 생각하여 누마의 저서를 불태운 것이다. 왜냐하면 유래와 근거를 알지 못하는 데서 생기는 오류보다는 오히려 그것을 앎으로써 야기할 혼란이 더욱 해

롭다는 결론에 도달했기 때문이다. 이렇게 되어 누마의 제도와 의식의 근거는 신비 속에 묻히고 말았다.

※ 식언한 자에 대한 처벌과 알바롱가 합병(BC 667년)

≪로마와 알바롱가는 불과 세 명의 장군으로 하여금 패싸움을 벌이게 하여 국가 전체의 운명을 결정지었다. 승부를 겨루기 전 알바롱가 왕 메티우스는 만약 알바롱가의 장군이 패배한다면 이를 인정하고 로마 왕 툴루스에게 복종할 것을 약속했지만, 패배한 후 복종을 강요받을 때가 되어서야 자신의 약속이 성급한 것임을 깨달았다. 그는 때늦은 후회를 하며 툴루스를 속이려다 결국 비참한 최후를 맞이하고 말았다. 그럼에도 로마는 승자의 권리를 주장하기보다는 패자와 대등한 조건으로 합병한다는 아이네아스의 맹약을 지켰다.≫

○ BC 7세기 때 누마가 이룩한 평화의 시대는 지나가고 로마의 제3대 왕 툴루스는 로마인들의 본성에 호소하여 곳곳에서 정복 전쟁을 일으켰다. 그는 누마의 치세 동안 오랜 평화 속에서 로마가 유약해지고 노쇠의 길로 접어들었다고 생각했다. 툴루스는 누마와는 기질이 전혀 다른 자였다. 그는 라틴계의 사람이며, 툴루스의 할아버지는 사비니족 여인들을 강탈한 후 벌어진 전투에서 비록 전사했지만 탁월한 능력을 보인 대단한 장군이었다. 뛰어난 전사의 피를 이어받은 툴루스는 병마가 자신의 몸을 망쳐 투혼의 날개가 부러질 때까지 전쟁

—— 로마의 선택과 결정 ① 도시의 창건

에 지친 병사들의 고단함이나 전의 상실 등 그 어떤 것에도 전투에 대한 투지를 잃지 않았다.

o 툴루스는 왕위에 오른 후 얼마 지나지 않아 알바롱가와 약탈 문제로 갈등을 빚었다. 사실 두 국가는 오래전부터 서로 간에 상대편의 영토에 몰래 잠입하여 가축을 약탈하는 일이 벌어지곤 했지만, 그때마다 사절단을 파견해 평화롭게 해결하곤 했다. 그러나 툴루스가 왕이 되자 상황이 달라졌다. 알바롱가에서 평화 협상을 위해 사절단을 보냈다는 소식을 듣고 툴루스는 친구들에게 그들을 공손히 대접하게 하면서, 자신도 재빨리 사절단을 구성하여 알바롱가에 보냈다. 하지만 툴루스가 사절단을 파견한 것은 평화를 위한 노력이 아니라 전쟁의 책임을 알바롱가에 돌리고 대의명분을 마련하고자 한 것일 뿐이었다. 로마의 사절단은 거의 항복이나 다름없는 배상을 요구했고 알바롱가에서 이를 거부하자 전쟁을 선포한 것이다. 결국 창과 검의 논리로 풀어 갈 수밖에 없게 만든 것이다.

o 그러나 로마와 알바롱가는 긴밀한 역사적 유대 관계가 있으므로 내전이나 다름없었다. 따라서 두 나라는 패배한다면 비참해지는 것은 말할 것도 없고 설령 승리한다 하더라도 수많은 생명과 재산이 사라질 것이 분명한 전쟁을 피해 가자는 데 합의했다. 게다가 두 나라가 전쟁을 벌이는 동안 인접한 강대국 에트루리아의 침공 위험이 증가될 것은 뻔한 이치였다. 그리하여 로마의 호라티우스 가문의 세 아들과 알바롱가의 쿠리아티우스 가문의 세 아들이 싸움을 겨루고, 패한 쪽의 나라가 승복하기로 약속했다. 양군의 병사들이 보는 앞에서 벌어진 이 싸움에서 로마의 호라티우스 가문이 두 아들을 먼저 잃었다. 살아남은 호라티우스 가문의 아들 1명이 수적 열세를 느끼고 도망치

「호라티우스 형제의 맹세」, 다비드 作

자, 쿠리아티우스 형제들이 뒤쫓아 따라왔다. 하지만 이 싸움은 아벤티누스 언덕과 카일리우스 언덕 사이에서 끝났다. 도망치던 호라티우스가 순간 뒤돌아서서 따라오던 쿠리아티우스 형제들을 차례로 한 명씩 대결하여 모두 쓰러뜨렸기 때문이다.

○ 그렇게 되자 메티우스는 패배를 인정하고 약속대로 로마에 복종하겠음을 확인했다. 이에 따라 알바롱가의 메티우스는 로마의 요구에 복종하여 베이이의 공격에 로마 동맹군으로 참여하기도 했다. 그러나 그는 수많은 시민들의 운명이 단지 3명의 싸움으로 결정되고 말았다는 것은 너무나 경솔한 행위였음을 그제야 깨달았다. 그리하여 그는 로마의 툴루스 왕을 속이고 주변 부족들을 로마와 대항하도록 선동하기 시작했다. 로마가 사방에서 적과 대립하게 되자 메티우스 왕은 자신이 부추긴 부족들 편에 서지도 않고 그렇다고 로마의 동맹군으

———— 로마의 선택과 결정 ① 도시의 창건

로서 적극적인 전투를 벌이지도 않았다. 그는 태도를 분명히 하지 않고 상황을 주시하며 어느 쪽에 붙어야 할지 기회를 엿보고 있었던 것이다. 하지만 메티우스가 바라던 기회는 오지 않았다.

○ 로마군은 알바롱가에서 꼬드겨 로마에 대항하게 된 인접 부족들을 먼저 모두 굴복시켰다. 그런 다음 알바롱가로 쳐들어가서 메티우스 왕을 사로잡았기 때문이다. 약속을 지키지 않은 알바롱가 왕은 두 대의 사두마차에 다리가 묶인 다음 반대 방향으로 채찍질이 가해져 몸이 찢기는 참혹한 방법으로 처형당했다. 이로써 로마는 배신한 자는 용서하지 않는다는 노선을 확립했다.

○ 그러나 비극은 여기서 끝나지 않았다. 호라티우스의 여동생 카밀라가 전사한 쿠리아티우스 형제 중 한 명과 약혼한 사이였기 때문이다. 알바롱가를 세운 아스카니우스가 로마의 시조로 여겨졌고, 로마의 건국자 로물루스는 아스카니우스의 후손으로 알려졌다. 이러한 연유로 조상이 같은 두 집안의 약혼이 우의를 돈독히 한 것이지 관례를 벗어난 것은 아니었다. 하지만 전해 내려오는 비극적인 이야기에 의하면 3명씩 겨룬 싸움이 끝난 후 호라티우스가 승리의 들뜬 기분과 형제들을 잃은 슬픔이 뒤섞여 전리품을 가지고 귀가했을 때, 집에 있던 여동생이 오빠가 가져온 전리품 중에 자신이 약혼자에게 만들어 준 외투가 있는 것을 보고서는 슬퍼하며 오빠를 원망했다. 그러자 호라티우스는 오빠들의 죽음을 슬퍼하기보다는 약혼자의 죽음을 슬퍼하는 여동생에게 격분했다. 그러면서 "조국의 적을 위해 슬퍼하는 자는 이렇게 되리라!"고 외치며 여동생 카밀라의 가슴에 검을 찔러 넣었다. 살인을 저지른 호라티우스는 결국 사형 선고를 받았다. 하지만 조국을 위해 무훈을 쌓은 자를 죽여서는 안 된다는 시민들의 청원

으로 겨우 죽음을 면할 수 있었다.

○ 패배한 알바롱가는 로마군에 의해 신전을 제외하고 도시 전체가 철저히 파괴되었지만 로마와 동등한 조건으로 합병되었다. 알바롱가의 귀족들은 로마의 원로원 의원이 되었고 시민들은 로마 시민권을 부여받았다. 이는 그 옛날 아이네아스가 연적 투르누스와 일대일로 겨룰 때 이렇게 기도하며 맹세한 것을 충실히 지킨 것이리라. "전능하신 유피테르 그리고 전쟁의 신 마르스여! 만약 내가 진다면 패배를 인정하고 이 들판을 떠날 것입니다. 하지만 내가 이긴다 해도 적들에게 복종을 요구하거나 왕국을 달라고 하지 않고 양측에게 동등한 조건으로 동맹을 맺을 것입니다."

○ 훗날 율리우스 카이사르를 배출한 율리우스 가문도 이때 로마로 이주되어 로마 귀족이 되었다. 로마로 강제 이주된 알바롱가 사람들은 카일리우스 언덕을 배정받아 정착했고, 이로 인해 인구가 급속히 증가하자 툴루스 왕은 원로원 의사당을 새로 건립했다. 툴루스 호스틸리우스 왕의 이름을 본따 '쿠리아 호스틸리아(Curia Hostilia)'라고 불린 이 건물은 로마 광장 귀퉁이에 세워졌고 그 이후로도 계속하여 로마 원로원 의사당으로 사용되었다.

✳ 로마시(市)의 형성과 일곱 언덕

≪치수 사업과 토지 개량은 도시를 개발하는 토대다. 로마의 언덕과 지저분한 계곡의 습지가 미래를 내다볼 줄 아는 현명한 자들에 의해

개발되었고, 이로써 로마는 세계의 도시가 될 기반을 마련했다.≫

○ 애초의 라티움 지방은 티베리스강, 아펜니노(註. 당시 명칭 '아펜니누스Apenninus')산맥, 알바 롱가의 구릉 그리고 바다로 둘러싸인 약 1,870㎢의 땅으로 서울의 3배 정도가 되는 작은 지역이었다.(註. 라티움은 라틴어인 라투스latus에서 비롯된 말

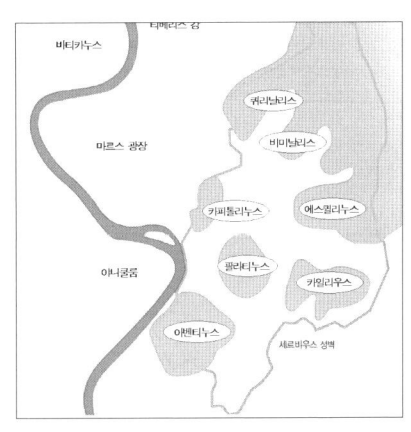

로마의 일곱 언덕

이며, 라투스는 '광대한', '측면'이라는 뜻이므로 라티움은 평야 지역을 의미했다. 다만 BC 1세기의 로마 시인 베르길리우스는 라티움이 '숨다'라는 의미의 '라테오lateo'에서 비롯되었으며, 이는 크로노스가 제우스에게 쫓기어 이곳에 몸을 숨겼다는 신화에서 생겨났다고 했다.) 그중 로마의 면적은 300㎢ 정도였으며, 로마의 마지막 왕 제7대 타르퀴니우스 수페르부스 때에도 로마의 크기는 동서로 48㎞, 남북으로 24㎞를 채 넘지 못했다. 이 지역은 알바산(註. 현재 지명 '몬테 카보')에서 내려다보면 한눈에 들어오는 평야였다. 이곳은 많은 언덕과 습지로 이루어져 BC 10세기에서 9세기 사이에는 축축하고 더러운 곳이었다.

○ 로마의 세력이 티베리스강을 넘지 못했을 때 강의 다리는 나무로 만들어졌다. 나무로 다리를 만든 것은 적이 침입했을 때 쉽게 부수고 불태울 수 있도록 했기 때문이다. 티베리스강은 자주 범람했고, 심

지어 팔라티누스 언덕과 카피톨리누스 언덕 사이의 계곡에는 강물이 넘쳐 흘러들어 배가 드나들기도 했다. 우기 시에는 크게 불어난 물이 하구로 빠르게 빠져나가지 못해 구릉지로 넘쳐흘러 카피톨리누스 언덕과 팔라티누스 언덕뿐 아니라 아벤티누스 언덕 주변까지 늪지대로 만들었다. 늪지대에는 모기와 해충이 서식했으며, 안개 낀 벨라브룸(註. 훗날 로마의 구역명이 되었다. 수부라와 함께 저지대에 위치한 서민 주거 구역이다.)이 펼쳐져 있었다. 초기 로마 거주민들은 이곳을 묘지로 이용하고, 카피톨리누스 언덕과 팔라티누스 언덕의 꼭대기에 오두막을 지어 살았다. 이곳이 어떻게 변화하고 발전하여 마침내 세계의 수도가 될지는 그 당시에 아무도 예견하지 못했다. 몇 세기가 흘러 제5대 왕 타르퀴니우스는 언덕과 언덕 사이에 펼쳐진 습지대를 주목했다. 그가 이곳에 높이 1.5m 너비 60㎝ 규모인 클로아카 막시마(cloaca maxima, 大下水구)(註. 여신 베누스의 별칭이 '클로아키나 Cloacina'이며, 이는 클로아카에서 나온 말이다. 미의 여신인 베누스가 어울리지 않게 클로아키나가 된 유래는 클로아카 막시마에서 베누스로 보이는 여신상이 발견되었기 때문이다. 일설에 의하면 로마인들이 사비니족 여인들을 납치한 후 전쟁이 터지고 두 나라가 평화 협정을 맺었을 때, 정화 의식을 행하고 베누스 신상을 세웠는데 그곳에 훗날 클로아카 막시마가 들어섰다고 한다. 그러나 베누스가 클로아키나란 별칭을 가진 것은 그녀가 사랑과 미를 상징하는 만큼 남성들의 욕망을 잘 이해하고 배출하도록 한다는 의미이기도 했다.)라는 일종의 배수 통로를 건설하여 계곡에 고여 있던 물을 빼냈고, 물이 빠진 곳에 흙을 채워 다지고 길을 닦아 공공시설을 건립하여 전 지역을 개발하면서 놀라운 변화의 시작이 이루어졌다. 현재 남아 있는 클로아카 막시마가 화려한 사각형

❚ 클로아카 막시마

의 담색 석회석을 사용한 것을 보고서는 로마인들이 이런 대단한 작품을 그 옛날 왕정 시대에 설치했다며 감탄하고 있으나, 사실 그것은 공화정 시대의 것이 현재까지 남아 있는 것이다. 다만 배수로의 계획과 설치를 왕정기에 했던 것은 분명한 사실이다.

○ 로마의 일곱 언덕은 다음과 같다. 퀴리날리스(퀴리날레), 비미날리스(비미날레), 에스퀼리누스(에스퀼리노), 카피톨리누스(카피톨리노, 미국 국회 의사당인 'capitol'의 어원), 팔라티누스(팔라티노, 영어 'palace'의 어원), 카일리우스(첼리오), 아벤티누스(아벤티노)(註. 괄호 안은 이탈리아어)

○ 다만 일곱 언덕은 애초부터 정해져 내려온 것이 아니라, 도시가 형성되는 과정에서 전승되어 구성된 것으로 보아야 한다. 왜냐하면 고대의 어느 누구도 위의 언덕을 로마의 일곱 언덕이라고 부른 적이 없기 때문이다. '로마의 일곱 언덕'을 지칭하는 가장 오래된 문헌은 콘스탄티누스 시절이었는데, 여기에는 우리에게 알려진 것과는 달리 팔라티누스, 아벤티누스, 카일리우스, 에스퀼리누스, 타르페이아(註. 카피톨리누스 언덕 남서쪽에 위치), 바티카누스(註. 마르스 광장 북서쪽

티베리스강 건너에 위치), 야니쿨룸(註. 팔라티누스 언덕 서측의 티베리스강 건너에 위치)이었다.

✸ 제6대 왕 세르비우스(BC 579~534년)

≪비천한 신분으로 태어나 왕의 자리에 오른 세르비우스는 선정을 펼치고 군사 개혁을 추진하는 등 국가 발전을 도모했지만, 결국 권력을 탐하는 자에 의해 살해당했다. 대개 그렇듯이 암살자들은 자신과 너무 가까이에 있는 자들이었다. 세르비우스는 외세의 침입에는 결연하게 방어했지만 내부의 적인 사위의 반란을 잠재우지 못했던 것이다.≫

○ 로마 왕 세르비우스는 노예의 자식이라고 전해질 만큼 미천한 신분이었으나, 제5대 왕 타르퀴니우스 프리스쿠스의 눈에 들어 왕의 자식과 함께 교육받으면서 자랐다. 그는 타르퀴니우스의 바람에 어긋나지 않게 지혜와 용기가 어느 귀족 자제보다도 뛰어났으며, 자신들의 자리를 타르퀴니우스의 계략으로 찬탈당했다고 생각하고 있던 제4대 왕 안쿠스의 두 아들이 왕위를 노리고 있었음에도 세르비우스는 다음 왕으로서의 지명이 확실시되었다. 그러자 조급한 마음과 분노가 뒤섞인 안쿠스의 두 아들은 모반을 도모하여 타르퀴니우스를 살해하고 왕위를 차지하려고 했다.

○ 그러나 왕의 아내인 타나퀼라는 여느 아낙네들처럼 집안일이나 돌

보는 호락호락한 여인이 아니었다. 그녀는 남편이 살해당했다는 것을 알게 되자 국가 권력을 거머쥔 후, 자신이 낳은 친아들이 두 명이나 있었지만 왕이 살해되었으니 즉시 왕위를 계승하라고 세르비우스에게 요구했다. 또한 시민들에게는 왕이 부상만 입었으니 왕이 회복되는 동안 세르비우스가 임시로 국정을 맡을 것이라고 선포하며, 시민들은 세르비우스에게 절대 복종하고 항명하여서는 안 된다고 못 박았다. 이렇게 하여 세르비우스는 권력을 손안에 넣을 시간을 벌었고, 그는 왕의 옷을 빌려 입고 법을 집행하며 채무에 허덕이는 자들을 자신의 돈으로 구제하면서 민심을 얻었다. 마침내 타르퀴니우스의 죽음이 모두에게 알려졌을 때는 세르비우스가 완전히 국가 통치권을 잡은 후였다. 그리하여 그는 사태의 긴급성을 인정받아

TARQVINIVS PRISCVS REX.5. CIR-
CVM MAXIMVM ROMÆ ÆDIFICAVIT
CAPITOLIVM INCHOAVIT, DOLOSE
INTERFECTVS IMPERII ANN.37.

제5대 왕 타르퀴니우스 프리스쿠스

SERVIVS TVLLIVS REX.6. QVIRINA-
LEM, VIMINALEM ET ESQVILINVM
MONTES VRBI ADIVNXIT, FOSSAS
CIRCVM MVRVM DVXIT REG AN.44.

제6대 왕 세르비우스 툴리우스

민회의 선거를 거치지 않고 원로원의 결의만으로 제6대 왕에 즉위할 수 있었다.

○ 세르비우스는 적의 침입과 전쟁을 대비하여 훗날 세르비우스 성벽이라고 불리는 성벽을 쌓았으며 군사 제도를 개혁했다. 건국 당시 로마의 군대는 3부족(람네스족, 티티에스족, 루케레스족)이 각각 10개의 쿠리아 단위로 100명씩의 병사를 소집하여 총 3천명의 보병과 각 부족의 귀족들을 뽑은 300명의 기병대로 짜여 있었다. 이처럼 세르비우스가 즉위할 때만 해도 로마군의 징병은 무질서하여 거의 야만족과 다름이 없었다. 하지만 인접국과의 전쟁은 그칠 날이 없었고 군대의 중요성은 갈수록 더해졌다. 마침내 세르비우스는 막강한 군사력을 보유하고 징병 질서를 확립하기 위해 군제 개혁을 실시하기에 이르렀다. 재산의 정도에 따라 시민들을 5등급으로 나누고 재산이 없는 자를 군역에서 제외한 것이다. 이에 따라 각 등급별로 갖추어야 할 장비를 달리했으며, 현역병은 18세(만 17세)에서 46세(만 45세)로 정하여 징집되었다. 재산이 없는 자들을 군 복무에서 제외시킨 것은 고대의 전쟁이 주로 약탈을 목적으로 했고 군대란 적의 약탈로부터 자신의 재산을 지킨다는 의미였기 때문이다. 따라서 재산이 없는 자를 군 복무에서 제외시키는 것은 고대 국가에서 흔히 볼 수 있는 규칙이었다.

○ 또한 세르비우스는 재산 기준을 농토의 소유량으로 정하여, 국가에서 정한 기준 면적을 소유한 자에게는 완전 무장을 갖추게 했고, 이에 미치지 못하는 자에게는 등급에 따라 무장해야 하는 정도를 완화했다.(註. 재산의 기준을 농토의 소유량으로 정한 것은 라틴어 '부유하다'는 형용사 '로쿠프레스locuples'가 '장소 또는 터'를 뜻하는 '로쿠스locus'와

'가득하다'는 형용사 '프레누스plenus'가 합쳐진 합성어라는 것에서도 알수 있다.) 즉 기준 면적을 소유한 자와 기준 면적의 6/8, 4/8, 2/8, 1/8의 토지를 소유한 자들로 구분하여 모두 5등급으로 나누었던 것이다. 그 결과 기준 면적 이상의 농토를 소유한 자들이 전체 농토의 반을 가지고 있었고, 기준 면적의 6/8, 4/8, 2/8, 1/8의 농토를 소유한 자들이 각각 전체 토지의 1/8씩을 소유하고 있었다.(註. 따라서 기준 면적 이상을 가진 자가 전체 토지의 반을 가졌고, 그 나머지가 반을 가졌다.) 기준 면적은 정확히 알 수는 없으나 대략 5만㎡ 이상

│ 세르비우스 성벽

은 되었으리라 추측된다. 이러한 징병 방식은 당시로서는 매우 정당하고 획기적인 방안이었다.

○ 세르비우스에게는 한 명은 성격이 강하고 다른 한 명은 성품이 유순한 2명의 딸이 있었다. 그리고 선왕 타르퀴니우스 아들에게는 세르비우스의 딸처럼 성품이 각각 다른 2명의 아들이 있었다. 세르비우스는 서로 간에 성품을 보완할 수 있지 않을까 하는 바람에서 성품이서로 다른 사람끼리 배필로 삼았다. 하지만 성격이 강한 툴리아는 유순한 남편을 무능한 자라고 멸시했다. 그뿐만 아니라 툴리아는 자신과 성격이 비슷한 제부를 유혹하기까지 했다. 이후 어떤 연유인지 밝혀지지 않았지만, 결과로 짐작한다면 충분히 의심받을 만한 상황이 발생했다. 즉 성품이 유순한 쪽이 각각 급사한 후 툴리아와 제부가

재혼한 것이다.

○ 툴리아와 결혼한 성격이 강한 타르퀴니우스는 권력을 향한 억제할 수 없는 욕심으로 인간의 도리를 내던지기로 마음먹었다. 그는 자신을 따르는 세력을 끌어모은 후 원로원에 가서 근원도 알 수 없는 자를 왕으로 모시는 것은 로마의 수치라고 외치며 선동했던 것이다. 모반이 일어났다는 소식을 듣고 급히 달려온 세르비우스는 타르퀴니우스 일파들에게 원로원 회의장 바깥으로 내동댕이쳐지고 말았다.

○ 세르비우스가 마음이 몹시 상하여 왕궁으로 되돌아왔을 때, 타르퀴니우스가 미리 잠복시켜 놓았던 자객이 세르비우스를 기다리고 있었다. 자객은 세르비우스를 찔렀지만 그는 비틀거리며 바로 죽지 않았다. 그러자 비정하게도 툴리아는 피 흘리며 죽어 가는 아버지를 마차로 덮쳐 살해했고, 그것도 모자라 아버지의 시체 위에서 마차를 앞뒤로 왔다갔다 반복하기까지 했다.

| 알아두기 |

• 로마의 민회(comitia)와 켄투리아회(comitia centuriata) 구성

로마의 민회(comitia)는 부족 단위의 귀족들 모임인 쿠리아(curia)회, 군대의 편성 단위로 구성된 켄투리아(centuria)회, 지역구 단위의 트리부스(tribus)회로 나누어진다. 또한 트리부스 회는 BC 471년 평민만이 참여할 수 있는 트리부스 평민회(consilium plebis tributum)와 귀족과 평민 모두가 참여할 수 있는 트리부스 인민회(consilium tributum populi)로 구분했다. 쿠리아회는 관리의 통치권 부여·사제 취임·신분 변동 등을 승인했고, 켄투리아회는 감찰관·집정관·법무관을 선출하고 주요 재판·주요 법률·선전 포고 등을 승인했으며, 트리부스

인민회는 조영관·재무관을 선출하고 벌금형을 부과하는 등을 처리했다. 그러므로 집정관과 법무관 등이 켄투리아회에서 선출되더라도 통치권(임페리움imperium)에 대하여는 쿠리아회에서 다시 부여받아야 했다. 또한 트리부스 평민회는 호민관 선출 등 독자적인 안건을 처리했다.

쿠리아(註. 왕정 시대 때 3개의 부족이 각각 10개의 쿠리아curia로 나누어져 모두 30개의 쿠리아가 있었으며, 1개 쿠리아에서 100명씩의 병사들을 선발하여 모두 3천 명의 병사들로 군대를 구성했다. 부족을 라틴어로 '트리부스tribus'라고 하는 것은 로마가 3개의 부족으로 시작되었음을 알려 준다.)와 함께 로마의 민회인 켄투리아회는 제6대 왕 세르비우스 툴리우스의 군제 개편에 따라 탄생되었으므로 '세르비우스회'라고도 불리는 로마의 주된 민회였다. 켄투리아회는 경제력을 기준으로 투표수를 정했는데 전체 시민을 기사 등급과 무산자 계급 외에 5등급으로 나누었다. 등급 분할 기준을 보면 1등급은 토지 20유게룸 이상 또는 10만 아스 이상, 2등급은 토지 15유게룸 이상 또는 7만 5천 아스 이상, 3등급은 토지 10유게룸 이상 또는 5만 아스 이상, 4등급은 5유게룸 이상 또는 2만 5천 아스 이상, 5등급은 2.5유게룸 이상 또는 1만 1천 아스 이상의 재산 보유자였다.(註. 1유게룸은 2,500㎡로 농부 1명이 소 2마리와 한 조가 되어 하룻낮 동안 갈 수 있는 밭의 넓이에 해당한다.) 그러나 3차 포에니 전쟁 이후 1등급은 100만 아스로 10배나 올랐으나, 5등급은 6천 4백 아스로 오히려 줄었다. 그만큼 빈부 격차가 심해졌다는 것을 알 수 있다.

구성 내용을 보면 우선 기사 등급에 18개의 켄투리아가 할당되었고(註. 기사 등급은 람네스족, 티티에스족, 루케레스족이 각각 2켄투리아씩 모두 6켄투리아를 구성하고, 세르비우스 왕이 12켄투리아를 보태어 18켄투리아가 되었다.), 1등급에는 청년 보병 40개, 장년 보병 40개의 켄투리아가 있었고, 2등급에서 4등급까지는 각각 20개의 켄투리아(청년 보병 10개, 장년 보병 10개)로 구성되었으며, 5등급은 30개의 켄투리아가 배정되었다. 마지막으로 무산자 등급은 장인 2개, 나팔수 2개, 프롤레타리아 1개의 켄투리아가 있어 총 193개의 켄투리아로 조직되었다.

켄투리아회는 세르비우스 성벽 밖인 마르티우스 광장에서 회합을 가졌으며, 하나의 켄투리아에서 결정된 사항은 개개인의 의사와 관계없이 켄투리아회에서 1표로 인정받았다. 이는 현재의 미국 대통령 선거와 유사했다.

그러다가 BC 220년 가이우스 플라미니우스에 의해 켄투리아가 개편되기 시작하여 제1차 포에니 전쟁이 끝나는 해인 BC 241년에 최종적으로 마무리되었다. 그 결과 전체 지역을 35개 트리부스로 나누고 각 트리부스를 만 17세~45세까지의 청년층과 만 46세~60세까지의 장년층으로 나누었다. 따라서 켄투리아는 기병 등급 18개, 트리부스를 5등급으로 나누고 이를 다시 청년층과 장년층으로 나누면 10개이므로 35개 트리부스를 모두 합하면 350개(註. 즉 각 등급에 모두 70개의 켄투리아가 배정됨.), 무산자 등급 5개로 하여 모두 373개의 켄투리아로 구성되었다. 하지만 2등급에서 4등급까지의 켄투리아는 각 등급에서 20표를 행사하여 모두 60표가 되었으며, 5등급은 40표를 행사했다. 따라서 전체 켄투리아는 종전의 193표(18+70+60+40+5)를 유지했다. 그리하여 이제는 기사 등급과 1등급을 합쳐도 88표이므로 과반수가 되지 않는 위험이 있었다. 그러나 사회가 발전하여 2등급 신분인 자들도 1등급들과 이해관계에 따른 의견 차가 없었으므로 기존 세력이 큰 위협을 느끼지 못했고 이에 따라 갈등 없이 켄투리아의 개편이 가능했다.

| 마음에 새기는 말 |

돈 없는 사람이 사람 없는 돈보다 낫다.

_ 테미스토클레스, 아테네 정치가

– 딸의 구혼자 중에서 부유한 남자 대신 미래가 유망한 자를 골라야
  된다고 하면서.

로마의 은장도(BC 509년)

≪섹스투스의 욕망은 자신과 가족의 파멸은 물론이거니와 왕정의
질서까지 파괴시켰다. 정절에 관한 루크레티아의 분노와 수치심은 국
가 체제를 전복시킬 만큼 위험했고, 결국 두 세력 간의 다툼으로 수
많은 목숨이 전쟁터에서 끊어졌다. 그러나 이런 종류의 이야기는 극
적인 효과를 노린 것이며, 사실 왕정의 폐해에 따라 공화정으로의 조
짐이 점차적으로 짙어졌으리라.≫

○ 왕정 시대의 마지막 왕인 타르퀴니우스는 원로원을 무력화시키고 독
  재와 폭정으로 일관했다. 그에게는 섹스투스라는 아들이 있었다. 전
  해 오는 말에 의하면 로마가 아르데아를 포위 공격하고 있던 중에 서
  로 친척 간이었던 섹스투스와 콜라티누스가 서로 자신의 아내가 더
  정숙하다며 말다툼을 벌이다가 결국 판돈을 걸고 내기하기에 이르렀
  다고 한다. 이들이 내기를 걸던 그날 밤 불시에 집을 방문하자 섹스

투스의 아내는 남편이 전쟁터에 나간 틈을 타 여러 사람들을 불러다가 파티를 벌이고 있었다. 그런 반면에 콜라티누스의 아내는 조용히 남편의 옷을 만들고 있었다. 섹스투스는 내기에서도 지고 정숙하지 못한 아내를 두었다는 것이 모든 사람에게 공개되어 소문이 널리 퍼지고 불명예를 짊어지게 되

「루크레티아의 능욕」, 티치아노 作

자 분노가 치밀어 루크레티아를 능욕하기로 마음먹었다. 게다가 섹스투스는 콜라티누스의 아내 루크레티아의 근면성실함과 아름다운 외모에 반해 짝사랑하기도 했다. 하지만 사람의 마음이란 불명예와 분노에 더욱 못 견뎌 하는 법인지, 그가 진정으로 원한 것은 그녀의 육체보다는 그녀의 평판을 망쳐 파멸시키는 것이었다.

○ 루크레티아의 남편이 전쟁터로 되돌아가고 집에 없던 어느 날, 섹스투스는 본심을 숨기고 콜라티누스 집을 방문했다. 섹스투스의 음협한 마음을 모른 채 콜라티누스 집안에서는 친척이자 왕의 아들인 섹스투스를 환대한 것은 당연했다. 섹스투스는 환대를 받은 자가 따라야 할 규칙을 저버리고 밤중에 루크레티아의 침실에 침입하여 그녀를 범하려고 덤벼들었다. 루크레티아가 침입자에게 반항하며 거부하자 섹스투스는 그녀를 위협하며 말했다. "계속 나를 거부하면 당신을

　　　　　 ——— 로마의 선택과 결정 ① 도시의 창건

죽이고, 노예 한 사람도 죽여서 당신 곁에 발가벗겨 같이 놓아두겠소. 그러면 세상 사람들은 당신이 남편 없는 틈을 타 노예와 간통하다 죽은 음탕한 여인으로 알 것이오." 순결을 지키기 위해 완강하게 반항하던 그녀는 섹스투스의 협박에 마침내 굴복하고 말았다.

○ 섹스투스에게 능욕당한 루크레티아는 분노와 수치심에 죽기로 결심하고 친정아버지와 남편을 급히 불렀다. 그리고서는 아버지 루크레티우스와 남편 콜라티누스에게 자신이 당한 모욕에 대해 반드시 복수해 줄 것을 맹세시킨 후 이러한 때를 대비하여 항상 품속에 넣고 다니던 작은 칼로 자결하고 말았다. 왕가가 관련된 추잡한 사건이 터지자 유니우스 브루투스는 지금의 왕과 가족들이 선왕 세르비우스를 무자비하게 살해한 것도 모자라 정숙한 여인을 죽음으로 몰았다며, 이 사건을 왕정의 폐해와 교묘히 결부시켜 왕정 시대의 종지부를 찍고 공화정이라는 새로운 국가 체제를 싹 틔웠다.(註. 많은 역사가들은 전승되어 오는 루크레티아 사건을 계기로 갑자기 왕정이 무너지고 공화정이 수립되었다는 것을 미덥게 않게 여긴다. 오히려 로마군의 패전이 반복되어 기존의 사회적·정치적·경제적 제도가 쇠퇴하고, 에트루리아가 시라쿠사와의 전쟁에서 패하게 되자, 에트루리아 출신인 타르퀴니우스 왕의 힘이 약화되어 귀족들의 도전을 막아 내지 못하고 왕권을 대체할 제도가 서서히 발전하면서 공화정이 정착되었다고 보는 견해가 일반적이다. 하지만 이 또한 추측일 뿐이다.)

2

공화정 시대

2-1. 이탈리아 반도에서의 팽창(BC 509년~BC 264년)

○ 브루투스는 새로운 국가 통치 형태인 공화정을 제안하여 성립시켰
  고, 로마는 브루투스와 루크레티아의 남편 콜라티누스를 로마 역사
  상 최초의 집정관으로 선출했다. 하지만 개혁이란 흔히 순탄하지만
  은 않듯이 공화정 로마에서는 왕정으로 복귀하자는 반란이 터졌고,
  브루투스는 자신의 정치적 의지를 시험받게 되었다. 반란이 발생한
  것은 왕위에 쫓겨난 타르퀴니우스가 복귀하고자 책략을 부렸기 때
  문이다. 반란자들을 잡아들이자 놀랍게도 핵심 주동자 중에는 집정
  관 브루투스의 두 아들이 포함되어 있었다. 로마법에 의하면 반란자
  는 매질을 한 다음 도끼로 목을 자르는 참혹한 처형에 처해져야 했
  다. 시민들은 최고 통치자의 친아들에게 그것도 두 명씩이나 그러한
  형벌에 처하지는 않을 것이라고 생각했다. 최고의 벌을 받더라도 추
  방형에 처해질 것이며, 주변의 동료들과 영향력이 있는 로마 귀족들
  이 아버지가 아들을 처형하게 내버려 두지는 않을 것이라고 여겼다.
  하지만 간략하고 명료하며 상징도 없이 엄격하기만 한 것이 로마법
  이었다. 브루투스는 자신의 아들을 무자비한 법대로 처형했고, 형이
  집행되는 동안 눈물을 흘리거나 고개조차 돌리지 않았다. 그는 '무감
  각한, 우둔한'을 의미하는 라틴어 '브루투스(brutus)'가 자신의 이름임
  을 그대로 입증하고 있었다.
○ 타르퀴니우스는 책략으로 왕권 복위를 꾀했지만 실패하자 전쟁으로

되찾고자 했다. 로마군은 브루투스가 이끌었고 타르퀴니우스 군은 타르퀴니우스의 아들이자 브루투스의 외사촌인 아룬테스가 지휘했다. 전쟁터에서 맞닥뜨린 브루투스와 아룬테스는 분노와 증오가 뒤엉켜 격돌했다. 마침내 일대일로 맞붙어 서로에게 무기를 겨눈 두 사람은 격렬하게 싸우다 서로의 창에 꽂혀 장렬히 죽음을 맞이했다.

○ 하지만 이 전투에서 로마는 최종 승리했고 동료 집정관이었던 발레리우스는 로마 최초로 네 필의 백마가 이끄는 개선식을 가졌다. 발레리우스는 적과의 승리 후에 영광이 더해졌지만 로마 시민들은 호화로운 개선식과 벨리아 고지(註. 팔라티누스 언덕 북동쪽 배후로서 팔라티누스 언덕과 에스퀼리누스 언덕을 이어 주는 고지) 위에 자리 잡은 화려한 저택 그리고 주변의 호위병들을 의식하며 발레리우스가 왕이 되려 한다고 비난했다. 발레리우스는 이 말을 듣고서 다음 날 날이 새기도 전에 저택을 모조리 밀어 버렸다. 그리고 집정관을 호위하는 12명의 병사들이 권위의 표시로 들고 다니던 파스케스를 로마 시내에서는 시민 주권을 존중한다는 의미에서 파스케스의 도끼 부분을 없애 버렸다.(註. 파스케스fasces는 1.5m 길이의 느릅나무 또는 자작나무 막대기와 도끼를 붉은 끈으로 묶은 다발로 권력의 상징이기도 했으나, 때에 따라서는 끈을 푼 후 막대기나 도끼로 죄인을 때리거나 처형하기도 했다. 이는 에트루리아에서 유래했다고 하며, 무솔리니의 파시즘은 파스케스에서 파생했다. 단수형 fascis) 또한 전리품과 세금으로 급속히 늘어난 국고가 한 사람의 수중에 들어간다면 국가의 안전에 위험할 것으로 여기고 로마 광장의 사투르누스(註. 그리스의 크로노스와 동일) 신전에 보관하여 재무관이 관리하도록 했으며, 재판관이 내린 판결에 대해서 이의가 있을 때는 상소할 수 있도록 법률을 제정했다.(註.

집정관은 자색 띠가 둘러진 토가를 입었고, 의식과 회의에서는 상아가 상 감되어 있는 의자에 앉았으며, 자줏빛 높은 구두를 신었고, 행차 시에는 파스케스를 들고 있는 릭토르라는 12명의 호위병들이 호위했다.)

○ 그러나 공화정은 집정관의 임기가 1년이어서 정책의 지속성이 결여 되기 쉬웠고, 경제력과 상공업 그리고 기술력에 뛰어난 재능을 보였 던 에트루리아계의 통치자가 이룩해 놓은 발전의 힘은 쇠락해져 갔 다. 생전에 브루투스는 원로원 의석수를 200석에서 300석으로 늘리 면서 에트루리아의 부유층을 끌어들였으나, 국가 기반시설 공사는 중단되었고 공공시설의 운영도 멈추었다. 급기야 로마로서는 이제껏 한 번도 경험하지 못한 인구 유출까지 일어나면서 인구 감소에 따라 국력도 점차 허약해져 갔다. 국력의 저하는 군사력으로 굴복시켜 동 맹을 맺어 둔 인접 부족들의 동맹 이탈을 가져왔고, 이는 곧 로마의 안전을 위협했다. 게다가 폐위된 타르퀴니우스는 에트루리아의 강력 한 왕 포르센나의 원조를 받아 다시금 왕위를 노리고 있었다.

○ BC 507년 마침내 에트루리아 클루시움(註. 현재의 지명은 '키우시 Chiusi') 왕 포르센나는 타르퀴니우스의 요청을 받고 로마로 쳐들어왔 다. 그는 당시 선진국 에트루리아에서도 가장 강력한 왕이었다. 포 르센나의 공격을 막기 위해 티베리스강의 수블리키우스 다리에서 호 라티우스 코클레스가 맞서고 무키우스 스카이볼라가 왕을 암살하려 했었지만 로마의 힘은 턱없이 부족했다. 그렇게 되자 로마는 하는 수 없이 포르센나가 제시하는 평화안을 받아들이기로 결정했다. 그리하 여 전투에서 빼앗은 베이이의 영토는 다시 반환되었고, 집정관의 딸 을 비롯한 귀족의 자녀들을 클루시움에 인질로 보내게 되었다. 그럼 에도 로마는 타르퀴니우스의 왕위 복권만은 끝까지 반대하며 버티었

다.(註. 반면에 역사가 몸젠은 에트루리아 왕 포르센나가 로마와 싸워 집 정관과 귀족들의 딸을 인질로 잡는 등 승리를 거두었지만 왕정이 복구되지 않은 사실을 두고, 이것은 곧 연보의 착오 때문에 타르퀴니우스 일가의 축출과 에트루리아 침입의 시점이 가깝게 되었을 뿐이지 에트루리아가 축출된 동포를 위해 개입했다고 볼 수 있는 근거가 아니라고 주장했다.)

○ 이렇듯 국가가 모욕을 당하고 에트루리아 출신의 왕들이 이룩해 놓았던 로마의 번영과 국력 그리고 자존심과 영토까지 잃어버리자 시민들의 삶은 나락으로 비참하게 떨어졌다. 평민들은 전리품으로 배당받은 토지를 다시 빼앗긴 데다 전쟁터에 나가 있는 동안 가족과 농지를 돌보지 못하여 빚까지 지고 허덕이게 되었다. 당시에는 빚을 갚지 못한 채무자를 채권자가 노예로 팔아 버리거나 감옥에 끌고 가서는 혹독한 고초를 겪도록 만드는 것이 상례였다. 그러나 귀족들은 넓은 토지와 노예를 거느리고 있어 전쟁터에 나가 있는 동안에도 농사를 지으며 수입을 가질 수 있었다. 외적을 물리치고 국가에 헌신한 결과가 그러하자 평민들은 절망하고 분노했다. 그들은 로마에서 북동쪽으로 조금 떨어진 아니오강 건너편에 위치한 몬스 사케르(註. Mons Sacer. '성스런 산'이란 의미)에 틀어박혀 농성에 들어갔다. 국가를 위해 헌신한 자가 빚 때문에 감금되거나 노예가 될 수 없다는 것이었다. 그러자 이웃 부족들은 로마에 내분이 생겼다는 것을 알고서는 기회를 놓치지 않고 무기를 챙겨 창끝을 로마로 겨누었다. 다급해진 로마의 지배층은 메네니우스 아그리파를 보내 평민들을 설득했지만 그들의 의지는 강경했다. 결국 BC 494년 원로원에서는 평민의 이익과 권리를 대표하는 호민관 제도의 창설을 승인할 수밖에 없었다. 호민관은 전시가 아니라면 원로원의 결정을 거부할 수 있는 권

한과 면책 특권까지 주어진 막강한 자리였다.

○ 그럼에도 평민들의 권리는 제대로 보호되지 않았다. 왜냐하면 당시는 법이 성문화되지 않아 법 해석을 집정관 마음대로 결정하고 비양심적인 귀족들은 법을 평민들의 억압 수단으로 악용했으며, 그렇더라도 평민들은 법이 정확히 어떻게 정해진지를 몰라 판결이 부당해도 상소할 길이 없었기 때문이다. 평민들은 그들의 권리를 성문화시켜 줄 것을 요청했다. 평민들의 성문화 요구에 따라 로마에서는 솔론(註. BC 640~560년경 생존한 아테네의 정치가이자 입법자로 그리스 칠현인의 한 사람)의 업적에 대한 연구를 위해 당시 선진국이었던 그리스로 아피우스 클라우디우스를 비롯하여 3명의 시찰단을 1년 동안 보냈다.(註. 학자들의 의견 중에는 로마의 시찰단이 그리스로 파견되었다는 기록은 사실이 아니라는 주장이 있다.) 그들은 귀국한 다음 10인 위원회를 구성하여 마침내 로마 최초의 성문법을 제정하기에 이르렀다. 이 법은 10인 위원회가 성립된 첫해에 10개의 동판에 새겼고, 그 다음 해인 BC 451년에 2개의 동판을 추가하여 모두 12개가 된 결과 12표법(Lex duodecim tabularum)이라 불리었다.

○ 하지만 로마 광장 한편에 동판으로 새겨진 로마 최초의 성문법은 과연 선진국 시찰까지 다녀온 결과로 만든 법인지 의심할 만큼 기대 이하였다. 평민 계급에 대해 강경론자였던 아피우스가 주동이 되어 만든 법은 뻔했던 것이다. 제2차년도 10인 위원회 구성 시에 당시 명성을 떨치고 있던 킨킨나투스와 카피톨리누스 등이 위원회에 참여하기 위해 출마했으나 아피우스의 반대로 낙선되기도 했다. 그러다가 아피우스 클라우디우스는 전직 호민관의 딸 베르기니아에게 매혹되어 강제로 그녀를 첩으로 삼아 버리는 만행을 저질렀다. 이를 알게 된

처녀의 아버지는 딸의 명예와 자유를 외치며 딸의 가슴에 칼을 꽂았다. 이렇게 되자 평민들에게 강경했던 아피우스는 분노와 봉기의 대상이 되었고, 귀족들의 자존심을 대표했던 그는 재판에 회부되기 전에 자결하고 말았다. 결국 성문법 제정이라는 명목으로 창설되어 절대 권력을 누렸던 10인 위원회는 주동자가 죽자 폐지되는 운명에 처해졌다.

○ 이 사건 이후로 평민들의 위세는 더욱 강해지고 태도는 더욱 강경해졌다. 마침내 그들은 2인의 집정관 중에 1인을 평민으로 선출해야 된다고 요구하기에 이르렀다. 하지만 원로원과 귀족들이 이러한 평민들의 요구를 받아들이지 않자, 호민관들은 거부권을 행사하여 집정관의 징집 요구를 거부했다. 징집이 거부되고 로마가 적의 침공으로 누란의 위기에 처하자, 집정관들은 외적을 무찌르기 전에 내전을 치러서라도 난폭한 평민들을 굴복시켜야 한다고 주장했고 로마는 격랑에 휩싸였다. 하지만 킨킨나투스를 비롯한 온건파들은 호민관의 거부권과 신성불가침을 짓밟고 동포의 피로 국토를 적셔서는 안 된다며 내전에 반대했다. 그러자 강경파들은 절충안을 내놓았다. 그 절충안에 따르면 집정관직은 종전대로 귀족들이 독점하는 대신에 집정관의 권한을 가진 6명의 군사 호민관을 선출하는 것이었다. 다만 집정관 권한을 가진 군사 호민관을 선출할 때에는 집정관을 뽑지 않고, 집정관을 선출할 때는 집정관 권한을 가진 군사 호민관을 뽑지 않기로 했다. 왜냐하면 군사 호민관이 집정관의 권한을 가짐으로써 서로의 권한이 중복되었기 때문이다. 이로써 평민들은 최고 자리인 집정관직에 출마할 수 있는 피선거권을 갖지는 못했지만 군사 호민관의 선거에 나설 수 있게 됨으로써 국가를 위해 흘린 피의 보답을 받

게 되었다. 하지만 이 제도가 생긴 첫해인 BC 444년 수많은 평민들이 군사 호민관직에 출마했지만 모두 탈락하고 3명만이 선출되었는데 그마저도 모두가 귀족이었다. 평민이 군사 호민관에 당선될 수 있었던 것은 그로부터 무려 44년이 지난 BC 400년 때의 일이었으며 그것도 겨우 단 한 명만 당선되었다. 이는 훗날 마키아벨리가 예리하게 지적한 바와 같이, 개별적인 능력을 판단할 시점이 되자 평민 계급 중에는 국가를 통치할 만한 능력을 갖춘 자를 찾기가 힘들었기 때문이다.

○ 군사 호민관이라는 막강한 자리가 평민에게 개방되자 귀족들은 BC 443년 귀족만이 차지할 수 있는 감찰관(켄소르censor)직을 창설하기에 이르렀다. 당시 2명의 집정관이 전쟁과 내치뿐 아니라 인구 조사까지 떠맡고 있어 무려 17년간이나 인구 조사를 실시하지 못하고 있었다. 감찰관직의 창설은 과중한 업무를 분담시켜 행정을 원활하게 하고자 한 것이기도 했지만, 집정관 권한을 가진 군사 호민관직을 평민에게 개방한 결과 위기의식을 느낀 귀족들이 평민들과의 정치적 타협의 산물로 만들어진 직책이었다.

○ 그럼에도 로마는 군사적 성과에 힘입어 국가의 명성이 날로 높아 갔다. 그즈음 이탈리아 북방에는 야만의 상태로 살고 있는 갈리아족 중 한 갈래인 세노네스족이 늘어난 인구와 따뜻한 영토를 찾아 이탈리아 반도로 내려와서는 약탈을 자행했다. 그들이 로마에서 120㎞ 정도 떨어진 에트루리아의 도시 클루시움까지 쳐들어오자, 과거 포르센나 왕 때의 강건함이 사라진 클루시움은 더 이상 견디지 못하고 로마에게 중재를 요청했다. 한때 클루시움은 막강한 군사력을 가졌으나, 이제는 오히려 로마가 신흥 도시 국가로서 명성이 높았기 때문에

분쟁 해결을 위해 중재자로 나서 달라고 요청을 받은 것이다. 로마에서는 양측의 이익을 서로 보존할 수 있도록 파비우스 집안의 사람들을 중재자로 보냈으나, 그들은 중재에 실패했을 뿐 아니라 야만족의 창끝을 로마로 향하게 하는 불의를 저지르고 말았다. 로마는 야만족의 무자비한 공격에 마지막 방어선까지 속절없이 무너지고 성문은 적의 손에 떨어졌다. 이때가 BC 390년이었다.(註. 학자에 따라서는 로마 연보에 오류가 있으므로 세노네스족의 로마 침공이 BC 387년이라고도 한다.)

o 적이 성안까지 들어오자 로마군과 원로원 의원들은 성안의 방어를 포기하고 카피톨리움으로 피신하여 진을 치고 공성전을 벌였다. 하지만 카피톨리움은 로마의 모든 시민을 수용할 만큼 넉넉하지 않았다. 적들의 공격을 피해 언덕으로 피난할 수 없었던 수많은 시민들은 비참하게 적들의 칼끝에 노출되고 말았다.

o 7개월간에 걸친 갈리아족의 점령으로 로마시는 처참하게 파괴되고 황폐화되었다. 당시 용맹하고 탁월한 로마 장군 카밀루스는 로마에 없었다. 베이이를 제2의 수도로 결정하자는 평민들의 요구를 그가 반대하자, 정적들은 그에게 전리품을 횡령했다는 죄를 뒤집어씌웠고, 이에 격분한 그는 로마 남쪽 아르데아로 망명한 상태였다. 이는 사실상 추방형에 처해진 것이나 다름없어, 로마가 누란의 위기에서 조국을 건질 만한 사람을 찾지 못하고 있어도 카밀루스는 로마를 구할 수 없었다. 견디다 못한 로마 측은 적장 브렌누스와 협상을 벌여 1,000리브라(註. 1리브라는 327.45g)의 황금을 주면 로마를 떠나기로 합의하기에 이르렀다.

o 그러나 죄인이 되어 조국을 떠났지만 카밀루스의 군사적 역량으로

보면 그가 로마를 구할 유일한 인물이었다. 로마는 마침내 갈리아군의 포위를 뚫는 위험을 무릅쓰면서 망명 중인 카밀루스에게 전령을 보내 다시금 독재관을 맡아 달라고 애원했다. 그러자 카밀루스는 독재관의 지위를 받아들이고 로마로 귀국하면서 로마의 지도층과 협상을 벌이고 있던 브렌누스에게 최고 통치자인 자신의 승인 없이 결정된 평화 협정은 무효라고 주장하며 협상장을 뒤집어엎었다. 브렌누스는 이에 격분하여 "그렇다면 이제 협상은 결렬된 것이며 그 책임은 로마 측에 있으므로 응분의 대가를 치르게 하겠다."고 외쳤다. 하지만 로마는 브렌누스의 분노에서 쉽게 벗어날 수 있었다. 왜냐하면 실상은 갈리아족이 도시의 생활에 적응하지 못한지라 염증을 느끼고 있었고, 게다가 자신들의 영토가 적의 침입으로 위험에 처하게 되었다는 소식을 들은 브렌누스가 부족의 병사들을 이끌고 되돌아갈 수밖에 없었기 때문이다.

○ 갈리아족이 떠난 로마는 전쟁으로 인한 참담한 파괴와 곤궁함만 남아 비참하기 이를 데 없었다. 시민들은 완전히 파괴된 로마를 버리고 베이이로 수도를 이전하자고 또다시 요구해 왔다. 그러나 카밀루스와 귀족들은 대대로 이어 온 조상의 묘소와 신전을 지키자며 시민들을 설득했다. 카밀루스와 루크레티우스의 연설과 설득으로 마침내 시민들은 폐허가 된 로마의 재건하는 데 동의하고 발 벗고 나섰다. 비 온 뒤의 땅이 더욱 단단해지듯 위기를 극복한 로마는 주변 도시들을 정복하면서 더욱 강성하게 성장했다. 평민들은 귀족들과 원로원을 상대로 투쟁을 벌여 평민이 집정관으로 선출될 수 있도록 법으로 정했다. 이 법은 평민 호민관 리키니우스와 섹스티우스가 제안했다고 해서 리키니우스-섹스티우스 법이라고 명명했다.

○ 로마 남쪽 캄파니아 지역은 비옥한 땅이었다. 이곳에는 삼니움족들이 흩어져 살았으며 그중 일부는 산악 지대에 거주했다. 산악 지대에 거주하는 삼니움족은 춥고 배고픈 계절에는 산 아래의 평야 지대로 내려와 허기를 달래기 위해 동족들을 약탈하며 살았다. 이에 평야 지대의 카푸아 시민들이 자신들과 우호 관계에 있던 로마에게 보호를 요청하자 세력 확장을 꾀하던 로마는 이때다 싶어 즉시 요청에 응하고 사절과 병사들을 파견했다. 이로써 BC 343년 제1차 삼니움 전쟁이 발발했지만 몇 차례의 사소한 전투 이외에는 산악 지대의 부족들이 카푸아에 거의 내려오지 않았고 로마는 산악 지대로 진격하기를 꺼려 커다란 충돌이 없었다. 그러나 결과적으로 카푸아가 로마의 영향권 아래에 놓이자 자극을 받았는지 이 전쟁이 끝날 즈음 라틴족들은 로마의 지배하에 있던 자신들의 처지에서 벗어나기 위해 로마를 적으로 대하기 시작했다.

○ 이제껏 로마의 무력에 굴복한 라틴 도시들은 로마와 라틴 동맹을 맺고 있었다. 이 동맹은 로마의 영향력이 가장 크긴 했지만 모든 회원국에게 선전 포고권, 외교권 등이 보장되었으므로 법적으로는 각각의 동맹국이 온전한 독립권을 누렸다. 또한 동맹 도시들은 종주국 로마뿐만 아니라 다른 도시들과도 대등한 동맹 관계를 맺는 형태였다. 하지만 제1차 삼니움 전쟁이 끝날 즈음에 라틴 동맹은 로마의 지배에서 벗어나고자 라우렌툼을 제외하고 모두가 똘똘 뭉쳐 종주국 로마에 무기를 겨누었던 것이다. 로마는 종주국의 지위에 위기를 맞았지만, 집정관 티투스 만리우스 임페리오수스 토르쿠아투스가 BC 340년 결정적인 승리를 거두면서 라틴 동맹국들은 다시금 로마에 무릎을 꿇었으며, 그 결과 BC 338년 라틴 동맹은 해체되었다.(註. BC

361년 토르쿠아투스는 아니오강 전투에서 갈리아인과 일대일 결투를 벌여 갈리아 전사를 죽이고 금으로 된 그의 목걸이torques를 빼앗은 까닭에 붙여진 별칭이다.) 로마는 동맹국들이 또다시 뭉쳐 배반하는 일이 일어나서는 안 된다고 여기며 다른 형태의 동맹을 맺었다. 즉 로마와 라틴 도시 간에 동맹 관계를 맺고 라틴 도시들 간에는 동맹 관계를 맺지 못하도록 상호 단절시킨 것이다. 이로써 로마를 정점으로 하는 로마 동맹이 성립되었다.

○ 갈리아족의 침공과 라틴 동맹의 항거를 이겨 낸 로마는 얼마 지나지 않아 삼니움족과 제2차 전쟁이 불붙었다. BC 327년 네아폴리스(註. 현재 지명 '나폴리')에서 내분이 일어났을 때 삼니움족들이 그곳에 거주하는 동족들과 동맹을 체결한 후 캄파니아로 쳐들어오자, 그리스계 주민들이 로마에 구원을 요청했던 것이다. 이 전쟁에서 로마는 카우디움 계곡의 치욕을 맛본 끝에 힘겨운 승리를 거머쥐었지만, BC 298년 삼니움족은 또다시 에트루리아족, 움브리아족, 사비니족, 갈리아족 등과 연맹을 맺어 로마에게 도전함으로써 제3차 삼니움 전쟁이 터졌다. 이 전쟁에서 집정관 데키우스 무스는 자신의 아버지가 제1차 삼니움 전쟁 때 그러했던 것처럼 자신을 신들에게 바친 뒤 적군의 무리를 향해 홀로 진격하여 스스로를 희생시켰다. 그는 이렇게 외쳤다. "신들이시여, 나의 목숨을 거두시고 그 대가로 조국을 위기에서 구하여 승리하게 하소서!" 로마군은 데키우스 무스의 의로운 행동을 보고 분노와 투지를 불살라 여러 적들을 차례로 무찔렀고 마침내 삼니움족과의 전쟁에서 최종 승리했다.

○ 사실 3차에 걸쳐 이어진 삼니움 전쟁이 시작될 당시만 해도 삼니움족은 로마와는 비교가 되지 않을 정도로 막강한 부족이었다. 이탈리

아 반도 동쪽의 험준한 산악 지대를 근거지로 했던 삼니움족은 영토로만 보아도 로마의 3배 정도며, 인구는 2배가 넘었다. 두 세력 간의 충돌은 서로에게 뼈저린 가르침을 안겨 주었다. 로마에게는 산악전투의 방법을 가르쳐 주었고, 삼니움족에게는 그들 부족에게 모자란 정치와 외교에 대해 배울 기회를 준 것이다. 하지만 둘 사이에 서로 다른 점이라면 로마는 가르침을 성실히 배웠으나, 삼니움족은 그것을 배우지 못했고 깨닫는 데에도 매우 늦었다는 데 있었다. 이러한 차이는 50년 넘게 이어 온 두 부족 간의 전쟁에 승패를 갈라놓았다. 로마는 3차에 걸친 전쟁에서 삼니움족들을 완전히 굴복시키고, 아펜니노산맥을 넘어 루비콘까지 영역을 확대한 것이다. 이제 이탈리아 반도 남쪽에는 타렌툼(註. 현재 지명 '타란토')을 제외하고는 모두 로마의 지배하에 들어왔다.

○ 삼니움족을 병합한 로마는 그 세력을 더욱 남쪽으로 뻗쳤다. 타렌툼은 그리스인들이 세운 도시 국가로 상공업으로 매우 번영하여 로마의 정복욕에 구미를 당겼으나 침공하려면 구실이 필요했다. 때마침 로마의 군함 10척이 뱃길을 잃었는지 허가도 없이 타렌툼의 항구에 들어와서는 그곳에 머물다가 주민들에게 공격당해 그중 5척이 침몰하는 일이 발생했다. 타렌툼은 로마의 군함이 항구로 들어온 것을 로마와의 사이에 맺어진 상호불가침 조약에 대해 로마가 위반한 것으로 보았던 것이다. 이 사건을 두고 역사가 몸젠은 이제까지의 태도로 보아 로마가 타렌툼의 도발을 유도할 리가 없다고 주장했지만, 로마 군함이 승인도 없이 타국의 항구로 입항하는 것이 이탈리아의 유일한 강자로 떠오른 로마 병사들의 오만함이 묻어나는 행동이 아니었다고 어떻게 단언할 수 있겠는가? 로마는 사절단을 보내 자국의 군함

이 입항한 것은 침략을 하기 위해서가 아니라며 손해배상을 요구했다. 그러나 타렌툼은 자신의 허약함과 재앙의 그림자를 살피지 못하고 로마 사절단의 요구를 단호히 거절하며 돌려보냈다. 이제 타렌툼 침공의 명분이 만들어진 것이다. 타렌툼은 당시 매우 번영한 도시로 용맹스런 스파르타인들이 세웠지만, 무력하게도 자국의 방어를 용병에게 의지하고 있었다.

○ 강력한 로마로부터 공격을 당하자 타렌툼은 에페이로스(註. '에피루스Epirus'라고도 하는데, 이는 라틴식 발음이다.) 왕 피로스에게 도움을 청했다. 피로스는 당시에 가장 명망 있는 지휘관이었다. BC 280년 피로스는 2만 6천 5백 명의 병사와 코끼리 18마리를 이끌고 아드리아해를 건너 이탈리아 반도로 건너왔다. 그는 당시 최고의 명장답게 용맹하고 과감했을 뿐 아니라, 침착하고 냉정한 전술가로서의 면모를 보여 주며 승리의 깃발을 잇따라 이탈리아에 꽂았다. 그러나 마침내 그는 이 전쟁이 몇 번의 전투에서 승리하면 끝장나는 용병과의 싸움이 아니라 라틴 민족 전체와의 끈질긴 혈전임을 깨달았다. 게다가 그는 전투마다 승리했음에도 어쩔 수 없이 자신의 병력 또한 점차 줄어들자, 이러다가 언젠가는 휘하의 병력이 하나도 남아 있지 않겠다며 불평을 터뜨렸다. 결국 피로스는 전투의 승리로 로마를 상당히 곤궁 속에 빠뜨렸을 때 이제는 서로를 위해 평화를 되찾자며 로마에게 좋은 조건을 제시했다. 당연히 로마의 지도층은 패전한 마당에 승자가 호의를 베풀자 전쟁보다는 평화 쪽으로 흔들거리며 기울어졌다. 그러자 집정관을 역임했던 아피우스 클라우디우스 크라수스가 원로원 회의장에 나타나 "패자가 되어 이탈리아에 군림하는 승자에게 복종하겠다는 타협은 로마에게 치욕스런 일이다."며 분노하여 맹렬히

_____ 로마의 선택과 결정 ① 도시의 창건

반대했다.(註. 아피아 가도를 건설한 아피우스 클라우디우스 크라수스는 맹인이라는 의미의 '카이쿠스caecus'로 많이 알려졌다. 그가 맹인이 된 것은 이제껏 포티티우스 가문에서 헤라클레스 신전을 관리했으나, 카이쿠스가 이 일을 노예들에게 맡기자 헤라클레스 신의 노여움을 샀기 때문이라고 했다. 또한 포티티우스 가문은 타의에 의해 신전 관리 업무를 넘길 수밖에 없었으나 신의 노여움을 벗어날 수 없어 그 일이 벌어진 다음 한 세대도 지나기 전에 멸문하고 말았다.) 결국 수치스러움을 느낀 로마 원로원은 평화 협정에 반대하고 피로스의 시도는 실패로 끝났다.

○ 그 이후에도 피로스는 계속 승리했으나, 그에게는 상처뿐인 영광이었다. BC 275년 결국 그는 베네벤툼에서 크게 패하고 자국으로 돌아가고 말았다.(註. 베네벤툼의 현재의 지명은 '베네벤토'이며, 이곳은 원래 지명인 '나쁜 바람'이란 의미의 '말레벤툼'이었으나 피로스와의 전투에서 승리한 후 '좋은 바람'이란 의미의 '베네벤툼'으로 바뀌었다.) 로마 집정관 쿠리우스 덴타투스는 피로스에게 승리를 거두고 개선 행렬 때 코끼리 4마리를 등장시켰는데, 로마 시민들이 코끼리를 본 것은 그때가 처음이었다. 그 이후 피로스의 부하 장군 밀론이 이탈리아에 남아 로마의 공격으로부터 타렌툼을 방어했지만 로마를 돕는다는 명목으로 카르타고 함대가 상륙하자, 그는 휘하 부대의 안전한 철수를 보장받는다는 조건으로 BC 272년 도시를 로마에 넘기고 떠났다. 카르타고가 로마와 타렌툼 간의 전쟁에 개입할 수 있었던 것은 카르타고가 시킬리아를 놓고 그리스인들과 오랫동안 대립하고 있어, 로마가 그리스계 도시인 타렌툼과 전쟁이 터지자 BC 279년 그들은 로마와 통상 조약에다 군사 협정까지 추가하여 맺었기 때문이다. 하지만 카르타고를 따돌리고 로마가 타렌툼을 차지할 수 있었던 것은 타렌

툼의 위세와 방어력을 감안하면 로마로서는 크나큰 행운이었다. 그리고 BC 270년 이탈리아 반도 발부리에 있는 레기움을 점령하여 폭행을 일삼던 폭도들이 로마군에 의해 일소됨으로써 마침내 이탈리아 반도가 로마에 의해 통일되었다. 다만 그때까지도 로마의 지배에 저항했던 자들이 있었다. 그들은 삼니움족이 패전한 후 고결했던 민족 정신과 자포자기의 심정으로 산적과 같은 생활을 하며 삼니움의 산악 지대에서 마지막까지 항거했던 삼니움 병사들이었다. 최후까지 저항한 삼니움 병사들의 몸서리쳐지도록 처절했던 용기는 BC 269년이 되어서야 로마군의 검과 교수대에 의해 잠재워질 수 있었다.

2-2. 제1차 포에니 전쟁(BC 264년~BC 218년)

○ 이탈리아 반도를 모두 손안에 넣게 되자 승리와 약탈의 단맛에 길들
여진 로마는 지중해를 넘겨보았다. 더욱이 로마와 동맹국 간은 군사
적 의무가 유일한 유대였기에 동맹국들이 로마에 충성을 버리지 않
고 계속 복종하게 하려면 전쟁과 정복을 계속 반복해야만 했다. 로마
의 눈에 들어온 곳은 이탈리아 반도와 불과 얼마 떨어지지 않은 시킬
리아섬이었다. 시킬리아에서는 시라쿠사 왕 아가토클레스가 카르타
고에 대항하기 위해 용병을 고용한 적이 있었는데, 당시에 이들이 말
썽을 피웠다. 왕이 죽고 용병이 필요 없어지자 이들을 해산시키고 고
국으로 돌아가게 했으나, 그들은 메사나(註. 현재 지명 '메시나'. BC 5
세기의 아테네 역사가 투키디데스에 따르면 레기움의 참주 아낙실라스
가 자신의 옛 고향인 펠로폰네소스 반도 남서부 '메세니아'에서 따온 것이
라고 했다.)에서 폭동을 일으키고 살인과 약탈을 저질렀으며, 남자들
은 살해하거나 추방시키고 여자들과 아이들은 가옥과 함께 용병들끼
리 나눠 가졌던 것이다. 그러고서는 그곳에 눌러앉아 거의 20년간이
나 메사나를 통치하면서 주변 도시들을 침략하고 피해를 끼쳤다.(註.
그들은 캄파니아 출신의 용병으로 스스로를 군신 '마르스의 아들'이라는
의미로 '마메르티니Mamertini'라고 했으며, 중부 이탈리아에 거주했던 사
벨리족들이 군신을 '마메르스'라고 한 데서 유래했다.) 참다못한 시라쿠
사의 히에론 2세가 병사를 일으켜 메사나를 공격하자, 메사나의 마

메르티니는 카르타고와 로마 사이에서 한참을 망설인 끝에 로마에게 메사나를 넘기기로 결정했다. 왜냐하면 카르타고는 시라쿠사를 물리친 후 그 자리에 그냥 눌러앉아 메사나를 자국의 식민지로 만들려는 은밀한 마음을 품고 있었기 때문이다. 하지만 로마는 마메르티니의 지원 요청을 받고서도 선뜻 나서지 못하고 망설였다. 로마가 카르타고의 팽창주의를 의혹의 눈으로 바라보고 있기는 했지만 메사나로 군대를 보내자니 도적 떼나 다름없는 마메르티니를 위해 당시 최고의 강대국인 카르타고와 국운을 건 위험한 전쟁을 치러야 했고, 그냥 보고 있자니 메사나 해협이 카르타고에 넘어가면 해협을 통과하는 상선의 교역권이 침범되어 로마의 경제가 타격을 받을 것이 불을 보듯 뻔했기 때문이다. 로마 원로원은 마메르티니의 제안을 깊이 숙고했지만 파병을 찬성하는 측과 반대하는 측 간에 옥신각신하며 의견 대립으로 긴장과 분열만 고조될 뿐 결정을 내리지 못했다. 그렇게 되자 로마는 원로원이 정책을 결정하여 민회에 승인을 받곤 하던 관행을 버리고, 이때는 아예 결정 자체를 민회에 넘기고 말았다. 민회는 마메르티니를 지원할 대의명분을 찾아냈는데, 그것은 마메르티니가 이탈리아의 캄파니아 출신이고 로마는 모든 이탈리아인들을 보호해야 한다는 논리였다. 마침내 민회에서는 질투와 불안감이 도덕성을 앞서 BC 264년 로마는 2개 군단을 시킬리아로 보내기로 결의했다. 이는 곧 제1차 포에니 전쟁의 선포였다. 이렇게 시작된 전쟁이 그렇게 오래 지속될지는 그 당시에 아무도 몰랐고, 그 어느 누구도 장기전을 원하지 않았지만, 이로써 지중해의 판도를 바꾸게 되는 3차례에 걸친 기나긴 포에니 전쟁의 포문이 열리게 되었다.

○ 집정관의 지휘하에 로마군은 신속하고도 과감하게 적을 공격하여 쉽

사리 시라쿠사와 카르타고의 군대를 패퇴시켰다. 그러자 시라쿠사의 히에론 왕은 로마에게 강화 조약을 청했고, 이에 로마는 당시의 기준으로 보아서는 패배자에게 과분할 만큼 관용적인 조건으로 강화를 맺었다. 히에론은 자신이 죽을 때까지 그때 맺은 조약을 지켰을 뿐 아니라, 충실한 로마의 동맹자가 되었다. 그는 그것이 약소국인 자신의 왕국을 지킬 수 있는 길임을 터득했기 때문이다.

o 전쟁 초기의 신속한 승리로 카르타고의 식민지였던 아그리겐툼(註. 현재 지명 '아그리젠토')까지 로마의 수중에 떨어졌지만 카르타고와의 본격적인 전투는 아그리겐툼을 함락시키고 난 후의 일이었다. 로마가 카르타고의 지배하에 있던 아그리겐툼을 점령하자, 카르타고로서도 가만히 있을 수 없었다. 이제는 시킬리아에서 로마와 카르타고의 대규모 전면전은 피할 수 없는 운명으로 다가왔다. 카르타고는 바다를 근거로 살아가는 해양 민족이었기에 당연히 군함과 해군 그리고 항해술에서 로마와 비교가 되지 않을 정도로 월등했다. 게다가 지난 BC 306년 로마는 카르타고와 불평등 조약을 맺은 적이 있었다. 이 조약으로 로마는 지중해 동측뿐 아니라 대서양에서의 항해도 금지되었으며, 사르디니아와 북아프리카의 모든 카르타고 식민지들 그리고 코르시카와의 교역까지 금지당했다. 다만 카르타고 본국과 시킬리아와의 교역은 가능했다. 그 당시 로마는 해안 도시들을 약탈에서 보호하고 시킬리아와의 오래되고 중요한 교역을 유지하기 위해서는 이를 받아들일 수밖에 없었다. 그만큼 로마는 카르타고와 비교하면 국력이 열세였고 특히 해군력이 약했던 것이다.

o 이러한 상황에 처하자 내륙에서 농사만 짓고 살던 로마는 카르타고와 맞서려면 강력한 해군이 필요하다는 것을 깊이 깨달았다. 제해권

이 없다면 시킬리아섬 안에서 이겨 보았자 카르타고 본국으로부터 계속되는 지원을 막을 도리가 없었던 것이다. 결국 로마는 바다에 익숙한 동맹시들과 그리스의 도움을 받아 선박을 건조하고 해군을 창설하기에 이르렀다. 그러면서 집정관 두일리우스가 생각해 낸 것이 갈고리가 달린 육교인 '코르부스'라는 창작물이었다. 이는 양 가장자리에 난간이 있고 두 명이 옆으로 나란히 설 만큼의 폭이 되었다.(註. 코르부스corvus는 '까마귀'란 뜻으로 예전에 아테네인들이 펠로폰네소스 전쟁 때 발명하여 시킬리아 원정에서 사용한 적이 있었으나 큰 성공을 거두지 못했다. 로마는 카르타고가 코르부스에 대한 대비책을 세우자 BC 255년 이후에는 사용하지 않았다. 코르부스는 자체의 무게와 코르부스를 건너는 병사들의 무게로 인해 배가 일시적으로 한쪽으로 기울어져 균형을 잃고 침몰할 위험이 상존했기 때문이다.) 로마군은 카르타고 군함에 다가가서는 코르부스를 카르타고 군함에 찍어내려 배를 연결한 후 적함으로 건너갔다. 즉 선상에서의 전투를 육상에서의 전투와 같은 여건으로 만든 것이다. 육상에서의 백병전은 단연 로마군이 막강했다.

○ 해전을 승리로 이끈 로마군은 아예 카르타고 본토를 치기로 결정했다. BC 256년 아프리카에 상륙한 로마군의 육상 전투력은 해상과는 달리 카르타고군을 압도했다. 로마군은 상륙 초반의 전투에서 파죽지세의 기세로 적지를 쑥대밭으로 만들고 포로를 2만 명이나 포획하자 주변의 도시들이 연이어 투항했고 누미디아도 카르타고에 반기를 들었다.(註. 누미디아는 베르베르족이 세운 나라다.) 하지만 카르타고는 극도의 위기감으로 강력한 힘을 키웠다. 게다가 해가 바뀌자 로마군은 병력의 반이 교체를 위해 로마로 되돌아갔다. 당시의 로마군은 상비군이 아니라 필요에 따라 그때그때마다 징집했고 일정 기간 병

역 의무를 마친 자들은 다시 귀환하는 방식이었기 때문이다.(註. 직업 군인제는 BC 107년 마리우스의 군제 개혁으로 이루어졌다.) 이렇게 되자 집정관 레굴루스(Marcus Atilius Regulus)는 로마에서 병력이 오기를 기다리지 못하고 명예욕과 욕심에 차 카르타고에 도전했다. 이 전투에서 로마는 카르타고에 고용된 스파르타 용병 대장 크산팁포스에게 대패했을 뿐 아니라 집정관 레굴루스 자신도 적에게 붙잡혀 포로 신세가 되었다. 게다가 BC 255년 로마에서 새로운 병력들을 이끌고 파견된 두 명의 신임 집정관은 레굴루스의 패배를 승리로 바꾸어 전쟁을 종식시킬 수도 있었음에도 아프리카 전투를 포기하고 그곳에 남아 있던 패잔병들을 모두 싣고 철수하고 말았다. 그렇게 되자 이제껏 로마 편에 서서 싸웠던 수많은 아프리카인들이 카르타고의 분노에 고스란히 노출되어 3천 명이나 처형되고 엄청난 전쟁 배상금을 부담해야 했다. 아프리카에서의 철수는 로마에게도 뼈아픈 손실을 가져왔는데, 철수하던 중 시킬리아에서 풍랑을 만나 264척 중 184척이 좌초되는 엄청난 피해를 입었기 때문이다.

○ 그러자 카르타고는 장기간에 걸친 전쟁에 지친 나머지 로마가 전투력에 손실을 본 이번 기회를 이용하여 포로 교환을 포함한 유리한 강화 조약을 이끌어 낼 마음을 품고서 레굴루스를 강화 사절들과 함께 로마로 보냈다. 카르타고는 레굴루스를 강화 사절에게 딸려 보내면서 로마가 강화 조약을 맺을 수 있도록 적극 협조하라고 협박했고, 레굴루스도 그렇게 하겠다고 대답했다. 그러나 로마에 도착한 레굴루스는 오히려 카르타고와는 절대로 강화 조약을 맺지 말라고 충고했다. 이것은 내적으로 굴복하지 않는 자가 잔혹한 운명을 스스로 선택하여 자신의 생명과 맞바꾼 비장한 조언이었다. 그는 이렇게 말했

다. "나는 강화 조약을 성사시키지 못하면 카르타고로 돌아가겠다고 약속했습니다. 또한 나는 비록 적에게 맹세한 것이지만 반드시 지킬 것입니다. 그것은 여러 이유가 있겠지만 무엇보다도 가장 큰 이유는 맹세를 지키면 나 혼자만 재앙을 겪으면 될 것이지만 지키지 않을 경우 조국과 동포가 재앙에 빠질 것이기 때문입니다." 레굴루스의 마음속 깊은 뜻을 납득한 원로원은 강화 조약을 거부했고, 카르타고로 다시 돌아간 레굴루스는 카르타고가 배반한 자에게 내렸던 방식으로 처형당했다. 그것은 날카로운 못이 사방에 박혀 있는 바구니 속에 갇혀 코끼리의 발길질에 숨을 거두는 것이었다. 7유게룸밖에 안 되는 자신의 토지에서 1명의 노예와 함께 열심히 일했던 농부 레굴루스는 그렇게 삶을 마쳤다.(註. BC 1세기의 역사가 디오도루스 시쿨루스는 레굴루스의 아내가 남편이 패배했다는 소식을 듣고 화가 나서 두 명의 카르타고 포로를 고문해 죽였다는 기록을 남겼다. 그 고문이 얼마나 잔인했던지 노예들조차 그들을 동정하여 잔혹 행위를 멈추게 해 달라고 호민관들에게 고발했다고 한다. 따라서 학자들은 아내의 야만적인 행동을 정당화하기 위해 레굴루스의 충정심을 꾸며낸 것이 틀림없다며 의심하고 있다.)

○ BC 241년 카르타고는 시킬리아 서부 파노르무스(註. 현재 지명 '팔레르모')를 중심으로 거점을 마련하고 사령관으로 하밀카르 바르카를 다시 임명했다. 그는 훗날 알프스(註. 당시 명칭 '알페스')를 넘어 이탈리아를 침공한 한니발의 아버지였다. 하밀카르가 지휘하는 카르타고는 이탈리아 해안을 침공하는 등 선전했지만 같은 해 드레파눔 앞바다에서 치러진 해전에서 결정적인 패배를 당하고 말았다. 마침내 승리의 여신은 로마의 품에 안기었고, 전쟁의 참혹한 고통에서 벗어나고 싶었던 카르타고는 로마 집정관 카툴루스에게 평화 협상을 제의

했다. 이 협상으로 카르타고는 시킬리아를 완전히 포기하고 전쟁 보상비 3,200탈란톤을 내야 했으며, 이후로는 로마와 카르타고가 서로 간의 동맹국에 선전 포고를 해서도 안 되었다. 다만 무기와 로마군 탈영병을 넘겨 달라는 로마 측의 요구는 하밀카르가 단호히 거절하여 제외되었다. 이 전쟁에서 로마가 최종 승리하자 로마인들은 신의 도움과 시민들의 열정으로 승리했다고 자축했지만, 후세의 역사가들은 로마보다 카르타고가 더 많은 잘못을 저지른 것이 승리의 이유라고 평가했다.

○ 그 이후 로마는 아드리아해에서 해적 행위를 일삼는 일리리아 지역(註. 훗날 로마 속주 '일리리쿰Illyricum')을 정복했으며, 북이탈리아에 거주하던 갈리아족들이 합세하여 로마의 통치 지역을 침공하자 이들을 물리친 후 그 여세를 몰아 그들의 근거지인 롬바르디아 지역의 메디올라눔(註. 현재 지명 '밀라노')까지 판도를 넓혔다. 이로써 이탈리아 반도 전체가 로마의 지배하에 놓였다.

○ 제1차 포에니 전쟁 후 로마의 세력은 이탈리아 반도를 넘어섰고, 이에 따라 종전의 방법으로는 해결할 수 없는 새로운 문제점들이 생겨났다. 로마는 정복된 도시들에게 군사적 지원을 받고 그 대신에 자치를 인정하며 동맹을 형성하는 것이 전통적인 방법이었다. 그러나 시킬리아에서는 이러한 전통 관습이 먹혀들지 않았다. 그들은 로마의 이러한 방식이 익숙하지 않아서인지, 군사적 지원도 마지못해 소규모로 했고 그것조차도 쓸모없는 병력을 제공하기만 했다. 그래서 로마는 자신들의 방법을 버리고 시칠리아인이 늘 해왔던 대로 돈이나 농작물의 형태로 공물을 바치게 하는 유연한 정책을 채택했다. 이는 곡물 소출의 10%를 소득세로 부과하고 시킬리아 항구를 드나드는 물

건값의 5%를 관세로 붙이는 방식이었다. 훗날 이를 두고 키케로는 이렇게 말했다. "로마는 시킬리아를 정복했음에도 이제까지 그들이 지배자에게 복종했던 똑같은 방식 그대로 복종하게 만들었다." 이 말은 피정복지의 주민들이 패배의 고난을 느끼지 않도록 로마가 아량을 베풀었다는 의미였으리라.

✦ 브루투스(Brutus)와 공화정의 실시(BC 509년)

≪스스로 왕이 될 수 있었지만 왕의 폭정과 압제에 신물이 난 브루투스는 과두정 체제의 공화정을 이루어 냈다. 그는 권력이란 한 사람에게 장기간 집중되면 부패할 수밖에 없다는 진실을 일찌감치 납득했던 사람이었다.≫

○ 로마에서 부유하고 명성 있는 자 중에서 마르쿠스라는 자가 있었다. 그는 로마의 마지막 왕 타르퀴니우스 수페르부스의 누이와 결혼했지만 몇 년 후에 죽으며 두 아들에게 막대한 재산을 남겼다. 그러자 여러 공공사업에 열을 올리느라 자금이 부족했던 타르퀴니우스가 마르쿠스의 유산에 눈독을 들였다. 그는 그럴듯

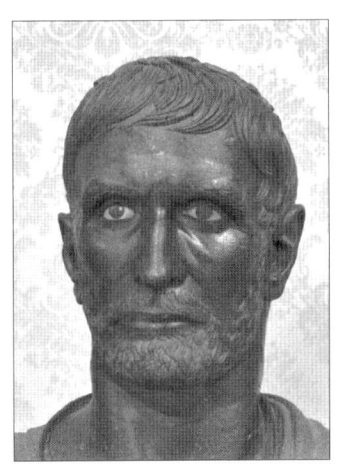

▌ 유니우스 브루투스

한 구실을 만들어 상속자였던 첫째 생질을 살해하고 재산을 모두 차지했다. 하지만 어리숙해 보였던 둘째 생질 브루투스는 감히 외삼촌의 폭거에 말 한마디 하지 못했다. 그뿐만 아니라 브루투스는 외사촌들과 왕궁에서 함께 자랐지만 외삼촌 타르퀴니우스가 폭정과 전횡을 일삼는 시대에 외가로부터 멸시를 당하기 일쑤였다. 그가 모멸감과 조롱을 참고 견디자 사람들은 그에게 "무감각한, 우둔한"을 뜻하는 말인 "브루투스"라고 불렀다. 그만큼 브루투스(Lucius Junius Brutus)

는 어렵고 힘든 시절을 보냈던 것이다.

○ 한번은 왕궁에 뱀이 나타나자 타르퀴니우스는 이것이 무슨 전조인지 신탁을 묻기 위해 두 아들을 델포이로 보내면서 여행의 지루함을 덜기 위해 브루투스도 함께 보냈다. 델포이의 신탁소에 도착하자 타르퀴니우스의 아들들은 미리 준비해 온 질문을 던져 신탁을 받은 후 여담으로 "우리 둘 중 누가 아버지를 이어 로마 왕이 되겠습니까?"라고 물었다. 그러자 신탁소의 신관이 말했다. "자신의 어머니에게 맨 먼저 입을 맞추는 자가 로마의 왕이 될 것입니다." 그 말을 듣고 두 왕자는 서로 자신이 먼저 어머니에게 입을 맞추겠다고 우기다가 결국 로마에 도착하면 제비를 뽑아 이긴 자가 먼저 입을 맞추기로 결정했다. 하지만 브루투스는 신탁의 참뜻을 이해했다. 그는 로마로 돌아가는 도중에 실수로 땅에 떨어진 것을 줍는 척하면서 만물의 어머니

「대지에 입을 맞추는 브루투스」, 세바스티아노 리치 作

가이아 여신, 즉 대지에 입을 맞추었던 것이다.(註. 가이아는 대지를 관장하는 여신이다.) 브루투스는 어리석은 자가 아니라 진실로 영민하고 명석한 자였음이 입증된 셈이다.

○ 그러다가 마침내 브루투스에게 기회가 왔다. 외사촌 섹스투스의 능욕으로 루크레티아가 자살한 것을 알게 된 브루투스는 이 기회에 어떤 변화를 시도하겠다고 마음먹었다. 그는 시민들의 존경을 받고 있어 영향력이 큰 발레리우스를 찾아가서 자신의 숨은 의도를 말했다. 발레리우스는 브루투스의 뜻에 적극 지지했고, 타르퀴니우스를 대신하여 브루투스가 그 자리에 앉는 것은 당연하고 적절하다고 생각했다. 사실 원로원과 시민들은 타르퀴니우스의 폭정에 분노하고 있던 차였다. 그는 원로원의 승인을 받아서 행해지던 국가의 정무를 자신의 궁전에서 수행하고 사형과 재산 몰수를 원로원 자문조차 거치지 않고 실행함으로써 맹렬한 비난을 받았고, 궁전의 곳간에 엄청난 곡식을 쌓아 두고도 시민들을 전쟁과 고된 노역에 종사시킴으로써 분개하게 했다. 루크레티아의 자살이 없더라도 로마는 이미 반란의 싹이 움트고 있었던 것이다.

○ 그러나 폭군 타르퀴니우스를 몰아낸 후 그로 인해 군주제라는 이름조차 혐오하게 된 브루투스는 왕위에 오르기를 거절하고 권력 집중을 막기 위해 두 사람을 집정관으로 선출하여 그들에 의해 통치되는 체제를 제안했다.(註. 애초에 집정관은 임기가 1년인 왕의 대행자로 인식되었으므로 원로원 의원이 아니었고 집정관 임기를 마치면 원로원 의원이 되었다. 이는 원로원이란 왕의 자문기관이므로 왕의 대행자가 소속될 곳이 아니었기 때문이다. 그러다가 점차로 원로원 의원 중에서 집정관이 선출되었고 마침내 제정 시대에는 황제가 나왔다.) 그의 제안은 받아들

여겼다. 발레리우스는 자신이 브루투스와 함께 집정관이 될 것이라고 기대했지만, 원로원과 로마 시민은 루크레티아 남편 콜라티누스를 브루투스의 동료 집정관으로 선출했다. 콜라티누스가 발레리우스보다 특출한 점은 없었지만, 원로원과 시민들에게는 여전히 여러 형태로 막강한 세력을 유지하고 있는 왕족들이 두려운 대상이었으며, 따라서 왕족이었던 콜라티누스를 로마의 우두머리 지위에 두고자 했던 결과였다. 그리하여 브루투스는 루크레티아를 짝사랑한 섹스투스의 애정 사건을 기회로 외숙부인 타르퀴니우스를 축출하고, BC 509년에 공화정을 실시하여 루크레티아의 남편인 콜라티누스와 함께 초대 집정관에 올랐다.(註. 로마의 인접국인 에트루리아의 12개 도시들은 처음에는 귀족들이 선출하는 왕이 군사, 종교, 사업의 권한을 가지고 통치했다. 그들은 호위병들이 권위의 상징인 파스케스를 들고서 왕을 호위하게 했다. 그러다가 BC 6~5세기경 귀족들은 왕을 없애고 원로원이 지배하는 공화정을 수립하면서, 1년 임기의 선출직 행정관으로 하여금 나라를 통치하게 했다. 이것은 로마의 공화정과 매우 흡사하며, 로마는 선진국이었던 에트루리아의 예를 따랐던 것으로 추측된다. 하지만 BC 1세기 ~ AD 1세기 역사가 리비우스가 로마의 문명이 에트루리아의 예를 따랐다고 주장한 반면에, 19세기 문헌학자이자 역사가인 테오도르 몸젠에 의하면 로마의 문명은 건축술 등 몇몇의 경우를 제외하고는 에트루리아보다 그리스를 따랐으며 알파벳도 그리스로부터 전래되었고, 숫자 50을 'L'로 표기하는 것은 오히려 에트루리아가 로마를 따랐다고 주장했다.)

⁂ 공화정 창시자 브루투스의 비극(BC 509년)

≪권력에의 유혹과 욕망이 브루투스의 두 아들을 흔들었다. 자신이 만든 제도에 시험당하게 된 브루투스는 강직한 기질과 분노가 뒤섞인 채로 소름 끼치는 형벌을 법의 지시대로 집행했다. 아들들에게 참혹한 형벌을 집행한 이유가 인간적 감정을 떨치고 정의를 위해 옳은 것이라 생각했기 때문인지, 아니면 그가 정신적 고통에도 무감각해질 정도로 정신적 불구자였기 때문인지는 알 수 없다. 하지만 그의 눈에는 눈물조차 말라 있었고, 우둔하다는 의미를 가진 '브루투스'란 말만큼 그의 삶을 설명하는 단어는 없었다. 조국을 향한 사랑과 명예의 끝없는 욕망이 모든 갈등과 고통을 이기게 했겠지만 브루투스는 진정 우둔한 바보였고 불행한 아버지였다. 그는 귀족으로 태어났지만 어릴 때부터 불행과 잔혹함을 맛보았으며, 권력을 잡았지만 두 아들의 죽음 앞에서 또 한 번 멍청이가 되어야 했기 때문이다.≫

○ 권좌에서 쫓겨난 로마의 마지막 왕 타르퀴니우스 수페르부스는 로마에 사람을 보내 왕위를 포기하고 복위를 꾀하는 전쟁을 벌이지 않겠으니 로마에 남겨 둔 재산만이라도 돌려 달라고 요청했다. 더불어 그는 돌려받은 재산으로 로마 밖에서 조용히 살겠다고 말했다.(註. 타르퀴니우스가 자신의 말대로 조용히 산 것은 그로부터 몇 년이 지난 후였다. 그는 BC 496년 레길루스 호수 전투에서 패배하고 중상을 입은 후 비로소 왕권 복위의 꿈을 접고 망명지인 로마 남동쪽 투스쿨룸에서 아내와 함께 14년간 조용히 여생을 보내다가 딸이 지켜보는 가운데 생을 마감했다. 타르퀴니우스는 권력을 잃었지만 얻은 것도 있었다. 그는 왕의 자리

에서 추방당한 후 누가 진정한 친구이고 누가 의리 없는 친구인지 비로소 알 수 있었다고 실토했기 때문이다.) 많은 사람들이 타르퀴니우스의 제안을 들어주자고 했으며, 특히 콜라티누스가 이 제안을 들어주자고 앞장섰다. 이 말을 전해 들은 강직하고 완고한 브루투스는 광장으로 뛰쳐나와 콜라티누스가 적이나 다름없다고 소리쳤다. 타르퀴니우스를 살려 준 것조차 끔찍한 실책이었거늘 이제 그에게 무기와 병사를 구할 수 있는 재산까지 주겠다는 것은 말도 되지 않는다는 것이었다.

○ 브루투스의 외침에도 불구하고, 이미 압제자의 손에서 벗어난 시민들은 재물을 주지 않으려다 타르퀴니우스와 전쟁을 벌이기보다는 차라리 재물을 주고 그가 약속한 대로 로마 밖으로 멀리 살도록 하자는 데 뜻을 모았다. 사실 타르퀴니우스에게는 요구한 재물이 있든 없든 큰 문제가 되지 않았다. 다만 어떤 계략을 위해 요구했던 수법일 뿐이었다. 시민들이 요구를 들어주자 타르퀴니우스와 부하들은 재물을 옮기거나 처분한다는 이유로 분주히 움직이던 중에 로마의 두 귀족 가문을 위험한 모반 속으로 꾀어내는 데 성공했다. 그들은 아퀼리우스 가문과 비텔리우스 가문이었는데, 당시 집정관이었던 콜라티누스와 브루투스의 친인척 관계였다.

○ 하지만 진정한 문제는 눈에 띄지 않는 곳에서 터졌다. 비텔리우스 집안사람들과 친척이자 절친한 친구였던 브루투스의 두 아들 티투스와 티베리우스는 그들의 설득에 넘어가 모반에 가담하기로 결정한 것이다. 왕정에서는 왕의 신뢰와 총애에 따라 젊은이가 발탁되는 경우가 드물지 않았으나, 공화정에서는 경력이 짧은 젊은이가 국가의 중책을 맡을 기회가 줄어들었다는 설득이 타르퀴니우스와 그의 추종자들에게 먹혀든 결과였다. 사실 능력 있는 젊은 인재가 경력이 짧다는

이유로 등용되지 못하고 있던 것은 젊은 인재들의 계속된 불만이었으며, 자연스럽게 왕정 복귀 운동으로 발전되어 가던 참이었다. 브루투스의 두 아들은 아버지에게 반기를 들고 아버지의 원수였던 타르퀴니우스 편에 서기로 하면서, 신의 정의와 인간의 원칙에 벗어난 무시무시한 맹세까지 했다. 모반자들은 성공할 경우 죽은 자의 피를 헌주하고, 시신의 내장을 신에게 바치기로 한 것이다. 이렇듯 왕정 복귀 운동이 유망한 젊은이들 사이에서 은밀히 번지게 되자 브루투스는 정치가로서의 정치적 이념에 대한 의지를 시험받게 되었다.

○ 모반자들의 회의와 맹세는 빈디키우스라는 노예가 여러 사람들이 모여 들어오는 것을 보고 방에 숨어서 피해 있다가 우연히 듣게 됨으로써 세상에 폭로되었다. 엄청난 반역 모의를 듣게 된 빈디키우스는 집에서 몰래 빠져나와 어떻게 해야 할지 몰라 망설였다. 집정관 브루투스에게

▌「브루투스의 두 아들 시신을 돌려주는 관리들」, 자크 루이 다비드 作

고하자니 그의 두 아들이 연관된 사건이라 두려웠고, 집정관 콜라티누스도 생질들이 관련되어 있어 공정한 집행을 기대하기 어려웠다. 마침내 빈디키우스는 온화할 뿐만 아니라, 가난하거나 신분이 천하다고 해서 경멸하거나 돕기를 거절하지 않았던 발레리우스를 기억해 냈다.

○ 빈디키우스는 발레리우스 집안사람들이 모인 자리에서 그가 보고 들은 놀라운 음모에 대해 털어놓았다. 발레리우스는 음모를 알게 되자 경악했지만 신속히 조치했다. 모반자들의 근거지를 습격하여 무력으로 제압하고 그들을 포룸으로 압송한 것이다. 모반자들을 모아 놓고 재판을 주재한 브루투스는 주모자로 밝혀진 두 아들을 향해 "티투스 그리고 티베리우스! 왜 고발을 당하고도 스스로를 변호하지 않느냐?" 이렇게 세 번을 물었다. 두 아들은 고개를 떨군 채 아무 말도 하지 않았다. 브루투스는 형 집행자에게 말했다. "나머지는 그대들에게 맡기겠네." 형 집행자는 두 아들 모두 당시의 법대로 토가를 벗기고 손을 등 뒤로 묶은 채, 채찍을 가한 뒤 도끼로 목을 자르는 끔찍한 형벌에 처했다. 이를 지켜보던 사람들은 설마 최고 권력자가 자신의 친아들을 그것도 두 명씩이나 처형하지는 않으리라고 생각했으며, 사형 선고를 내렸을 때도 사람들은 이를 만류하며 추방형을 내릴 것을 권고했다. 두 아들의 형이 집행될 때 브루투스의 마음속이 어떠했는지는 알려지지 않았다. 하지만 어렸을 저부터 겪어 왔던 마음속 분노가 그를 너무 강직하게 만들었는지 그 끔찍한 형벌을 지켜보면서 눈을 돌리지도 그리고 눈물조차 흘리지도 않았다고 전해진다. 훗날 시인 베르길리우스(Publius Vergilius Maro)는 이렇게 노래했다. "시간이 흐른 뒤에 그의 행동이 어떤 평가를 받든 그는 불행한 아버지로다!"(註. 그 이후로 라틴 동맹이 로마에 반기를 들었을 때, BC 340년 베수비우스산

_____ 로마의 선택과 결정 ① 도시의 창건

근처에서 벌어진 베세리스 전투에서 로마 집정관 티투스 만리우스 임페리오수스 토르쿠아투스가 명령을 어긴 아들을 사형에 처했다. 그의 아들은 라틴 동맹의 일원인 투스쿨룸과 싸워 이겼음에도 허락을 받고 싸워야 한다는 명령을 어겼기 때문이다. 토르쿠아투스는 이 전쟁에서 승전하여 귀환했지만 젊은이들은 아무도 환영

「아들에게 사형을 선고하는 만리우스 토르쿠아투스」, 장 시몽 베르텔레미 作

하지 않았고 맞이하지도 않았다. 그는 과격하고 강직한 성품이어서 약관의 나이 때 아버지가 호민관에게 기소되자 호민관을 찾아가 검으로 위협하며 기소를 취소하라고 강요하기도 했다.)

○ 책략으로 왕권 복위를 꾀하는 데 실패하자 타르퀴니우스는 에트루리아의 지원을 받아 전쟁으로 왕위를 되찾고자 했다. 전쟁이 터졌을 때 로마군을 지휘하는 브루투스는 에트루리아의 베이이 군을 이끄는 타르퀴니우스 왕의 아들 아룬테스와 맞붙었다. 아룬테스가 타르퀴니우스의 명령을 받아 빼앗긴 아버지의 권좌를 되찾기 위해 베이이의 병사들을 이끌고 로마로 쳐들어왔던 것이다. 비바람이 심하게 몰아치던 날, 양측은 로마의 북쪽 아르시아 숲에서 대치했다. 전투 대형이 갖추어지자 브루투스는 병사들 앞에서 연설했다. "저기 있는 사람은 우리 조국에서 쫓겨나 적들을 이끌고 쳐들어온 자다. 병사들이여! 보라. 저자는 우리와 같은 무기로 무장하고 있지 않은가? 신이시여, 포

악무도한 왕에게 복수할 수 있도록 우리와 함께하소서." 브루투스의
외침이 자신에 대한 조롱임을 알고 브룬테스는 분노를 참지 못했다.
그는 말을 몰아 브루투스에게 돌진하면서 싸우자고 소리쳤다. 브루
투스는 아룬테스의 도전을 받아들였다. 브루투스는 이제까지 타르퀴
니우스로 인하여 겪어 왔던 모든 회한과 원한에 사무쳐 외사촌 아룬
테스에게 말을 타고 돌진했다. 하지만 아룬테스에게는 브루투스가
왕위를 찬탈한 자일 뿐이었다. 격분한 둘 사이에는 작전도 전술도 없
었다. 양측의 병사들이 보는 앞에서 사활을 건 싸움이 벌어졌다. 몇
번의 공격과 방어를 주고받다가 아룬테스의 창이 브루투스의 오른쪽
가슴에 깊이 꽂혔다. 동시에 브루투스는 아룬테스의 아랫배에 창을
찔러 넣었다. 양측 진영의 사령관이 모두 치명상을 입고 말에서 나
가떨어져 브루투스는 그대로 숨을 거두었고 아룬테스에게는 얼마 후
죽음이 찾아들었다.

○ 사령관의 분노와 용기를 보자 양측 진영의 병사들은 함성을 지르며
서로에게 달려들었다. 전투의 양상은 서로에게 막대한 피해를 입힐
뿐 결말이 나지 않았다. 그러나 백중지세였던 이 전투에서 놀라운 일
이 벌어졌다. 다음 날 아침 베이이의 병사들이 모두 사라지고 없었
기 때문이다. 그들 모두가 도망친 것이다. 이런 일이 벌어진 데는 지
난 밤 숲의 신 실비누스가 "이 전투에서 베이이가 로마보다 병사 한
명을 더 잃었다."고 말한 것이 발단이 되었다고 한다. 실제로 전사자
수를 세어 보니 에트루리아의 베이이 군은 1만 3천 명이었고, 로마군
은 1만 1,299명이었다고 전해지고 있다. 전쟁이 끝나고 브루투스의
장례식은 국장으로 치러졌으며, 로마 여인들은 아버지가 죽었을 때
처럼 1년 동안 상복을 입었다.

※ 로마의 가부장권

≪로마의 가부장은 국가 통치력으로도 영향을 미치지 못하는 절대 권한을 가지고 있었다. 그들은 집안의 모든 재산과 결정을 독점할 뿐 아니라, 가족 구성원에 대한 재판권까지 지니고 있었다. 물론 이러한 결정은 가까운 친척들과 상의하는 것이 관례로 되어 있지만 어떠한 경우에도 그 결정에 제한을 가하거나 무효화 또는 유보시킬 수 없었다. 심지어 가부장은 자신의 권한으로 아내와 미혼의 아들뿐 아니라 이미 결혼한 아들까지 팔 수 있었고, 부도덕한 가부장은 실제로 이를 행사하기도 했다.≫

○ BC 1세기에 활동한 할리카르나수스(註. 그리스식은 '할리카르나소스')의 역사가 디오니시오스에 의하면 로물루스는 아버지에게 자식에 대한 절대적인 권한을 주었다고 전한다. 그것은 아들을 감옥에 처넣거나 매질하거나 쇠사슬에 묶어 강제 노동을 시키거나 심지어는 노예로 매각하거나 죽일 수도 있다는 것이다. 이렇듯 로마인들에게 가부장권(파트리아 포테스타스patria potestas)은 본질적으로 권한의 행사에 제약이 없으며 어느 누구도 제한하거나 훼손할 수 없는 절대적 권리였다. 가부장은 아들뿐만 아니라 가족을 엄격한 통솔하에 부양했고 사법적 판단을 내릴 권리를 가지고 있어 가족 구성원을 처벌하거나 심지어 처형할 재량까지 지니고 있었다. 법률상 가족이 취득한 재산에 대해서도 그것이 자신의 노동을 통해 얻은 것이든 다른 사람의 증여로 얻은 것이든 모두 가부장의 재산에 귀속되었다.
○ 성인이 된 자녀의 경우에도 가부장의 권한은 절대적이었다. 로마 건

국 당시 로물루스 시대 이전에는 성년이 된 자녀의 경우에 사회에서나 군대 내에서 공적·사적으로 로마 시민으로서의 권리를 누렸음에도, 집안에서는 아버지의 권리에 속해 완전히 예속되었다. 장성한 자식이 분가하여 가족을 이룰 수는 있으나, 이때도 노동으로 얻었던 대가나 가부장으로부터 얻었던 증여를 불문하고 분가한 자식이 가진 모든 재산은 법률적으로 가부장에게 속했던 것이다. 따라서 오로지 가부장만이 재산을 양도하거나 상속할 수 있었지만, 로마인들의 가족 구성은 가부장과 함께 모여 사는 대가족이 아니라 가부장의 권한 아래 자식들이 분가하여 각각 핵가족을 이루며 사는 경우가 많았다.(註. 로마 가족의 75%가 핵가족이었다. 이는 20세기 후반에서 들어와서 수십만에 달하는 사료들의 대부분을 차지하는 비문 자료들을 분석한 결과, 대가족일 것이라는 이제까지의 통념을 뒤엎고 밝혀진 결과다.) 굳이 말하자면 가부장이란 호주제에서 호주와 같은 위치였다. 만약 변덕스럽고 무책임한 가부장이라면 그 무시무시한 권한으로 법정의 어떤 처벌도 두려워하지 않은 채 자녀를 노예나 물건처럼 처분할 수 있었다. 가부장에 의해 다른 사람에게 매각된 아들은 매수한 자가 외국인이면 노예의 신분으로 떨어졌고, 매수한 자가 로마인이면 로마인이 로마인을 노예로 삼을 수 없었기에 노예의 신분과 비슷한 처지가 되고 말았다. 한때 가부장권과 왕의 사법권이 서로 경쟁했지만, 가부장은 태생적인 의미가 사법권이 아니라, 자식들에 대한 가부장의 소유권에 기인하는 권한이었으므로 왕조차도 침범하지 못했다.

○ 재산권을 누릴 수 없다는 점에서 부인과 자녀는 실로 노예와 다름없었다. 물론 가산을 상속할 아들이 노예처럼 대우받지는 않았겠지만 다른 한편으로 보면 아들보다 노예가 오히려 가부장으로부터 독립하

는 것이 훨씬 쉬웠다. 부도덕한 아버지가 아들을 팔아 버렸을 때, 매수한 자가 아들에게 자유를 허락한다 해도 그 아들은 온전한 자유를 누리지 못하고 다시금 아버지의 권한에 귀속되어 버렸기 때문이다. 반면에 차라리 노예였다면 매수자가 자유를 허락했을 경우 단박에 자유를 얻어 재산권과 시민의 권리를 주장할 수 있었다. 다만 훗날 12표법에 따라 아버지가 아들을 세 번 노예로 팔면 아들에 대한 소유권을 잃었다.(註. 12표법은 BC 451년 제정한 것으로 가부장권의 소멸은 제4표에 있다. "만일 아버지가 아들을 세 번 팔아넘긴다면, 아들은 아버지로부터 자유롭게 된다.Si pater filium ter venum duit, filius a patre liber esto.") 로마인들의 가부장권이 이러했기에 재산권과 성질이 비슷했다. 아내와 자식에 대한 가부장권이 노예와 가축에 대한 소유권과 유사했던 것이다. 그러나 노예와 가축은 오직 주인을 위해서만 존재했지만 자식은 권리 행사가 유보되었을 뿐이었다. 왜냐하면 가부장이 죽게 되면 그 권한은 아들에게로 고스란히 넘어가서 이제껏 아버지가 행사했던 모든 권한을 아들이 얻게 되었기 때문이다. 또한 가부장이 사망하면 여성에 대한 후견인은 제일 가까운 혈통에 의한 가족 또는 친척들이 맡게 되었는데, 어머니에 대한 후견인은 아들이 여자 형제에 대한 후견인은 남자 형제가 주로 맡았다.

○ 영어 '패밀리(family)'가 '가족'이란 의미의 라틴어 '파밀리아(familia)'에서 유래했고, 파밀리아는 이탈리아 중부 루카니아와 캄파니아에 살았던 오스카족이 사용한 언어에서 노예를 의미하는 말 '파물루스(famulus)'가 어원인 것을 보아서도 로마의 강력한 가부장권을 알 수 있다.(註. 오스카어 '파물루스famulus'는 라틴어에서 그대로 차용되었다.) 이처럼 라틴어 파밀리아는 애초에 '가부장이 거느린 노예 무리'

란 의미였으나 노예가 가부장의 재산인 것처럼 '가족' 또한 가부장의 재산과 성격이 유사했으므로 파밀리아가 '가족'이란 의미로 확장되었던 것이다. 그러다가 파밀리아가 요즘처럼 혈통에 의한 직계자손을 의미하는 말로 명확히 정착된 것은 6세기 말이 되어서였다.

○ 가부장의 권한이 이렇듯 막강한 것은 아들이 아버지를 섬기고 시민이 통치자를 섬기며 인간이 신들을 경외하도록 교육받으면서 자라온 로마인들의 환경과 민족성에 기인했다. 로마인들은 유용성을 추구하고 존경하여 한시도 쉬지 않고 짧은 인생의 매 순간을 노력과 노동으로 채울 것을 강요받았던 것이다. 이렇듯 로마의 아들들이 잔인하고 강압적인 교육을 받으며 아버지와의 관계에서는 엄격한 권력관계로 묘사되고 있으나, 실상은 로마의 아버지들이 아들을 애정 어린 보살핌 속에 키웠으며 죽기를 싫어하고 이 세상에 집착하는 것은 그 첫 번째가 아들에 대한 애정 때문이라고 모두가 손꼽았다. 이는 아들과의 유대 관계가 부부간의 유대 관계보다 훨씬 돈독했음을 의미한다.

○ 이러했던 로마의 자녀 교육은 카토(註. '大 카토'를 말한다.)의 엄격한 훈육주의를 거쳐 1세기에 가족과 자녀에 대한 애정이 스며들기 시작했고, 마침내 2세기 초에는 자녀에 대한 통제를 거의 포기할 지경에 이르러 가부장의 막강한 권한이 소멸되고 말았다. 하드리아누스 황제는 아버지에 대하여 자녀의 생살여탈권을 박탈했으며, 미성년자가 재산을 상속하고 소유할 수 있도록 법으로 보호해 주었다.(註. 2세기 초 즉위한 하드리아누스 황제는 계모와 부정을 저지른 아들을 사냥 중에 죽인 아버지를 섬으로 유배형에 처했다. 그는 아버지가 아들을 죽인 것이 아버지의 권위에 따른 것이 아니라 도둑으로 취급하여 죽인 것이며, 아

버지의 권위란 잔인성이 아니라 애정의 기초 위에 세워져야 한다고 말했다.) 이제는 자식이 아버지 앞에서 자신의 인생은 자기 것이라며 스스로의 방식대로 살도록 내버려 둘 것을 거침없이 요구했다. 당시 교양인이었던 플리니우스(註. '小 플리니우스'를 말한다.)는 아버지가 무조건 너그러워서는 안 되며 자식들이 제멋대로 자라는 것을 내버려 두어서도 안 된다고 생각했다. 그는 낭비벽이 심한 어느 아들이 아버지에게 야단을 맞자 아버지의 질책을 끝까지 듣지도 않고 방을 나가버리는 아들의 무례한 행동을 보고, 방을 나가는 아들의 뒤통수에다 "아니, 자네는 아버지에게 충분히 혼날 만한 행동을 하지 않았는가?"라며 아버지를 두둔하기도 했다. 이렇듯 가부장은 권위가 무너지고 자식에 대한 교육의 포기를 넘어서, 이제는 자식들을 무조건 칭찬하는 분별없는 행동도 예사로 하기에 이르렀다. 아버지는 자식들의 허영을 채워 주기 위해 땀 흘려 가며 일했고, 그렇게 한 것을 모든 사람에게 공개적으로 자랑하기까지 했다. 결국 부모들은 자식들을 방탕하게 무위도식하며 돈이나 헤프게 뿌리는 자로 키우기 위해 참으로 대단한 노력을 기울였다고 할 수밖에 없다. 어쩐지 2세기 이후의 자녀 교육이 요즘 탄식되고 있는 자녀들의 교육과 매우 유사하다고 하겠다. 그리하여 마침내 로마의 가부장권은 3세기의 법학자 마르키아누스가 "부의 권위란 잔혹성에 의해서가 아니라 애정에 의하여 성립되어야 한다."고 규정하기에 이르렀다.

○ 플리니우스의 정적인 변호사 레굴루스는 부자인 아내의 재산으로 아들이 원하는 모든 것을 사다 바쳤다고 제롬 카르코피노가 자신의 저서에 인용했다. 그러다가 아내가 죽자 그는 아들이 아내의 재산으로 흥청망청 방탕한 생활을 할 수 있도록 조치해 놓고서 아들이 낭비와

방탕 속에 일찌감치 죽기를 기다렸다고 한다. 아들이 죽게 되면 아내의 유산을 모두 차지하기를 기대했던 것이다. 도대체 아버지가 자식을 올바르게 키워야겠다는 소명은커녕 최소한의 인간적 도리조차 저버린 이런 이야기를 과연 믿어야 할지, 아니면 정적을 비난하기 위해 과장된 것인지 알 수 없는 일이다.

※ 콜라티누스(Collatinus)의 실각과 발레리우스(Valelius)의 입각

≪굳센 의지 없이 누이들의 눈물 앞에 굴복하고 범죄 앞에 나약했던 콜라티누스는 결국 집정관직을 포기했다. 하지만 세도에 밀려 초대 집정관이 되지 못했던 발레리우스는 반역의 시도를 꺾고 로마를 구했기에 후임 집정관으로서 손색이 없었다.≫

○ 앞서 서술한 대로 브루투스는 반역죄로 자신의 두 아들을 처형했다. 그런 후 그가 자리를 뜨자, 반역에 동참했던 아퀼리우스 집안의 사람들은 구명에 대한 희망을 품게 되었다. 더군다나 그들은 외삼촌인 집정관 콜라티누스의 눈물과 친족들에 대한 애정을 믿었다. 아퀼리우스 집안의 반역자들은 변호를 위한 시간을 달라고 하면서, 재판의 장소에 있었던 반역 행위의 폭로자인 노예 빈디키우스를 고발자 발레리우스 손에서 빼앗아 자신들에게로 되돌려줄 것을 요구했다. 처벌을 받아야 할 자가 오히려 처벌을 받게 한 자를 응징하려고 한 것이다.

o 콜라티누스는 생질들의 요구를 들어주려고 했으나, 발레리우스는 그런 일은 당치 않다며 거부했다. 둘러선 시민들도 발레리우스의 뜻에 따라 반대의 목소리를 높였으며 서로 간에 옥신각신했다. 이런 소란을 듣고 다시 재판 장소로 되돌아온 브루투스는 이를 표결에 부칠 것을 결정했다. 시민들은 그들이 브루투스가 두 아들까지 죽일 수밖에 없도록 반역을 설득한 자들이기에 당연히 죽음을 면할 수 없거늘, 오히려 콜라티누스는 자신의 생질이라는 이유로 살려 주려 한다며 비난을 퍼부었다. 시민들의 걱정과는 달리 투표의 결과는 공정하게도 만장일치로 반역자들에게 유죄 판결을 내렸고 범죄자들은 참수되었다.

o 그렇지 않아도 타르퀴니우스 왕과 친척 간이어서 의심을 받아 오던 콜라티누스에게 이 사건은 시민들의 커다란 비난을 받는 계기로 작용했다. 더군다나 그의 이름은 타르퀴니우스 콜라티누스였기에 타르퀴니우스 왕과의 관계에 더욱 의심을 사게 되었으며, 동료 집정관 브루투스는 그에게 집정관직뿐 아니라 시민권까지도 내려놓도록 압박을 가했다. 일이 이렇게 되자 콜라티누스는 더 이상 견디지 못하고 집정관직을 사임한 후 조용히 로마를 떠났다.

o 콜라티누스가 사임한 자리에 새로운 집정관을 선출하기 위한 투표가 치러졌다. 의로움과 공정성과 정의감으로 그리고 약자에게 온정과 온화한 성품으로 널리 인정받고 있던 발레리우스가 그 선거에서 당당히 집정관으로 선출되었다. 그리고 발레리우스는 모반자들을 고발한 빈디키우스를 자유민으로 해방시킬 것을 법령으로 통과시켰으며 로마 시민의 권리인 투표권도 부여했다. 이러한 조치는 빈디키우스가 당연히 보상받아야 했던 것이며, 물론 로마의 집정관 발레리우

스도 이 조치가 지극히 당연한 것이라고 생각했다. 또한 빈디키우스가 노예 신분에서 해방되자 그의 이름인 빈디키우스(Vindicius)에서 '해방'을 의미하는 라틴어 '빈딕타(vindicta)'가 생겨났다.(註. vindicta는 '복수, 처벌, 보호'란 의미도 동시에 지녔다.)

✱ 발레리우스의 결단과 상소권의 시초

≪집정관 발레리우스는 '무엇을 위해 어떻게 살 것인가?'를 강요받자, 그 물음에 합당한 결단을 내렸다. 그리하여 공익을 추구하고 정의 편에 섰던 그의 공적과 명성은 모든 시민들에게 공정한 평가를 받았다.≫

○ 콜라티누스의 뒤를 이어 집정관에 취임한 발레리우스는 에트루리아의 지원군을 이끌고 로마를 공격한 타르퀴니우스와 싸워서 승리했다.(註. 최초의 집정관은 브루투스와 콜라티누스였고, 콜라티누스가 추방된 후 브루투스와 발레리우스가 집정관에 있었다. 그 이후 브루투스가 아룬테스와의 전투에서 전사하자 루크레티우스와 발레리우스가 집정관이 되었으며, 루크레티우스가 임기 중에 병사하자 호라티우스와 발레리우스가 집정관을 맡았다.) 그는 승전을 기념하고 자축하기 위해 네 필의 백마가 이끄는 화려하고 웅장한 개선식을 거행했다. 이러한 대규모의 행사를 할 수 있었던 것은 그의 재력 덕분이었지만, 일부 사람들은 뒤에서 발레리우스가 자신의 공적을 너무 내세운다며 수군거렸다.

이에 대한 비난을 보탠 것은 팔라티누스 언덕 북동쪽 배후지인 벨리아 고지 위에 자리 잡은 그의 호화로운 저택과 왕에게나 어울릴 법한 그의 행동이었다.

○ 발레리우스의 저택은 높은 언덕 위에 위치해 있어 로마 광장에서 벌어지는 광경을 모두 내려다볼 수 있었고 가파른 절벽에 둘러싸여 접근조차 어려웠다. 행차 시에는 으리으리한 저택에서 수많은 수행원과 릭토르(註. 릭토르lictor는 호위병을 뜻하며 독재관은 24명, 집정관은 12명, 제정 시대의 총독은 6명을 거느렸다.)들이 막대기 묶음과 도끼로 만든 파스케스를 앞세우고 광장으로 거행했다.(註. 두 명의 집정관이 한 달씩 번갈아 가며, 그달에 집무를 담당하는 집정관은 실제 파스케스를 든 12명의 릭토르를 거느렸고 다른 한 명은 모형 파스케스를 든 12명의 릭토르를 거느렸다.) 시민들은 점점 더 발레리우스를 의심하기 시작했다. 로마인들은 왕정에 심한 거부감을 느껴 "왕위를 노린 자는 재판 없이 생명과 재산을 빼앗을 수 있다."는 법을 만들 정도였다. 또한 왕이란 말을 그렇게도 싫어했으며 이 단어는 비난할 때나 쓰였다. 시민들은 말했다. "발레리우스는 입으로는 브루투스를 찬양하면서도 실제로는 타르퀴니우스의 군주제 흉내를 내고 있으며, 마음속으로는 왕을 칭하고 싶어 한다." 즉 시민들은 공화정의 집정관으로서 지켜야 할 선을 발레리우스가 넘고 있다고 여겼던 것이다.

○ 이런 이야기를 전해 들은 발레리우스는 고집을 피우거나 분노하기는 커녕 즉시 결단을 내렸다. 그는 날이 밝기도 전에 인부들을 동원하여 자신의 저택을 완전히 없애 버린 것이다. 다음 날 이 사실을 알게 된 많은 시민들은 아름다웠던 저택이 시기심으로 부당하게 파괴되었다며 몹시 아쉬워했다. 발레리우스는 거처가 없어지자 친구들의 집을

전전하며 살았고, 이를 안타까워한 사람들이 그에게 토지를 내어 주고 집을 지어 주었다. 물론 새로 얻게 된 그의 집은 철거한 저택보다 훨씬 작고 소박했다.

○ 그뿐만 아니라 발레리우스는 이반된 민심을 만회하고자 로마 시민권자의 경우에는 한번 내린 판결에 대해서 민회에 상소할 권리(註. '프로보카티오provocatio'라 한다.)를 제정하여 권력의 남용과 독재를 방지하고 시민의 권리를 확대했다. 다만 상소권

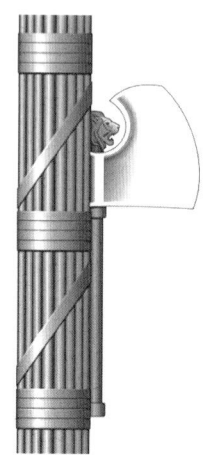

파스케스(fasces)

은 범죄 사실을 부인했으나 유죄가 밝혀진 죄인에게는 허락되지 않았고, 범죄 사실을 시인한 자에게 감형을 목적으로 용인되었다. 또한 그는 자신을 시민과 더 가깝고 편안한 존재로 인식시키기 위한 조치도 병행했다. 상소권이 법으로 통과되자 그는 로마 시내에서는 시민들의 주권을 인정한다는 표시로 릭토르라는 호위병들이 들고 다니는 막대 묶음과 도끼로 된 파스케스에서 도끼를 없앴던 것이다. 그리고 민회에 참석할 때는 막대 묶음을 기울여 높이를 낮춤으로써 주권자인 시민들에게 경의를 표했다. 그러나 살펴보면 발레리우스는 자신의 권위를 축소하는 것처럼 보였지만, 사실은 사람들이 기꺼이 자진해서 자신에게 복종하게 함으로써 실제적인 영향력을 키우는 데 성공했다고 볼 수 있다. 그는 마지막 이름인 코그노멘으로 '시민들에게 최선을 다한 자'라는 의미를 가진 푸블리콜라를 덧붙여 푸블리우스 발레리우스 푸블리콜라(Publius Valelius Publicola)로 불리었다.

○ BC 503년 이렇듯 청렴했던 그가 죽었을 때 그 많던 재산이 모두 없

어져 장례식 비용조차 치를 수 없게 되자, 유족들은 시민들과 친구들의 도움을 받을 수밖에 없었다. 하지만 그의 명예는 빛을 잃지 않아 훗날 사람들이 말하기를 로마 공화정을 창시한 사람은 유니우스 브루투스이나, 뿌리를 내리게 한 사람은 발레리우스 푸블리콜라였다고 칭송했다.

| 마음에 새기는 말 |

궁전 하나가 파괴된 데 대해 오두막집 하나가 불타 버린 것보다 더 깊은 충격을 받는다면, 삶의 불행에 대해 크게 잘못된 기준을 가지고 있는 것이다.

_ 발레리우스 푸블리콜라

❉ 무키우스(Mucius)의 용기(BC 506년)

≪함락의 위기에 처한 로마는 또 한 명의 영웅 무키우스를 탄생시켰다. 무키우스는 인간의 용기를 뛰어넘는 대담함과 인내로 적의 왕 포르센나와 맞섰다. 하지만 그는 암살에 실패했고 포르센나 앞에 끌려가서는 적왕이 보여 준 관용에 감탄할 수밖에 없었다. 아마 그는 로마가 에트루리아 왕 포르센나의 힘에 굴욕하느니 차라리 동지가 되는 것이 낫다고 생각했는지도 모른다. 이렇듯 로마인들은 자신들이 패배한 전쟁에 대해서는 전설적인 용기를 가진 영웅을 내세워 패전의 수치를 얼버무렸다.

그럼에도 리비우스를 비롯한 고대 로마 역사가들이 기록한 확인할 수 없는 이런 종류의 이야기가 사실이냐 아니냐보다도 더 중요한 것은 그들의 이야기가 독자적이고 독특한 특성으로 로마인들의 정신세계를 지배했다는 점이다.≫

○ 브루투스와 발레리우스와의 대결에서 패한 로마의 마지막 왕 타르퀴니우스는 에트루리아의 강력한 도시 국가 클루시움(註. 현재의 지명 '키우시Chiusi')으로 피신하여, 클루시움 왕 라르스 포르센나에게 로마를 돌려받을 수 있도록 도와 달라고 탄원했다.(註. 당시 에트루리아는 12개의 작은 도시 국가가 느슨한 상태로 동맹을 형성하고 있어, 서로가 간섭하지 않고 살다가 공동의 적이 있을 경우 한 번쯤 힘을 합치는 정도였다. 에트루리아의 도시 중 애초부터 수도의 지위를 누리고 있던 도시는 클루시움에서 남쪽으로 50km 정도 떨어진 '볼시니이'였다. 12개의 도시들은 모두 평등한 지위를 누렸으며, 부분적으로 강력한 도시가 있긴 했으나 패권이 형성되거나 중앙 집권이 가능한 정도가 아니었다. 또한 에트루리아에서는 12개의 도시가 공동 행동을 하는 예는 극히 드물었다. 전쟁에서도 각각의 도시들이 담당했으며, 다만 이해관계가 같은 도시의 경우에는 전쟁에 끌어들여 함께 싸웠다. 이는 로마 동맹의 경우 개별 행동이 오히려 드물었던 것과 사뭇 달랐다.) 포르센나는 당시 이탈리아에서 가장 강력한 왕이며, 훌륭한 성품과 열망을 가진 자로 알려졌다. 포르센나는 타르퀴니우스가 모반에 의해 부당하게 왕국을 빼앗긴 것으로 판단하고 그를 도와주기로 결정했다. 그는 먼저 국가 간의 예절에 따라 로마에 사람을 보내 타르퀴니우스를 다시 왕으로 맞이할 것을 요구했다. 물론 이러한 절차는 전쟁의 구실을 만들어 대의명분을 얻기 위함이었다. 당연히 로마는 포르센나의 요구를 거부했으며, 이로써

포르센나는 로마를 향해 전쟁을 선포하기에 이르렀다. 강국 에트루리아는 그에 걸맞는 강력한 대군을 로마로 진군시켰다.

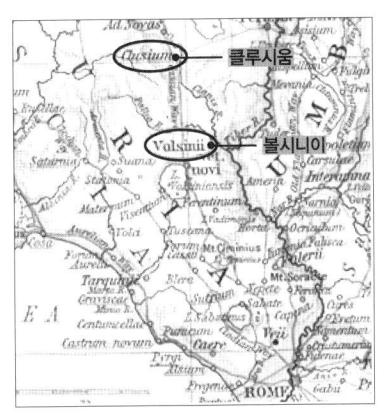

클루시움. 볼시니이

○ 에트루리아 군과의 전투에서 계속 패한 로마는 도시가 함락될 위기에까지 처했다. 위기에서는 초인적인 힘을 발휘하는 영웅이 탄생하듯 로마군의 전사 중에 무키우스란 자가 나타났다. 그는 전투에서도 뛰어난 역량을 보였지만, 위기에 몰린 로마를 구하려고 적의 왕 포르센나를 살해하기로 마음먹었다.

○ 무키우스는 에트루리아 군인으로 복장을 갈아입고 포르센나의 진영으로 잠입했다. 경제력이 로마보다 월등했던 에트루리아는 왕뿐 아니라, 고위 관료들도 모두가 화려한 치장을 하고 있어 무키우스는 누가 왕인지 분간할 수 없었다. 그렇다고 누구에게 왕이 누구냐고 물어본다면 자신의 신분이 노출될 것이 두려웠기에 검을 뽑아 가장 왕처럼 보이는 자를 찔러 죽였다. 하지만 죽인 자는 에트루리아 왕 포르센나가 아니었고 클루시누스라고 불리는 관리였다.

○ 그때 포르센나는 신에게 제의를 드리려고 제물을 바치고 있던 중이었다. 무키우스는 즉각 붙잡혀 포르센나 앞으로 끌려가서는 심문을 받게 되었다. 때마침 제물을 바칠 때 쓰려고 화로가 도착하자, 무키우스는 시뻘겋게 불타고 있던 화로에 자신의 오른손을 올리고는 살이 타들어 가는 데도 대담한 눈빛으로 포르센나를 응시했다. 그것은

살이 타들어 가는 고통조차도 적의 왕을 죽이겠다는 강한 의지를 꺾을 수 없음을 보여 주고자 한 것이기도 하며 암살에 실패한 자신의 오른손을 응징한 것이기도 했다. 포르센나는 포로의 갑작스런 행동에 놀라운 눈빛으로 보았다. 무키우스의 용기를 높이 산 포르센나는 그의 행동을 멈추게 하고서는 그

「포르센나 앞에 선 무키우스 스카이볼라」, 한스 발둥 作

를 풀어 주었을 뿐 아니라, 그 자리에서 그의 검을 돌려주었다.

○ 그러자 무키우스는 포르센나에게 말했다. "왕이 유발시킨 공포심에는 이겼으나, 왕이 보여 준 고매한 성품에는 졌으니, 고문으로 강요했다면 끝까지 말하지 않았을 비밀을 말하겠소." 그러면서 그는 이어서 말했다. "나와 같은 결의를 가진 로마군 300명이 이 진영 안에 배회하며 기회를 노리고 있습니다. 다만 제비뽑기에서 내가 제일 먼저 당신을 공격할 사람이 되었을 뿐인데, 지금은 내가 실패한 것이 하나도 안타깝지 않게 되었습니다. 왜냐하면 내가 죽이지 못한 이가 고귀한 정신을 가졌을 뿐 아니라, 로마의 적이기보다 동지가 되는 것이 마땅한 분임을 깨달았기 때문입니다."

○ 사실 이 말은 거짓이었으며 아마도 포르센나는 포로가 거짓말을 하고 있음을 알아챘을지도 모른다. 그러나 그는 로마와의 평화 협정을 결심했다. 이것은 그가 숨어 있는 자객들이 두려워서라기보다는 무

_____ 로마의 선택과 결정 ① 도시의 창건

키우스의 충정심을 보고서 로마 사람들의 고결한 정신과 용기에 대한 놀라움과 존경심 때문이었다. 이 일로 오른손을 잃은 무키우스는 왼손잡이라는 의미의 '스카이볼라(Scaevola)'를 덧붙여 '무키우스 스카이볼라'라는 명예로운 이름을 얻게 되었으며, 이 이름으로 로마의 유서 깊은 가문을 이루었다.(註. 다만 에트루리아의 기록에 따르면 브루투스가 타르퀴니우스를 축출한 것이 아니라 포르센나가 타르퀴니우스를 몰아낸 다음, 로마의 조공을 거두는 관리로 브루투스와 콜라티누스를 임명하여 조공을 바치게 했다고 전한다.)

| 마음에 새기는 말 |

영웅에게 배워야 할 점은 숙명과 마주쳤을 때 어떻게 자신을 입증하는가 하는 것이다.

✸ 평민들의 분노와 호민관 탄생(BC 494년)

≪민의에 따라 정책이 결정된다고 제아무리 주장하더라도 민의를 수렴하고 정책 기조를 결정하는 것은 귀족 지배층이었고 평민이 지배층을 압도한 적은 단 한 번도 없었다. 평민들은 국가의 주체인가, 아니면 귀족들의 탐욕에 봉사하는 존재일 뿐인가?

로마는 승리의 열매를 평민에게 나누어 주지 않았다. 전쟁터에 나가 죽음을 무릅쓰고 싸운 후 탈진해서 고향에 돌아오면 남는 것은 빚더미뿐이었다. "무릇 있는 자는 더 받겠고 없는 자는 있는 것도 빼앗긴다.(註. 누가복음 19장 26절)"는 밉살스런 진리가 입증되듯, 뿌리는 자와 거두는 자가 다르고 재주를 부리는 자와 재물을 얻는 자가 서로 같지 아니했다. 게다가 많은 것을 가진 자는 더 많이 가지려고 하는 까닭에 아무리 많이 가진 자라도 만족하지 않았다. 하지만 마침내 로마의 지배층은 평민들의 분노를 납득하고 그들을 달랬으며, 타협안을 마련하기에 이르렀다.≫

○ 포르센나와의 전쟁에서 로마는 사실상 완전히 패배하여 전쟁으로 획득한 베이이를 비롯한 모든 에트루리아 영토를 다시 반환했으며, 귀족들의 자녀는 인질로 포르센나에게 붙잡혀 갔다. 이렇듯 로마는 패전으로 자존심이 짓뭉개지고 그간에 일구어 놓은 번영과 영토까지 잃게 되자 평민들의 곤궁한 삶은 비참한 나락으로 떨어졌다.

○ 게다가 로마의 국가 체제가 왕정에서 공화정으로 바뀌면서 권력을 차지한 귀족들은 국유지의 사용권을 독점했고, 여기에 더하여 관리들이 점차적으로 국유지 사용료의 체납을 방조하자 국유지는 완전히 사유화되어 있었다. 동시에 국유지의 선점자들에게 특별 사용권을 부여하는 불합리한 제도가 시행되었는데, 이 제도가 귀족들에게 유리하게 운영되었다. 또한 로마는 에트루리아뿐 아니라 아이퀴족, 사비니족, 볼스키족 등 주변 부족들과의 전쟁이 그칠 날 없었다. 하지만 외적을 물리친 자리에는 영광이 아니라 빈곤만이 남았다. 왜냐하면 해마다 일어난 전쟁으로 평민들은 삶의 터전인 농지를 장기간 비울 수밖에 없었기 때문이다. 반면에 귀족 계층들은 넓은 경작지에 수많은 노예를 거느리고 있어 전쟁터에 나간다고 해도 농사를 지을 수

있었다. 결국 전쟁은 부자는 더욱 부유하게, 가난한 자는 더욱 가난하게 만들고 말았다. 평민들은 국가를 위해 군역에 징집되어 수많은 고초와 부상의 흔적을 남긴 후 자신의 집으로 되돌아왔을 때, 농토는 경작하지 못해 버려져 있었고 가장 없이 남겨진 가족들은 가난한 삶을 이어 가고 있었다. 보잘것없는 재산이라도 얼마간 있었던 사람들은 담보물로 모두 잡혀 경매에 부쳐진 결과 빈털터리가 되고 말았으며, 원래부터 재산이 없었던 자들은 빚을 갚지 못한 죄로 감옥에 끌려가거나 노예로 팔리고 심지어 살해될 수도 있는 형국이었다. 게다가 부채를 갚지 못하면 자신의 아들에게 고스란히 상속되어 어떤 아이는 태어날 때 짊어진 부채가 평생 노동을 해도 감당하지 못할 경우도 있었다.

○ 빚을 갚지 못한 것이 살해당할 일이냐고 반문할 수 있겠지만 고대 로마의 관습은 그렇지 않았다. 노예를 의미하는 라틴어 세르부스(servus)는 '살아남게 하다, 유지하다'는 의미를 가진 '세르보(servo)'에서 유래되었다. 즉 노예는 원칙대로 처분하자면 '죽여야 하는 자'이지만 아량을 베풀어 '살아남게 한 자'였다. 따라서 전쟁 노예든 채무 노예든 간에 노예는 모두 주인의 뜻에 따라 살해될 수 있었다.

○ 당시 로마의 채권법에 의하면 채무자가 빚을 갚지 않았을 경우 30일간의 유예 기간 후 채권자의 권리에 맡겨졌다. 채권자는 빚을 갚지 않은 채무자를 자신의 감옥에 가두고 또다시 30일이 지나도록 채무 상환을 하지 않으면 사형시키거나 채무자의 자녀와 함께 외국에 노예로 팔아넘겼다. 만약 빚진 자가 로마 시민권자이면 같은 로마 시민권자의 노예로 될 수는 없었기에 외국인에게 팔았는데, 이에 대한 내용은 훗날 12표법에 채무자를 채권자가 노예로 팔기를 원한다

면 반드시 티베리스강 건너에서 팔아야 되는 것으로 명시되었다. 이렇듯 채무자에 대한 처분이 가혹한 것은 대부분의 채권자가 귀족과 같은 권세 있는 자들이었고, 채무자는 가난한 평민이었기에 가능했다.(註. 이렇듯 무자비했던 로마의 채권법은 BC 326년 혹은 BC 313년 포이텔리우스법에 의해 채권자에 의한 간이 집행 절차가 폐지되고 심판인단의 판결에 의하지 않고서는 채무 노예로 전락하지 않는다고 확정됨으로써 개선되었다.)

○ BC 495년 전쟁을 위해 징집 명령이 내려졌을 때, 평민들은 비참하고 불공정한 현실을 탓하며 참전을 거부했다. 그러나 집정관 푸블리우스 세르비우스가 채무자의 의무를 잠정 보류하고 더 이상의 부담을 주지 않는 조치로 빚을 정리하겠다고 약속하자 평민들은 징집에 응했고 로마는 전쟁에서 승리할 수 있었다. 하지만 승전 후 또 다른 집정관 아피우스 클라우디우스가 채무법을 다시 엄격히 적용하자, 평민들이 푸블리우스 세르비우스에게 도움을 요청했지만 그는 나서지 않았다. 자신들의 몸에 난 수많은 영광된 상처의 흔적도 가난에 허덕이는 평민들을 구제해 주지 못했으며, 귀족들과 채권자들이 국가를 위해 참전하면 빚을 탕감해 주겠다던 달콤한 말이 헛된 약속임이 드러난 것이다. 귀족들은 빚을 탕감하겠다던 합의 내용을 기억하고 있다는 시늉조차 내지 않았다. 빚 속에 허덕이던 평민들은 점점 더 심한 고통 속에 빠져들었지만 아무것도 개선되지 않았다. 그러자 로마의 평민들 사이에서는 불만이 터져 나오며 무질서하고 소란스런 평민 집회가 계속해서 열렸다. 로마의 적들은 이러한 소란을 틈타 BC 494년 다시금 영토를 침범하고 약탈하기 시작했다. 영토를 침범한 외적들을 진압하고자 집정관이 군 복무의 의무가 있는 시민들에게

───── 로마의 선택과 결정 ① 도시의 창건

징집령을 내렸으나 불만과 반감이 평민들에게 퍼져 있어 아무도 응하지 않았다. 이때는 이미 한 번 속은지라 집정관의 달콤한 약속도 아무런 힘을 발휘하지 못했다.

○ 이러한 국가 위기에서 로마의 정책을 쥐고 있던 귀족 계급들 사이에서는 의견이 엇갈리고 있었다. 그들 중 일부는 평민들의 요구를 들어주고 엄격한 법을 풀어 양보해야 한다고 했고, 다른 사람들은 경제적 어려움이 징집을 거부하는 이유가 될 수 없으니 법에 맞서려는 과격한 민중 시위를 초기에 진압하고 제지해야 한다고 주장했다.

○ 그렇게 옥신각신하던 중에 독재관으로 임명된 마니우스 발레리우스가 법을 개선하겠다는 약속을 하자, 평민들은 그의 말을 믿었다.(註. 로마는 국가 위기 때 2명의 집정관 대신 임기가 6개월인 독재관 1인을 선출했다.) 왜냐하면 그는 민중파였고 재물보다는 법과 명예를 중히 여겼기 때문이다. 귀족과 평민이 다시 힘을 합치자 전쟁의 승리는 로마에게 돌아갔고, 독재관은 평민과 약속한 개혁안을 제출했다. 하지만 이 법안의 처리를 위해 수차례 원로원 회의가 소집되었으나, 법안은 통과되지 못했다. 전쟁에서 열의를 다해 싸워 적들을 굴복시켰음에도, 게다가 원로원이 독재관 마니우스 발레리우스를 보증인으로 지정하기까지 했지만 재물에 눈이 가려진 원로원 의원들이 법안 통과를 거부한 것이다.

○ 그렇게 되자 군장을 갖춘 채로 로마의 성벽 밖에서 법안이 통과되기를 기다리던 평민들은 분노하며 로마 중심에서 약 5㎞ 떨어진 아니오강(註. 티베리스강의 지류.)가의 언덕에 자리를 잡고 농성에 들어갔다. 그들은 소리 높여 이렇게 외쳤다. "우리들은 부유한 자들의 손에 의해 비참한 삶을 이어 가고 있다. 생각해 보라! 이탈리아 어디에 가도 우

리에게 공기와 물 그리고 죽어서 묻힐 곳 정도는 줄 수 있다. 그런데 우리가 온몸의 상처와 투지로 지켜 낸 로마에서 살아도 우리에게 주어지고 허락된 것은 이탈리아 어디에서도 얻을 수 있는 그것뿐이다."

○ 이렇듯 평민들의 분노가 고조되자, 원로원에서는 청렴한 메네니우스 아그리파를 협상자로 보내어 그들의 요청을 들어주고 격해진 감정을 달래기로 결정했다. 그는 평민들이 농성 중인 곳을 찾아가 원로원의 입장을 솔직하게 전했으며, 유명한 우화를 끌어내어 그들의 분노를 가라앉혔다. 우화의 내용은 이러했다. "하루는 한 남자의 신체 기관들이 하는 일도 없이 놀고먹는 위장에 대해 불만을 품고 들고 일어났습니다. 위장의 식욕을 채우기 위해 우리 나머지 기관들이 갖은 고생을 하며 봉사할 수 없다는 것이었지요. 그러자 위장이 말하기를 모든 기관들이 일하여 구한 음식들이 전부 위장으로 가는 것은 위장이 그것을 다시 여러 다른 부위로 적절하게 배분하기 때문이라고 해명했습니다." 그러면서 아그리파는 말을 이어 갔다. "원로원과 평민들의 관계도 이와 같아서 원로원에서는 중대한 논의들을 충분히 고민하고

▌ 아니오강

—— 로마의 선택과 결정 ① 도시의 창건

검토하여 여러분 한 사람 한 사람에게 유익하고 보탬이 되도록 결과를 가져다주고 있습니다."

○ 그렇게 하여 평민들을 달래고 그들의 요구가 담긴 법안이 독재관의 노력으로 통과되자 마니우스 발레리우스에게는 가장 위대한 자란 의미로 '막시무스(maximus)'라는 별칭이 붙었고, 농성의 장소였던 언덕은 성스런 산이란 의미의 '몬스 사케르Mons Sacer'로 불리었다. 그리고 원로원에서는 평민들의 이익을 대변하고 구제하는 보호자 역할을 할 관리를 세우는 데 동의했다. 로마에서는 그 관리를 호민관(트리부누스tribunus)이라 불렀다. 호민관은 신성불가침한 지위를 가졌으며 호민관을 해치면 신의 저주를 받게 되고 그런 자는 죽여도 벌을 받지 않는다고 결정했다. 만약 그가 폭행을 당하면 가해자는 사형에 준하는 처벌을 받게 되어 중죄인으로 취급되었고 재판은 평민 관리에게 맡겨졌다.(註. 하지만 훗날 호민관의 신성불가침한 지위는 정치적 파쟁으로 얼룩졌으며, 호민관들이 정적들에게 두들겨 맞아 피투성이가 되고 심지어 목숨을 잃기도 했다.) 또한 호민관은 밤낮으로 자신의 집 문을 열어 놓고서는 평민들이 언제든 찾아와 도움을 청할 수 있게 했고 도시 밖으로 나가지 않았다. 호민관이 갖는 권한은 행정과 사법을 제지할 수 있는 거부권, 채무자에 대한 소송과 강제 집행을 막을 수 있는 권한, 심지어 임기 중에 있는 집정관까지도 소환할 수 있는 권한 그리고 소환에 응하지 않을 경우 체포할 수 있는 권한 등 막강했다. 이렇듯 호민관의 권력은 독재관을 제외한 모든 행정관과 원로원의 결의에 영향을 미쳐 거부권을 행사할 수 있었다. 다만 로마 시내와 시 경계선에서 1.6㎞ 이내에서만 효력을 인정했고, 평민들이 범한 중범죄에는 적용되지 않았다. 또한 거부권 행사에서는 부정이 긍정보다

우선되어, 호민관 1인이 금지를 요구하면 동료 호민관이 반대해도 금지되었고, 호민관 1인이 소추할 것을 요구할 경우에는 동료 호민관이 반대하면 소추가 불가했다.

○ 그리고 호민관이 권한을 행사하기 위해 두 명의 평민 안찰관(아이딜리스 프레비스aedilis plebis)을 임명하여 보필하게 했다. 최초로 호민관의 자리에 앉은 사람은 평민들의 징집 거부와 이탈을 주도한 유니우스 브루투스와 시키니우스 벨루투스였다.

✳ 코리올라누스(Coriolanus)의 논리

≪코리올라누스는 호민관을 통하여 국가와 원로원에 항거하며 자신들의 이익만을 중시하는 평민들에게 분통을 터뜨렸다. 하지만 사회 지도층에게는 희생과 공헌을 요구하기가 쉬운 일이겠지만, 평민에게는 힘든 법이다. 이 점을 그는 납득하지 못했고, 그 결과 자신을 고난 속에 몰아넣게 되었다.≫

○ BC 6세기 말에서 BC 5세기 초에 살았던 로마 장군 마르키우스는 타고난 용맹으로 이름을 떨쳤다. 특히 코리올리를 정복하는 데 혁혁한 공을 세웠기에 그의 이름은 그나이우스 마르키우스 코리올라누스(Gnaeus Marcius Coriolanus)로 불리었다. 당시 로마는 귀족과 평민 간에 성난 수탉처럼 서로 간에 싸우다가도 닭장을 넘어온 외부의 적을 만나면 언제 그랬냐는 듯이 똘똘 뭉쳐 적과 싸웠지만, 귀족과 평민

간에 갈등의 골은 깊어져만 가고 있었다.

o 이즈음 로마 시민 모두가 식량 부족으로 고생하고 있던 중, 이탈리아 각지에서 그리고 시킬리아에서 사들인 식량이 로마에 도착했다. 그러자 시민들은 식량 문제가 해결되고 시장의 곡물 가격이 적정한 수준까지 내려갈 것이라고 기대했다. 아울러 확보된 곡식 중에서 로마가 선물로 받은 것은 무료로 배급될 것이라고 생각했으며, 실제로 일부 원로원 의원들이 그렇게 하자고 제안하기도 했다.

o 그러나 코리올라누스의 생각은 달랐다. 그는 평민들에 대한 곡물 배급을 중지하여 그들을 굶주리게 함으로써 이제껏 제멋대로 행동했던 평민들을 응징하고 호민관들이 장악했던 권한을 되찾을 기회라고 생각했다. 회의장에서 그는 자리를 박차고 일어나 평민의 편을 드는 자들을 맹렬히 공격했고, 그들은 선동가와 폭력배에 지나지 않으며 국가의 존립과 명예와 영광에는 관심조차 없는 배신자라고 갈파했다. 그는 분노하여 말하기를 평민들의 뜻에 따라 정책이 좌지우지된다면 국가는 위태로워지며, 평민들 사이에 뿌려진 오만과 배짱이라는 악의 씨앗을 싹부터 짓밟아야 했거늘 호민관이라는 강력한 관직을 만들어 어리석은 평민들의 힘을 강화시키고 조국을 풍랑에 휩쓸린 돛단배처럼 흔들리게 했다고 외쳤다. 코리올라누스는 평민들이란 공동의 이익을 추구하기보다는 개인의 사욕에만 충실하는 불충한 무리들이라고 판단했던 것이다. 그는 국가의 운명을 짊어지고 나갈 자는 지도자 계층인 귀족과 원로원이라고 명확하게 정립하고 있었다. 스스로도 전쟁터에서 보여 준 용기와 위험에 대한 보답을 물리치고 최소한의 보상에 만족한 적이 있었다. 그는 볼스키족의 도시인 코리올리와의 전쟁에서 혁혁한 무공을 인정받아 집정관 코미니우스가 전리품

의 10분의 1을 가져가도 좋다고 허락했으나, 이를 포기하고 군마 한 필만을 가져갔던 것이다.(註. 고대에서는 전쟁의 승리자가 패자의 모든 것을 취하는 것이 당연했다. 이는 오늘날의 기준으로 보면 매우 비인간적이고 부도덕한 것으로 보이지만, 구약성서는 승리자의 여인조차도 패배자의 물건을 취할 수 있다고 했다. "여러 군대의 왕들이 도망하고 도망하니 집에 거한 여자도 탈취물을 나누도다. 시편 68편 12절)

○ 코리올라누스에게 평민이란 법에 의해 선출된 집정관의 징집 명령에 불복종하며 자신들의 이익을 위해 국가가 나아갈 방향을 마음대로 뒤흔드는 난폭한 존재였다. 따라서 이러한 평민들에게 양식과 물자를 아낌없이 퍼 준다면 평민들의 불복종과 불충을 부추기는 것과 다름없으며 이는 모두가 같이 죽자는 것과 같다는 주장이었다. 그는 이렇게 말했다. "평민들은 징집 명령을 거부하고 로마를 이탈한 범죄를 저질렀습니다. 그들 스스로도 자신들의 잘못을 알고 있고 국가에서는 이러한 범죄 행위를 저지른 자들에게 식량으로 보답하지 않으리라는 것도 알고 있습니다. 의원 여러분께서 계속하여 양보한다면 평민들은 자신들의 힘을 믿고 자만할 것이며 불복종과 분쟁을 끊임없이 일으킬 것입니다. 우리가 지혜롭다면 호민관직을 없애야 합니다. 호민관은 집정관의 지휘와 명령을 무력화시키고 국론을 분열시키고 있습니다. 로마는 하나가 아니라 둘로 분열되어 영원히 서로를 괴롭히고 혼란에 빠뜨리는 사태가 그치질 않는 지경이 되었습니다."

○ 코리올라누스의 연설은 귀족들과 원로원 의원들 대다수의 동의를 얻어 내는 데 성공했다. 그러나 일부 신중한 자들은 그 결과에 대해 무척 걱정했다. 왜냐하면 평민들이 이 사태를 가만히 보고만 있질 않으리라는 것이 너무나 분명했기 때문이다. 걱정하던 일이 마침내 수면

위에 떠올라 코리올라누스는 분노한 호민관과 평민들에 의해 지난날의 잘못까지 싸잡혀 재판에 회부되고 말았다. 만약 호민관이 그를 기소하지 않았다면 평민들은 그를 살해해 버렸을지 몰랐을 만큼 격노하고 있었다.

| 마음에 새기는 말 |

사람의 말은 수놓은 융단과도 같아서 무늬를 드러내려면 융단을 펼쳐야 하지만 말려 있을 때는 무늬가 드러나지 않는다.

‒ 테미스토클레스, 아테네 정치가

‒ 테미스토클레스가 반역죄를 뒤집어쓰고 아테네 사람들에게 쫓기어 페르시아 왕에게 의탁하게 되었을 때, 페르시아 왕이 자신의 말을 신뢰하는 데는 시간이 필요하다고 말하면서, 즉 진실(무늬)을 알리려면 시간(융단의 펼침)이 필요하다는 의미다.

▎테미스토클레스

코리올라누스 어머니의 애원(BC 491년)

≪조국에 복수의 검을 들이대는 분노도 자신을 낳아 준 어머니의 눈물 앞에 굴복했다. 볼룸니아는 자신의 요구를 들어준다면 아들이 죽을 수도 있으리라고 짐작했지만, 승리하고서 조국의 배반자로 낙인찍히느니 차라리 아들의 명예를 지켜 주고 싶었으리라.≫

○ 곡물 배급 문제로 호민관과 평민들의 미움을 사게 되어 추방형을 받은 코리올라누스는 조국을 배반했다. 그는 경쟁국인 볼스키족의 툴루스를 찾아가서 그들 편에 서겠다고 선언한 것이다. 하지만 그는 자신이 조국을 배반한 것이 아니라, 조국이 자신을 버렸다고 생각했다. 코리올라누스와 툴루스는 전쟁터에서 서로가 검을 겨눈 원한이 있었으나, 툴루스는 로마에 버림받은 코리올라누스를 기꺼이 받아들였다. 코리올라누스는 볼스키족의 장군이 되자 자신을 버린 로마를 향해 분노에 가득 찬 검을 겨누었다. 지휘관의 능력이란 병사의 그것과는 달라 단 한 명의 지휘관이 바뀌었건만, 볼스키족에 대해 항상 힘의 우위에 있었던 로마는 코리올라누스의 침공에 속수무책이었다. 코리올라누스가 이끄는 볼스키족이 수많은 로마 동맹국들을 발아래 짓밟고는 로마의 성벽에 다다르자 공포에 질린 로마는 사절단을 보냈다.

○ 로마 사절단의 임무는 코리올라누스에게 추방형을 중지하여 로마로 돌아올 수 있는 권리를 줄 터이니 전쟁을 멈추어 달라는 것이었다. 그렇다고 해서 로마가 자존심을 누르고 강화를 맺고자 한 것은 아니

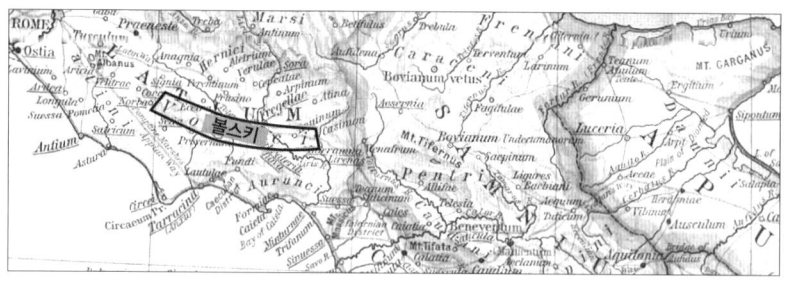

▌ 볼스키

었다. 사절단을 통해 로마 원로원은 이렇게 말했다. "우리는 고대로부터 내려온 관례를 깨뜨리지 않을 것이다. 다시 말해 적이 우리의 영토에 있는 한 강화는 없다. 다만 볼스키족이 물러간다면 코리올라누스의 처벌은 중지될 것이고, 볼스키족의 정당한 요구는 받아들여질 것이다." 사절단은 코리올라누스의 친척과 친구들로 이루어졌다. 자신들을 달갑게 대해 주리라고 생각했던 것과는 달리 코리올라누스는 냉엄하고 엄격하게 사절단을 대했다. 코리올라누스는 사절단의 온화하고 사려 깊은 말을 끝까지 듣고 난 다음 전쟁에서 로마가 빼앗은 볼스키족의 영토를 모두 반환하고, 동맹을 맺은 후 볼스키족에게 로마의 시민들이 가졌던 모든 권리를 부여하라고 요구했다. 그러면서 만약 정당하고 동등한 권리가 아니라면 휴전은 영속될 수 없다고 덧붙였다. 그러면서 30일간 숙고할 시간을 주겠다고 말하며 로마의 성벽에서 군대를 철수시켰다.

○ 30일 동안 코리올라누스는 주변의 많은 로마 동맹국들을 굴복시키고 약탈했다. 그리고 30일이 지나자, 그는 병사들을 이끌고 다시 로마의 성벽 앞에 나타났다. 로마는 그의 화를 누그러뜨리기 위해 또다시 사절단을 보내, 볼스키족이 무기를 내려놓는다면 볼스키족에게 특권을 부여하겠다고 말했다. 그러나 코리올라누스는 자신이 당초 요구한 내용에 대해 굽히질 않았고, 사흘 안에 승인을 얻지 못한다면 전쟁밖에 없다고 단호하게 말했다. 로마는 도시가 적에게 점령된다면 예견되는 약탈과 살육의 공포에 휩싸였다. 그들은 사제와 같은 모든 신성한 자들로 사절단을 다시 구성하여 코리올라누스에게 보냈으나 헛수고였다. 그는 주장을 바꾸거나 물리지 않았고, 부드럽거나 온화하게 사절단을 대하지도 않았다. 남은 것은 전쟁뿐이었

다. 로마는 시간과 운명에 희망을 걸고 성벽에서 로마를 방어하기로 결정했다.

○ 이렇듯 국가가 위기에 처하자 여인들은 무리를 이루어 카피톨리움의 제단으로 가서 기도를 올리곤 했다.(註. 유피테르 신전을 건립하기 위해 카피톨리누스 언덕을 굴토했을 때 유골이 나왔다. 사람들은 이 유골이 전설의 영웅 톨리우스의 것으로 생각하고 이 언덕을 머리를 뜻하는 '카푸트caput'와 '톨리우스tollius'를 합성시켜 '톨리우스의 머리'로 해석되는 '카피톨리움Capitolium'이라고 불렀다.) 그때 푸블리우스 발레리우스 푸블리콜라의 누이인 발레리아는 이렇게 기도만 하면서 운명에 맡길 수는 없다고 생각했다. 그녀는 불현듯 생각에 사로잡힌 듯 주변의 여인들에게 코리올라누스의 어머니 볼룸니아를 찾아가서 도움을 얻자고 하며 모두를 일으켜 세웠다. 때마침 볼룸니아는 며느리 베르길리아와 같이 있었다. 발레리아는 따라온 여인들을 곁으로 부른 후 말을 꺼냈다. "우리 아녀자들이 여기에 온 것은 결코 원로원의 명령이나 집정관의 지시가 아닙니다. 아마도 신께서 우리의 처지를 딱하게 여기시어 이곳으로 오도록 안내하신 것 같습니다. 우리와 함께 코리올라누스에게 가서 탄원합시다. 로마는 아드님의 손에 의해 이미 많은 어려움을 겪었습니다. 그럼에도 불구하고 시민들은 두 분께 어떠한 해도 입히지 않았고 그럴 생각조차 하지 않았습니다. 또한 아드님이 로마에서 추방되어 떠도는 운명을 맞았지만 시민들은 사절단을 보내 지난날의 죄를 용서하고 귀국을 허락하기도 했습니다." 발레리아의 이 말에 같이 갔던 다른 여인들도 동조하여 코리올라누스에게 갈 것을 외치자 볼룸니아가 결연히 대답했다. "여러분이 잘못되면 나 또한 잘못될 것입니다. 내 아들 코리올라누스가 적의 지휘관이 되었지

—— 로마의 선택과 결정 ① 도시의 창건

만 아마도 적의 무기에 보호를 받기보다는 오히려 감시당하고 있을 것입니다. 아들이 내 말을 얼마나 귀담아들을지는 모르겠습니다. 부모와 처자식보다도 더 귀중히 여겼던 조국 로마의 요구조차 듣지 않고 있으니까요. 그렇더라도 괜찮습니다. 우리 함께 코리올라누스에게 갑시다. 탄원하다가 죽는다면 국가를 위해 노력하다 숨을 거두었다고 하지 않겠습니까?"

○ 이리하여 볼룸니아는 손자와 며느리 그리고 설득하러 온 다른 여인들과 함께 볼스키족 진영을 찾아갔다. 그야말로 그 옛날 사비니족 여인들이 로마와 사비니족 간의 전쟁을 말리던 광경이 연출되었다. 로마의 여인들이 볼스키족 진영을 찾아오자 딱하기 그지없는 광경에 볼스키족 병사들도 경의를 표하고 길을 비켜 주었다. 작전 회의를 주재하던 코리올라누스는 어머니와 여인들이 다가오는 것을 보고 못 본 척하며 종전의 융통성 없고 인정사정 모르는 태도를 고집하려 했다. 그러나 어머니와 어린 자식들을 품에 안은 아내를 앞세워 수많은 로마 여인들이 막사로 다가서자, 북받쳐 오르는 눈앞의 광경에 감정을 이기지 못하고 얼른 뛰쳐나가 어머니 볼룸니아를 한참 동안이나 끌어안고 그다음에는 아내와 자식들을 안았다. 그는 눈물로 범벅된 채 감정의 홍수에 떠내려가는 자신을 그대로 내버려두고 말았다.

○ 한참을 포옹으로 인사를 나눈 뒤 볼룸니아는 아들의 눈을 바라보며 말했다. "아들아, 너도 우리의 몰골로 짐작은 하겠지만, 참으로 힘들고 불행한 날들 속에 살아가고 있단다. 나는 내 아들이 조국의 성벽 앞에서 진을 치고 있는 모습을 보면서, 다른 사람들처럼 전쟁의 불행을 달래기 위해 신들께 기도드리는 것조차 힘들구나. 조국의 승리와

■ 「코리올라누스 앞의 볼룸니아와 베르길리아」, 외스타슈 르 쉬외르 作

너의 안전과 무훈을 동시에 기원할 수 없으니 말이다. 네 아내와 자식들은 조국을 잃든가, 너를 잃을 수밖에 없구나. 그러나 네가 양국을 우정과 화합으로 이끌어 내지 못하고 로마의 파괴자가 된다면 널 낳아 준 여인을 짓밟지 않고서는 공격할 수 없다는 것을 똑똑히 알아야 하느니라. 네가 어떤 결정을 내리더라도 네 앞에 놓인 문제는 어렵겠구나. 왜냐하면 로마 시민을 해치는 것도 명예롭지 못하지만, 너를 믿어 준 볼스키 사람들을 배신하는 것도 정의롭지 못한 것이니까. 그러나 나와 여기에 같이 온 여인들의 바람은 단지 재앙을 막아 달라는 것뿐이다. 네가 노력하여 양국 모두에게 유익한 무엇을 결정한다면 모두가 너를 칭송할 것이다. 그렇지 않다면 네가 전쟁에서 승리해도 조국을 배반하고 파괴한 자가 될 것이며, 패배한다면 너의 가족과 은인들에게 커다란 재앙을 가져올 뿐이다." 잠자코 있던 아들에게 볼룸니아는 계속해서 말을 이어 갔다. "왜 아무 말이 없느냐? 분노와 증오에는 모든 것을 허락하면서 어미의 소원은 들어줄 수 없느냐? 배은망덕한 시민들의 재판에 그토록 분노하며 모질게 심판했던 너라면 은혜를 누구보다도 소중히 여길 것이 아니냐? 네가 너의 조국에 대해 그토록 가혹하고 어미에 대해서도 감사할 줄 모른다면 내가 마지막 방법을 아껴 둘 이유가 없구나."

○ 이 말과 함께 볼룸니아는 아들의 발치에 몸을 던졌고, 같이 왔던 아내와 자식들도 따라 했다. 그러자 코리올라누스는 깜짝 놀라 어머니를 일으켜 세우며 외쳤다. "어머니께서 이기셨습니다! 이것이 로마에게는 행운일지도 모르지만 저에게는 죽음을 의미합니다. 저는 이제 패장이 되어 돌아갈 수밖에 없으니까요." 그 말을 마친 후 그는 어머니와 여인들을 돌려보내고 군대를 로마의 성벽에서 철수시켰다.

○ 볼스키족의 도시 안티움(註. 현재 지명 '안치오')에서는 코리올라누스를 미워하고 시기했던 정적들이 로마에서의 회군을 격렬하게 비난했다. 그들은 코리올라누스에게 군사 지휘권을 내려놓고 전쟁 수행에 대한 감사와 점검을 받으라고 요구했다. 그러자 코리올라누스는 군대의 지휘권을 잡은 것도 시민들이 원해서였기 때문에 지휘권을 내려놓는 것도 시민들의 의사를 묻고 그들이 원한다면 그렇게 하겠다고 답했다. 시민 회의가 소집되었고, 코리올라누스는 자신의 권위와 존경심을 인정받아 거침없이 말할 기회가 주어졌다. 그렇게 되자 툴루스를 비롯한 정적들은 코리올라누스의 변론 결과가 걱정되기 시작했다. 툴루스는 코리올라누스가 로마에서 추방형을 받고 자신을 찾아왔을 때는 호의적이었으나, 코리올라누스가 볼스키족의 사령관이

되어 전투에서 승리를 거듭하고 시민들의 인기를 얻게 되자 자신의 지위를 빼앗겼다고 생각하여 점차로 그를 멀리하여 정적이 되어 있었다.

○ 툴루스를 비롯한 정적들은 코리올라누스를 제거하기 위해 이번만큼 좋은 기회가 없다고 생각했지만, 시민들이 코리올라누스의 업적을 기려 이번의 실수와 잘못을 눈감아 줄 수도 있을 것이란 생각이 들었다. 거기까지 생각이 미치자 코리올라누스의 정적들은 더 이상 늦출 수 없다는 생각에서 음모를 꾸미고 행동에 옮겼다. 그들은 배신자의 말을 들어서는 안 되며, 코리올라누스에게 군 지휘권을 넘겨 독재를 허락하여서도 안 된다고 외치며 우르르 몰려들어 그를 살해하고 말았다. 그곳에는 목숨을 걸고 코리올라누스를 살해의 위험으로부터 지켜 줄 사람은 아무도 없었다.

| 알아두기 |

• 솔론(Solon)의 판단과 법

아테네의 정치가이자 입법자인 솔론(BC 640~560년경)은 그리스 칠현인의 한 사람으로 불릴 만큼 명성이 높았다. 그가 제정한 법 중에는 시민의 의무와 공공성을 강요하는 법이 있었다. 요컨대 파벌이 형성되어 서로 간에 시시비비를 다투며 경쟁할 때 ㄱ 어느 편두 들지 않는 사람에게는 시민권을 박탈하기로 한 것이다. 이는 공공의 복리에는 무감각하거나 무관심한 채, 자신의 일만 단단히 챙기고 국가 내에서의 분쟁이나 어려움에서는 눈을 감고 못 본 체하거나 나눠 갖지 않는 자들의 부도덕성을 질책하기 위해서였다.

• 아테네의 도편 추방제(BC 510년)

BC 6세기 말 그리스 아테네의
권력자 클레이스테네스는 자체 정
화 제도의 하나로서 민회에서 해
마다 투표를 해서 그 권위와 권력
이 국가의 안전에 위험하다고 판
단되는 시민을 10년 동안 국외로
추방하는 제도를 만들었다. 그 제
도는 도자기 조각에다 해당자의
이름을 쓰는 방식이었다. 해당자

▌도편 추방에 사용한 도자기 조각

는 시민의 권리와 재산 그리고 명예까지도 그대로 보유했으며, 다만 10
년간 국외에 머물기만 하면 되었다. 이는 국가의 정치 체제가 인접 국가
에 영향을 줄 수 있는 국가에서 행해진 최초의 직접 민주주의 제도였다.

BC 510년 제정된 도편 추방제는 BC 487년 처음으로 히파르코스에
게 적용되었고, 이후에 남용되는 경우가 많았기에 BC 417년 히페르
볼로스가 추방된 이후부터는 시행되지 않았다.

• 마라톤 전투(BC 490년)

페르시아의 다레이오스(註. 영식으로 '다리우스') 1세는 오늘날 터키
서남부에 해당하는 이오니아 지
방을 손에 넣기 위해서 전쟁을 벌
였다. 이 전쟁은 페르시아 왕 다
레이오스가 스키타이족의 정벌을
위해 보스포루스 해협을 지키게
했던 이오니아인들이 다레이오스
에게 반기를 든 것을 계기로 촉발
되었다.

▌다레이오스 1세의 금화

이에 이오니아인들은 스파르타에 구원을 요청했으나 스파르타는 이오니아 해안에서 다레이오스의 왕궁까지 3개월이나 걸린다는 말에 지원을 거부했지만, 아테네는 20척의 배와 전투원을 지원했고 에우보이아섬의 에레트리아는 5척의 배와 전투원을 보냈다. 4여 년의 전쟁에서 이오니아의 반란을 진압한 페르시아는 이오니아를 도왔다는 이유로 아테네와 에레트리아를 공격했다. 먼저 공격당한 에레트리아는 강력한 페르시아의 힘에 정복당하여 약탈과 파괴의 대상이 되었으며, 시민들은 노예로 팔렸다.

이어서 아테네 공략에 나선 페르시아는 10명의 스트라테고(국가전략 담당관) 중 한 명인 밀티아테스가 이끄는 아테네 군과 마라톤에서 접전하게 되었다. 이때 아테네는 스파르타에게 도움을 요청했으나, 마침 그때가 아폴로 신을 위한 카르네이아 축제가 열리는 기간이었고 그 기간에는 전쟁을 하지 않는 관습이 있어 지원군을 보낼 수 없었다. 결국 아테네는 스파르타의 도움 없이 막강한 페르시아군와 맞섰다. 하지만 아테네군은 수적 부족함을 메우기 위해 전체 병력의 간격을 느슨하게 배치하여 페르시아 병력과 대치하면서, 중앙부를 뚫고 들어온 적군을 포위하여 약 6,400명을 죽이고 아군 전사자는 192명만 발생하는 놀랍고도 완벽한 승리를 거두었다. 전투가 아테네의 승리로 끝나자 당시 최강이었던 페르시아군을 맞아 예상외의 승리를 거둔 전과를 알리기 위해 전령은 마라톤에서 아테네까지 쉬지 않고 뛰어갔다. 전령은 승전을 알린 후 피로에 지쳐 죽고 말았다고 한다. 이러한 역사를 기리기 위하여 근대 올림픽에서 마라톤 대회가 시작되었다.

• 살라미스 해전(BC 480년)

다레이오스가 마라톤 전투에서 패한 후 그의 아들 크세르크세스는 30만 대군을 이끌고 그리스로 쳐들어왔다. 그는 아버지인 선왕 다레이오스가 마라톤에서 패전한 것을 설욕하고자 했던 것이다. 그리스는 도시 국가 연합군을 형성하여 페르시아에 대항했다. 하지만 군사적 열세로 아테네가 페르시아군의 수중에 떨어지자, 아테네의 테미스토클레스는 지상전의 열세를 해전으로 단숨에 호전시켜야겠다는 생각에 아테네 서측 살라미스섬 앞의 해협에서 해전을 치르도록 계책을 꾸몄다. 사실 많은 그리스 제독들은 이미 적에게 함락된 아테네를 버리고 살라미스 서측의 이스트모스로 후퇴하여 펠로폰네소스 반도를 수호하자고 했으나, 테미스토클레스는 적에게 그리스 해군을 포위하도록 유인하여 아군의 후퇴를 막았던 것이다.

그리스는 이 해전에서 대승을 거두었고, 전쟁을 지휘한 아테네는 황금시대를 누리게 되었다.(註. 살라미스 해전을 승리로 이끈 다음 그리스 장군들은 이스트모스의 포세이돈 제단에 모여 누가 가장 용맹하고 현명하였는가에 대한 투표를 했다. 즉 논공행상의 자리였다. 성공은 아버지가 백 명이나 되지만 실패는 아비 없는 아이가 된다고 했다. 참석한 자들 모두는 스스로를 가장 용맹하고 큰 공을 세운 사람으로 꼽았고, 두 번째로 공이 큰 사람으로서는 대부분의 장군들이 테미스토클레스를 지명했다. 결국 가장 큰 공을 세운 사람은 첫 번째로 지명된 사람이 아니라, 두 번째로 공이 큰 사람으로 지목된 테미스토클레스가 최고의 장군이었다는 소문이 그리스에 온통 퍼졌다. 전투에서의 위험과 고초는 누구나 인정할 수밖에 없겠지만 겸허함을 모르는 그리스인들의 공치사는 대단하다고밖에 볼 수 없다.)

• 델로스 동맹(BC 478년)과 아테네

아테네는 페르시아에 대항하기 위해 그리스의 여러 도시 국가와 델로스 동맹을 맺었다. 아테네가 이 동맹을 지배 도구로 활용하면서 아테네는 맹주가 되었고 동맹 가맹국은 속국으로 전락했으며, 또한 아테네는 이탈을 꾀하는 도시 국가에게는 무자비한 보복을 가했다. 아테네의 이러한 독주를 견디지 못한 동맹 가맹국은 스파르타를 중심으로 하는 펠로폰네소스 동맹을 결성하고 아테네를 중심으로 하는 델로스 동맹과 대립하여 펠로폰네소스 전쟁을 벌였다. 특히 이 전쟁에서 중립을 지키기로 한 멜로스에게 아테네는 과도한 의무를 부과했으며, 멜로스가 이를 거부하자 아테네는 멜로스를 파괴하고 성인 남자들을 학살했다. 이러한 점은 아테네가 상생의 법칙을 무시했다는 증거였으며, 페리클레스가 죽은 이후 중우 정치로 일관함으로써 펠로폰네소스 전쟁에서 패하여 결국 몰락의 길을 걷게 되었다.

● 이수스 전투(BC 333년)

남부 아나톨리아의 이수스 평원에서 벌어진 전투다. 이 전투에서 당시 24세였던 마케도니아의 알렉산드로스 왕은 페르시아를 침공해 약 4대1의 수적 열세에도 불구하고 아케메네스 왕조의 다레이오스 3세를 상대로 결정적인 승리를 낚아챘다. 이때 페르시아는 5만 명의 전사자를 냈으며, 마케도니아의 인명 손실은 불과 200명뿐이었다.

마음에 새기는 말

모함은 두 사람을 범죄자로 만들고 한 사람은 피해자로 만드는 무서운 범죄다. 모함하는 자가 범죄자가 되는 것은 그 자리에 없는 자를 고발하기 때문이며, 그의 말을 믿는 자가 범죄자가 되는 것은 사실 관계를 알아보기 전에 판단하기 때문이다.

_ 아르타바노스

- 페르시아 왕 크세르크세스가 그리스를 공격하기로 결정하자 그의 숙부인 아르타바노스가 전쟁을 부추긴 마르도니오스를 질책하면서. 아르타바노스는 마르도니오스가 전쟁을 부추기는 근거는 그리스인들을 비방하고 모함하는 것에 있으며, 모함이란 어떤 것인지를 크세르크세스에게 설명했다. 전쟁을 부추기며 왕에게 아부하는

자들은 선전포고만으로도 적들이 벌벌 떨다가 크세르크세스가 도착했다는 소식이 날아들면 모두 도망가서 페르시아군은 버려진 빈 도시들만 발견하고 위대한 힘을 펼쳐 보지도 못할까 봐 걱정된다고 아부를 떨었다. 하지만 페르시아는 이 전쟁에서 완패했다.

❋ 독재관 킨킨나투스(Cincinnatus)(BC 439년)

≪귀감이 되는 사례를 만들고자 흔히 과거의 인물을 찬미하곤 한다. 그런 연유로 권력에 대한 욕망조차 내려놓고 오로지 국가를 위해 헌신한 관리가 전설처럼 기록되어 있는 것은 어느 나라의 역사에서나 있기 마련이다. 고대 로마에서는 킨킨나투스를 청빈한 관리의 표상으로 삼았다.

하지만 냉철히 생각해 보면 그의 가난은 아들의 방종 때문이었다. 게다가 그는 살인을 저지른 아들이 죗값을 치러야 된다는 생각보다는 아들의 죄를 용서해 주지 않던 피해자를 원망하고 있었다. 그럼에도 그가 칭송받을 점은 막강한 권력을 지녔을 때 부정과 남용의 유혹을 떨쳐 버리고 고귀한 품격을 잃지 않았다는 것이다. 한때 야구 선수 추신수가 적을 두고 있던 미국 오하이오주의 신시내티Cincinnati는 킨킨나투스의 덕망을 기리기 위해 그의 이름에서 유래했다.≫

○ 로마에서 영향력 있는 귀족인 킨킨나투스(Lucius Quintius Cincinnatus)에게 카이소라는 아들이 있었다. 그 아들은 뛰어난 군인으로 명성을

높였고 정치에서도 탁월한 언변으로 두각을 나타냈지만 사생활은 매우 난폭했다. 그는 혈기왕성한 기운을 풀고 자극적인 유흥을 즐기기 위해 친구들과 함께 환락의 거리였던 수부라를 자주 찾았다. 그곳에서 카이소와 그의 친구들은 술에 취해 지나가는 사람들에게 무례한 시비를 걸며 주먹다짐을 했고, 상대가 평민이면 더욱 만만히 여겨 함부로 대하곤 했다.

○ 어느 날 밤, 모임을 마치고 돌아가던 볼스키우스 형제들이 카이소 일행과 거리에서 마주쳤다. 카이소 일행은 늘 하던 버릇대로 먼저 시비를 걸었다. 그러자 볼스키우스 형제는 고상한 척하는 귀족들이 사실은 매우 오만하고 건방진 족속일 뿐이라며 비난했다. 형제의 따끔한 지적에 격분한 카이소는 길길이 날뛰며 형제들에게 덤벼들어 마구 때리고 짓밟아 쓰러뜨렸다. 볼스키우스 형제들이 쓰러지자 그제야 카이소 일행은 자신들의 대담한 행동을 자랑스럽게 여기며 널브러진 형제들을 버려 둔 채 그곳에서 도망쳤다.

○ 얼마 후 피투성이가 되어 쓰러져 있던 형제들을 발견한 몇몇의 사람들이 그들을 집으로 데려다주었지만, 그중 형은 폭력의 상처를 이기지 못하고 결국 다음 날 목숨을 잃고 말았다. 이렇게 되자 살아남은 동생 마르쿠스 볼스키우스는 카이소 일행을 고소했다. 하지만 재판관들은 같은 귀족 출신이 카이소 편을 들 뿐 억울한 죽음을 당한 가족들의 분노를 보태기만 했다. 견디다 못한 볼스키우스는 시민들에게 그 부당함을 호소하기에 이르렀고, 더군다나 그는 몇 년 전 호민관을 지낸 자였기에 그의 호소는 더욱 시민들의 심중을 깊이 파고들었다. 시민들의 분노는 격랑처럼 일어 카이소를 덮쳤고, 그가 분노한 그들의 손에 붙잡혀 살해될 지경에까지 몰리자 마침내 재판관들

은 그를 감옥에 가두었다.

○ 킨킨나투스는 아들을 구명하기 위해 카이소가 비록 고집이 세고 거친 구석이 있지만 이제 반성을 하고 있으며 앞으로 로마를 위해 큰 재목이 될 것이라며 시민들에게 선처를 호소했다. 그럼에도 시민들의 동정과 호응을 얻지 못하다가 명망 있는 카피톨리누스가 도움을 주어 겨우 보석으로 풀려나 재판을 받을 수 있었다.(註. 킨킨나투스가 아들의 구명을 위해 노력한 반면에 로마 공화정 창시자 브루투스가 아들을 처형한 것은 그 죄가 국가 체제에 대한 것인지 아니면 개인적인 것인지에 따라 판단을 달리했기 때문이다. 한나라 왕망의 아들 왕확은 불충한 관노비를 살해하는 사건을 일으켰다. 당시의 관습으로 권세가들이 노예를 살해하는 것은 흔한 사건이었다. 하지만 훗날 신나라를 세웠을 만큼 야심가였던 왕망은 나쁜 소문이 나도는 것을 염려하여 아들에게 자살할 것을 명령했다. 왕확은 아버지에게 용서를 구했으나 도저히 불가하자 "권력과 명예가 아들의 목숨보다 더 중한 것입니까?"라고 울부짖고는 스스로 목숨을 끊었다. 이는 왕망이 아들의 죄를 묻는 저울이 킨킨나투스, 브루투스와는 달리 저급한 욕심에 기초를 두었다는 뜻이며, 따라서 왕확의 눈물에 동정심을 보태게 된다.)

○ 하지만 재판의 결과가 사형으로 선고될 가능성이 커지자 카이소는 로마 북쪽 에트루리아로 도주하여 목숨을 건졌다. 고대 로마에서는 외국으로 망명한 자에게는 죄를 묻지 않는다는 규정이 있었기 때문이다.(註. 포르키우스 법에 따르면 죄인의 경우 자진 망명할 수 있었다.) 그러자 호민관들은 카이소가 미납한 보석금을 모조리 아버지인 킨킨나투스에게 물렸고, 그는 보석금을 내기 위해 전 재산을 처분해야 했다. 결국 킨킨나투스는 빈털터리가 되어 로마 부근의 오두막집으로

이사하여 약간의 농사를 지으며 생활하고 있었다. 그가 짓고 있던 농토는 4유게룸을 초과하지 않았으며, 이는 전통적인 관점에서 보더라도 소규모 농가 1가구의 표준 경작지 규모가 BC 5세기 이전에는 로물루스가 각 시민들에게 분배한 면적이라고 전해지는 2유게룸 정도였고 BC 4세기 이후에는 7유게룸이었던 것을 생각하면 결코 많은 농토가 아니었다.(註. 1유게룸은 2,500㎡. 1유게룸은 농부 1명이 소와 함께 하룻낮 동안 갈 수 있는 밭의 넓이에 해당하는 면적이었다. 즉 농토를 노동량으로 표현한 것이다. 이에 반해 1마지기는 조선 시대 기준으로 쌀 1가마니가 생산될 수 있는 면적이었다. 즉 농토를 수확량으로 표현했다. 1마지기는 660㎡.) 이 정도의 농토는 BC 6세기 세르비우스 왕이 시민들을 5등급으로 나누어 기준 면적 이상을 가진 자를 1등급으로 정하여 완전 무장하도록 명했을 때, 기준 면적이 약 5만㎡가 넘었던 것을 감안해도 1/5밖에 되지 않는 매우 적은 면적이었다.(註. 1등급은 청동제 방패 · 창과 검 · 청동 투구 · 정강이 받침 · 흉갑, 2등급은 목제 방패 · 창과 검 · 청동 투구 · 정강이 받침, 3등급은 목제 방패 · 창과 검 · 청동 투구, 4등급은 목제 방패 · 창과 검, 5등급은 투창과 투석기로 무장하게 했다. 이는 당시 전쟁에 나설 때 자신의 비용으로 무기를 갖추어야 했기 때문이다. BC 122년 호민관 가이우스 그라쿠스가 군인이 직접 부담하던 군복과 각종 장비의 비용도 국고에서 부담하도록 제안했지만, 실제로는 BC 104년 마리우스가 두 번째로 군제 개혁을 실시할 때 재산 등급별로 서로 다른 무기를 갖추던 제도는 사라지고 모두 동일한 무기가 지급되었다. 토지 소유의 기준으로 보면 킨킨나투스는 투구와 흉갑도 없이 투창과 투석기만으로 무장해야 할 5등급 시민이었다.)

○ 그러다가 BC 458년 로마 군대가 알기두스산 밑 계곡에서 아이퀴인

▎「독재관직을 위해 쟁기를 놓은 킨킨나투스」, 안토니오 리베라 作

의 함정에 걸리면서 위기를 맞았다. 그때 다섯 명의 기병이 목숨을 걸고 적군의 포위를 겨우 뚫은 후 로마로 달려가 위기를 알렸다. 만약 기병들이 위기를 알리는 데 실패했다면 포위된 로마군은 전멸하고 말았을 것임에 틀림없었다. 전령으로부터 로마군이 위기에 봉착했다는 소식을 들은 원로원은 농사를 짓고 있던 킨킨나투스를 찾아가 독재관직에 올라 국가를 위기에서 구해 달라고 요청했다. 킨킨나투스는 원로원의 강권에 못 이겨 독재관직을 수락하고 군사들을 이끌고 가서는 아이퀴인들을 철저히 패배시켰다. 그러고서는 독재관직에 오른 지 16일 만에 반납하고 경작하던 농토로 다시 돌아갔다. 그러나 딱 한 가지, 자신의 아들 카이소를 망명할 수밖에 없도록 결정적 역할을 한 당시의 증인을 위증죄로 로마에서 추방하고 난 뒤였다.

○ 밭을 갈면서 평온한 나날을 보내고 있던 킨킨나투스는 어느 날 또다시 독재관에 임명되었다는 통고를 받았다. 그는 BC 458년에 이어 BC 439년에 재차 독재관에 임명된 것이다. 그 당시 볼스키족, 아이퀴족 그리고 사비니족까지 포함된 주변 부족들이 로마를 공격해 집정관 미누티우스의 숙영지가 적에게 포위되는 등 고전을 면치 못하고 1개 군단이 전멸당할 위기에 처하자, 로마는 이를 국가 위기로 정하고 킨킨나투스를 독재관에 임명했던 것이다. 전선의 지휘봉을 잡은 그는 불과 보름도 안 되는 기간에 외적과 싸워 이기고 21일 만에 독재관 자리를 반납했다.

○ 그가 청빈한 관리로 칭송받을 수 있었던 것은 6개월간 앉을 수 있는 독재관의 자리에서 마음만 먹었다면 자신이 가진 지위로 재산을 늘리고 권력도 누릴 수 있었겠지만, 자신의 군사적 재능을 발휘하여 조국을 풍전등화와 같은 위기에서 조속히 구한 다음 주어진 독재관의 권한을 일찌감치 내놓고 다시금 일상의 농부로 돌아가서 자기 밭을 일구는 일을 시작했기 때문이다.

※ 팔레리이 교사의 배반과 처벌(BC 394년)

≪원칙을 거스르고 비열하게 행동하는 자는 설 곳이 없다. 더군다나 상대가 명예와 명성이 높은 자일수록 더욱 그러하다. 조국을 배반하는 것도 모자라, 어린 자녀를 적에게 넘기는 것은 하찮은 짐승에게도 할 짓이 못 되었다.≫

───── 로마의 선택과 결정 ① 도시의 창건

○ 로마의 북쪽 50㎞쯤에 위치한 팔리스키족은 팔레리이라는 도시를 근거지로 거주하고 있었다. 그들과 로마 간에 전쟁이 벌어졌을 때, 카밀루스(Marcus Furius Camillus)는 집정관 권한을 지닌 군사 호민관에 당선되어 로마군을 지휘하게 되었다.(註. BC 444~367년 동안에는 집정관 권한을 가진 군사 호민관 3~6명이 선출되어 로마를 통치했다. 그 기간에는 이들이 선출되면 집정관직은 선출되지 않았고 집정관직이 선출되면 이들이 선출되지 않았다. 군사 호민관은 사료에 따르면 공식 호칭은 없으나 집정관의 권한을 지닌 자로서 학자들은 '칸슐러 트리뷴consular tribune'이라고 부른다.) 팔리스키족은 스스로 매우 막강하다고 생각하여 로마군의 공격 정도는 우습게 여겼다. 그래선지 그들은 전쟁에 임하여 비상사태를 선포하고 시민들의 행동을 단속해야 될 터인데도, 군인들을 제외하고는 시민들이 평상시와 다름없이 도시를 누비고 다녔다. 아이들도 평상시와 같이 학교에 보냈다.

○ 팔레리이 시민들은 그리스인들처럼 서로 몰려다니며 함께 자라게 하

■ 팔레리이

기 위해 모든 아이들을 한 명의 교사에게 맡겨 가르쳤다. 이때 어느 팔레리이인이 교사라는 특권을 이용하여 조국을 배반하기로 마음먹었다. 그는 가르친다는 명목으로 아이들을 매일 성벽 밖으로 데리고 나갔으며, 오늘보다는 내일 그리고 내일보다는 그다음 날에 더 멀리 성벽 밖으로 데리고 나갔다. 그러다가 마침내 아이들이 성벽 밖 적군에 대한 두려움을 떨쳐 버릴 때쯤 교사는 그들 모두를 데리고 로마군 진영으로 가서는 투항해 버렸다.

○ 이 교사는 카밀루스에게 말하기를 자신은 이 학생들의 교사라고 스스로 소개하며 장군의 호의를 얻고자 조국과 직무를 버리고 로마군 진영에 항복했으니, 장군은 이 아이들을 볼모로 잡아 팔레리이를 굴복시킬 수 있을 것이라고 말했다. 팔레리이 교사로부터 인간의 원칙을 무시하는 이 같은 비정한 말을 들은 카밀루스는 병사들을 모아 놓고 연설했다. "전쟁이란 참혹하고 불의와 폭력을 수반하는 것이지만 전쟁에도 규칙이 있는 법이다. 용맹한 자들은 이 규칙을 지키며, 로마군은 비열하고 불경한 자들의 부탁을 들어줄 만큼 맹목적으로 승리를 좇아서는 안 될 것이다." 그러고는 부하들에게 교사의 옷을 벗기게 하고 팔을 뒤로 묶은 다음, 아이들의 손에 회초리를 들려 자신의 조국을 배반한 자를 매질하며 그들이 떠나온 성벽 안으로 되돌아가게 했다.

○ 그러고 있는 사이에 교사의 반역 행위를 뒤늦게 알게 된 팔레리이의 부모들은 온 도시가 비탄에 휩싸일 정도로 절망했다. 그러나 얼마 후 부모들은 어찌된 까닭인지 손이 묶인 채 벌거벗겨진 교사를 매질하며 돌아오는 아이들을 보았다. 부모들이 어떻게 된 일이냐고 묻자, 아이들은 카밀루스의 됨됨이를 입이 마르도록 극찬하면서 그간 있었던 일을 고했다. 모든 사실을 알게 된 팔레리이 시민들은 학부모뿐

아니라, 나머지 시민들 모두까지도 카밀루스의 정의로움에 대해 존경하게 되었다.

○ 팔레리이는 평화 조약을 맺기 위해 사절단을 구성하여 카밀루스에게 보냈고, 카밀루스는 국가의 중대 사안을 자신이 결정할 것이 아니라는 이유로 그 사절단을 로마로 보냈다. 로마로 간 사절단은 "승리보다 정의를 앞세운 로마 사람들이 팔레리이 사람들로 하여금 자유보다는 패배를 원하게 만들었다."고 말했다. 그리고 자신들은 무력에 패배한 것이 아니라, 덕성에 패배했다고도 주장했다. 원로원은 이 문제의 처리를 카밀루스에게 다시 맡겼고, 카밀루스는 승리자의 무자비한 권리를 행사하는 대신 팔레리이로부터 일정한 배상금을 받고 그들과 동맹을 맺었다.

✳ 평민들의 수도 분할 요구와 카밀루스(Camillus)의 식언

《타르퀴니우스의 전제 정권에 신물이 난 로마인들은 공화정을 세웠지만, 이제는 귀족과 평민 간의 불화와 갈등으로 국가를 혼란 속에 빠뜨렸다. 로마 사회의 번영에 편승하지 못한 평민들은 기득권 세력인 귀족들의 영향력을 줄이기 위해 수도 분할을 요구했다. 아마도 노무현이 수도를 서울에서 세종시로 옮기려고 했던 이유도 이와 비슷하였으리라.

공금의 부적절한 사용에 대하여 상대를 공격하는 것은 유효한 방법이다. 권력을 가진 자는 쉽게 그 권력을 남용하게 되며 그중 가장

흔하게 저지르는 과오는 공금의 집행과 인재 등용이다. 특히 공금의
부정한 집행은 명확하게 공격할 수 있는 흔적을 남겨 놓기 마련이다.
훗날 제2차 포에니 전쟁을 승리로 이끈 스키피오도 시리아와의 전쟁
에서 승리의 대가로 받은 배상금 500탈란톤을 유용했다며 정적들로
부터 고발당하지 않았던가?≫

○ 사회가 발전할수록 흔히 그렇듯이, BC 396년 베이이의 정복에 성공
한 로마의 경우에도 시민들의 인구는 갈수록 늘어났으며, 또한 사회
발전에 편승하지 못한 많은 자들이 그만큼 가난해지고 있었다. 그렇
게 되자 호민관들은 제비뽑기를 통해 시민과 원로원들을 반으로 분
할하여 절반은 로마에서, 나머지 절반은 자신들이 정복한 베이이로
이주시키는 법안을 상정했다. 도시를 분할하면 가난한 평민들의 삶

▎「카밀루스의 개선식」, 프란체스코 作

—— 로마의 선택과 결정 ① 도시의 창건

이 좀 더 여유로워지고 영토와 국가의 부를 잘 지켜 나갈 것이란 것이 표면상의 이유였다.

○ 그러나 귀족들이 기성세력을 형성하고 있는 로마에서는 평민들의 영향력을 키울 수가 없다는 것이 평민들과 호민관들의 속마음이었고, 귀족들도 같은 이유에서 반대했다. 귀족들은 호민관들이 제안한 법안은 도시의 분리가 아니라 파멸을 의미한다고 주장했고, 속으로는 도시의 분할로 자신들의 기득권이 와해될 수도 있다고 생각했다. 그들은 베이이와의 전투에서 승장이 되어 당시 최고의 명성을 누리고 있던 마르쿠스 푸리우스 카밀루스(Marcus Furius Camillus)를 찾아갔다. 카밀루스 또한 도시의 분할에 반대하는 입장이어서 법안이 통과되는 것을 막았다. 그러자 평민들은 전쟁에서의 카밀루스의 공로에도 불구하고 그를 미워하기 시작했다.

○ 그러나 그전부터 평민들은 카밀루스를 싫어했는데, 그 이유는 베이이와의 전쟁에서 획득한 전리품의 분배에 대한 약속 때문이었다. 카밀루스는 베이이를 공략하기 전, 만약 베이이를 굴복시킨다면 거기서 얻은 전리품의 1/10을 델포이의 신전에 바치겠다고 공언한 적이 있었다. 그러나 베이이의 공략에 성공하여 도시를 무자비하게 약탈한 후에도 어찌 된 일인지 그는 병사들이 전리품을 모두 가지도록 내버려 두고 말았다. 카밀루스가 약속을 저버리고 그렇게 내버려 둔 것이 약탈에 제한을 두면 병사들로부터 불평이 터져 나올 것을 두려워하여서인지, 아니면 약속을 깜박 잊어버렸는지 모를 일이었다.

○ 여러 사람들이 전리품의 처리에서 카밀루스가 정의롭지 못하게 처신했다고 말했으며, 예언자들까지도 희생 제물로 점을 친 바에 따르면, 신들이 매우 노여워하고 있으므로 신과의 약속을 지켜야만 한다

고 말했다. 곤란해진 카밀루스는 터무니없게도 자신이 델포이 신전에 십분의 일을 봉헌하겠다고 맹세한 사실을 잊어버렸다고 둘러댔다. 결국 원로원은 매우 복잡해질 수도 있는 전리품의 재분배를 포기하고 대신 전리품을 획득한 사람들이 양심의 소리에 귀를 기울이고 자신이 취한 것의 1/10을 자발적으로 국고에 바치도록 결정했다. 그러나 병사들은 거의가 가난했고 전리품의 대부분을 이미 써 버렸기에 불만이 터져 나올 수밖에 없었다. 병사들은 분노로 가득 찼지만, 그럼에도 불구하고 자신이 내야 할 몫의 제물을 가져왔고 이것으로 거대한 황금 그릇을 만들어 델포이로 보낼 것을 결정했다.

○ 그런데 문제가 생겼다. 당시 로마에는 금을 구하기가 어려웠기에 헌납된 재물을 금으로 바꿀 수가 없었던 것이다. 그러자 로마의 여인들

| 파르나소스산 중턱에 있는 델포이 신전

—— 로마의 선택과 결정 ① 도시의 창건

은 자신의 몸에 지니고 있던 금 장신구를 자진해서 내놓았고 이로써 문제가 해결되었다. 이에 대해 원로원은 합당한 보답을 해 주었다. 즉 여자가 죽어도 그녀의 죽음에 대한 애도와 생전 업적을 기리는 애도의 연설을 해 주기로 결의한 것이다.

○ 하지만 우여곡절 끝에 마련된 제물은 델포이의 아폴로 신전에 바치기 위해 배로 운반하다가 시킬리아 해적들에게 납치되고 말았다. 배와 선원들은 해적 두목인 티마시테우스 앞에 가게 되었다. 티마시테우스는 그 물건이 어디에 쓰일 것이며 누가 보내고 어디로 갈 것인가를 자세히 물은 후 그런 제물을 강탈하는 것은 신성모독임을 부하들에게 알리며 다시 돌려주었고, 제물은 무사히 델포이 신전에 봉헌될 수 있었다. 그때가 BC 394년이었다.

○ 훗날 카밀루스에 대한 평민들의 분노는 전리품을 강탈했다는 죄목의 고발로 이어졌으며, 고발은 호민관 루키우스 아풀레이우스에 의해 이루어졌다. 에트루리아의 황동 문짝이 카밀루스의 집에서 발견되었다는 것이 이유였다. 카밀루스는 자신과 같은 국가 유공자가 이토록 저속한 혐의에 유죄 판결을 받는다면 로마에서뿐 아니라 적국에서도 웃음거리가 될 것이 분명하므로 막아 달라고 간청했으나, 시민들의 감정은 냉담했다. 결국 분노를 참지 못한 카밀루스는 아내와 자식들에게 작별 인사를 한 뒤 아르데아(Ardea)로 유랑

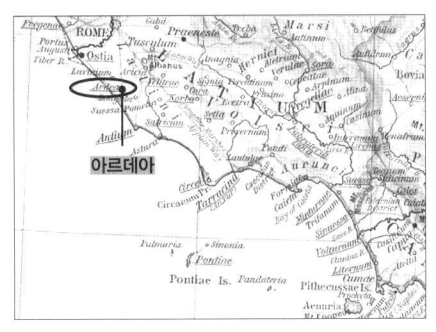

▌ 아르데아

길에 올랐다. 그때 그는 이렇게 신에게 기도했다. "제가 추방당하는 것이 정의의 실현이 아니라 비방으로 인한 것이라면, 부디 비방한 자들이 이를 뉘우치게 하옵고 그들이 저를 필요로 하여 그리워하고 있다는 것을 온 세상에 알리어 주십시오."(註. 그리스 아테네의 아리스테이데스가 도편 추방되었을 때, 그는 하늘을 향해 이렇게 기도했다. "제가 비록 정의롭지 못한 이유로 추방되었으나, 아테네 사람들이 저를 그리워하게 만들 그 어떤 위험도 닥치지 않게 해 주시옵소서." 누가 더 거룩하고 인간의 감성을 뛰어넘는 고귀한 정신을 가졌는지 알 수 있는 대목이다. 하지만 아테네인 중에서도 알키비아데스는 정적들에게 모함을 받자 적국인 스파르타로 도망하여 이적 행위를 했는데, 이러한 차이점은 아리스테이테스는 추방형에 처해진 반면에 알키비아데스는 사형 선고를 받았기 때문이다. 알키비아데스는 자신의 이적 행위를 이렇게 옹호했다. "진정한 애국자란 조국에서 부당하게 쫓겨났으면 악한 무리의 수중에 붙잡혀 있는 조국을 수단과 방법을 가리지 않고 되찾는 사람입니다.") 유랑길을 떠난 카밀루스는 결석재판을 받아 1만 마리의 당나귀를 납부해야 하는 막대한 벌금이 부과되었지만, 훗날 갈리아족이 로마를 침입했을 때 그만한 장군이 없어 다시 복권되었으니 신이 그의 기도를 들어준 셈이었다.

| 마음에 새기는 말 |

때로는 헛된 미신에 빠지기도 하고 때로는 신들을 업신여기고 무시하기도 하는 것은 인간 본성의 나약함 때문이다.

– 베이이 공략에 성공한 카밀루스가 유노의 신상에 제의를 드릴 때

신상이 낮은 목소리로 말을 했다고 주장했다. 이것을 너무 믿거나 무조건 불신하는 극단으로 치우치는 것을 경계하면서.

❋ 갈리아인들의 로마 침공(BC 390년)

≪인간의 도리와 원칙을 짓밟고 갈리아인들을 조롱했던 로마 사절단은 스스로 재앙을 불러들였다. 로마의 귀족이 평화를 주선하러 왔다가 선전 포고의 규칙을 무시하고 에트루리아의 클루시움과 한편이 되어 갈리아족을 공격한 것은 당시의 관습으로는 규칙 위반이었다.≫

○ 이탈리아 반도의 북쪽에는 갈리아인들이 살고 있었다. 갈리아인은 대개의 야만족들이 그렇듯이 개인적인 용기가 탁월했고 제멋대로의 기질을 지녔다. 그들은 두뇌가 좋고 민첩하지만 인내심이 부족하고 규율에 강한 반발심을 가지며, 끊임없이 싸움을 벌였는데 이 모두는 허영심에 비롯되었다. 이들은 체구가 크지만 근육질은 아니었으며 긴 머리카락과 덥수룩한 수염, 전투 중에 찢어진 옷을 얼룩덜룩하게 기워 입었고, 목에는 굵은 금목걸이를 둘렀다. 쉽게 설명하자면 갈리아인들은 훌륭한 군인의 자질을 지녔으나 형편없는 시민의 자질도 동시에 지니고 있었던 종족이었다.
○ 그중 한 부족이 늘어난 인구로 새로운 정착지를 향해 이동하게 되었

타르퀴니아시에 있는 에트루리아의 무덤 벽화 : 연회 정경

다. 그들은 따뜻한 땅과 포도주의 달콤한 맛을 즐길 수 있는 지역을 향해 알프스를 넘어 이탈리아 반도로 물밀듯이 쳐들어왔다.(註. 갈리아인들이 포도주의 유혹 때문에 전쟁의 위험을 무릅쓰고 이탈리아 반도를 침공했다고 하는 고대 역사가들의 주장은 진실성에 의심이 간다. 다만 이는 당시 이탈리아인들의 포도주에 대한 자부심을 반영한 것이리라. 갈리아인들이 강력한 군사력을 가질 수 있었던 것은 철의 제련 기술이 발달했기 때문이다. 하지만 BC 2~1세기 철학자 포세이도니우스에 따르면 그가 생존할 당시에도 노예 한 명과 약 20ℓ의 포도주를 교환할 만큼 갈리아인들은 이탈리아산 포도주를 좋아하긴 했다.) 갈리아인들은 이제까지 로마인들이 상대했던 에트루리아나 사비니족과는 달랐다. 이들은 포악하고 야만스럽기가 짐승과도 같아서 승리한 후에 패전국을 동맹국으로 조약을 맺는 로마의 방식을 생각할 수조차 없었다. 강력하고 번

영을 자랑하던 에트루리아도 갈리아의 무자비한 검과 난폭한 야만성 앞에 그들의 풍요로운 초원과 산하 그리고 삶과 생명은 바람 앞의 등불이 되었다.

○ 갈리아족이 에트루리아 도시 클루시움을 포위하여 공격할 무렵, 에트루리아는 그들을 도저히 당할 수 없다는 판단에 신흥 도시 국가로 성장을 거듭하던 로마에게 도움을 요청하기에 이르렀다. 한때 막강한 군사력으로 로마를 침공했던 클루시움도 이제는 쇠퇴하여 북방 야만족의 칼날을 막아 내지 못하고 자신들을 대신하여 로마에게 갈리아인들과의 평화 협상을 부탁한 것이다. 로마에서는 유력한 파비우스 집안의 사람들을 사절단으로 임명하고 에트루리아의 위기를 평화적으로 해결할 것을 명령했다.

○ 로마의 명성을 익히 알고 있던 갈리아 족장 브렌누스(Brennus)는 로마의 사절단을 공손히 맞으면서 회담에 응했다. 사절단은 브렌누스에게 클루시움이 무엇을 잘못했기에 이렇듯 공격하느냐고 물었다. 브렌누스는 너털웃음을 터뜨리며 말했다. "클루시움의 잘못은 너무 크고 과분한 영토를 차지하고 있음에도 우리와 나누지 않는다는 것이오. 로마의 경우에도 이러한 잘못을 저지른 도시들을 정복한 바가 있습니다. 알바, 피데나이, 아르데아, 베이이, 카페나가 그러했지요. 약한 자가 강한 자에게 가진 것을 양보하는 법칙은 신으로부터 시작해서 죽어야 하는 운명을 가진 모든 생명체가 따르는 것이 아니겠습니까? 그러니 클루시움에 대한 동정을 접어 두십시오. 만약 이러한 로마의 동정을 우리가 배워서 로마의 전쟁 상대에게 똑같이 베푼다면 어찌하실 작정이십니까?"

○ 사절단은 브렌누스의 이 말을 듣고 아무런 합의에도 도달할 수 없을

것이라고 생각하고 다시 클루시움으로 돌아갔다. 그러나 사절단이었던 파비우스 집안의 남자들은 그곳에서 주제 넘는, 다시 말해 당시 규칙으로서는 해서 안 될 일을 하고 말았다. 그러함이 자신들의 용맹함을 보이려고 했던 것인지, 아니면 진정한 동정심을 발휘하여 이웃을 위기로부터 구해 내려는 것인지는 몰라도 클루시움 주민들에게 갈리아와 싸울 것을 부추겼던 것이다. 결국 갈리아 사람들과 클루시움 시민들 간에 전투가 벌어졌고, 파비우스 집안의 사절단들도 전투에 참가했다. 하지만 갈리아 족장 브렌누스와의 격투 끝에 패배한 파비우스 집안의 퀸투스 암부스투스가 생포되고 말았다. 브렌누스는 자신이 제압한 적장이 누군지 처음에는 몰랐으나, 갑옷과 투구를 벗긴 후 그가 로마의 사절단으로 온 자임을 알았다.

○ 브렌누스는 격노하며 소리쳤다. "사람이라면 의당 따라야 할 정의와 도리가 있거늘 이자는 전쟁의 원칙을 거스르고 평화 사절로 와서는 적으로 둔갑했다!" 브렌누스는 클루시움과의 전투를 즉시 내팽개치고, 분노한 그의 군대에게 말머리를 로마로 돌리게 했다. 이로써 로마는 3만 명에 달하는 막강한 적의 공격 앞에 무방비로 노출되었다.

○ 그러면서도 브렌누스는 자신들이 단지 전쟁의 구실을 만들었을 뿐이라는 인상을 주고 싶지 않았다. 그래서 그는 사로잡힌 암부스투스를 로마로 먼저 보내어 신의를 배반한 자에 대한 적절한 처벌을 요구했다. 이에 대해 로마의 원로원과 사제들이 정의의 원칙을 위반한 암부스투스를 처벌하자고 주장했지만, 시민들은 동정심에서인지 아니면 오만함 때문인지 가당치 않게도 오히려 암부스투스와 그의 형제를 군사 호민관에 임명했다. 이 소식을 들은 갈리아 족장 브렌누스는 격분했고, 이제 로마와 갈리아의 전쟁은 피할 길이 없게 되었다. 이 같

은 태도로 보면 어찌 야만족인 갈리아의 도덕과 배려가 문명국이라고 자처하는 로마인보다 못하다고 할 수 있겠는가?

| 마음에 새기는 말 |

피해를 입은 사람이 피해가 거듭될 때에는 모든 위험과 해악까지도 무릅쓰면서 복수를 결심하게 된다. 따라서 통치자는 결코 사람들을 과소평가해서는 안 된다.

- 정복왕 알렉산드로스 3세의 아버지인 마케도니아 왕 필립포스 2세는 파우사니아스라는 귀족 출신의 잘생긴 젊은이를 자신의 궁전에 두었다. 그런데 필립포스의 측근 중 아탈로스란 자가 이 젊은이에게 홀딱 반해 구애를 했다.(註. 당시 그리스에서는 동성애가 흔하게 행해졌다. 아탈로스는 필립포스가 새로 장가든 신부의 삼촌이었다.) 아탈로스는 여러 번 설득하고 애원했으나 파우사니아스는 꿈쩍도 하지 않았다. 애정에 눈이 멀고 만 아탈로스는 계략과 폭력을 사용해서라도 자신의 손에 사랑을 넣으려고 마음먹었다.

  그래서 그는 파우사니아스를 비롯한 귀족들을 초대하여 성대한 연회를 베풀고서는 취기가 돌자 연회의 혼잡을 틈타 파우사니아스를 붙잡아 묶어 놓고 감금했다. 그러고서는 자신의 정욕을 채웠을 뿐 아니라, 파우사니아스에게 더욱 커다란 불명예를 안기기 위해 욕망을 느끼고 있는 다른 사람에게도 그를 능욕하게 했다.

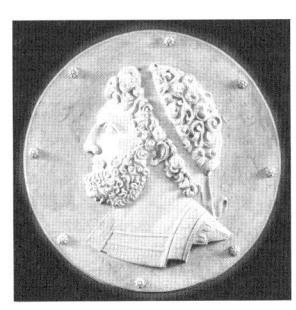

▌ 필립포스 2세

  파우사니아스는 이런 일을

당하고 나자 필립포스 왕에게 사실을 고한 후 죄를 저지른 자에게 엄한 벌을 주도록 간청했다. 그러나 필립포스는 아탈로스에게 벌을 주기는커녕 도리어 지방 총독으로 영전을 시켰다. 자신에게 치욕을 준 자가 처벌을 받지 않고 오히려 명예를 얻게 되자, 파우사니아스의 분노와 복수는 필립포스를 향했다.

필립포스의 딸이 에페이로스 왕 알렉산드로스와 결혼식을 올리던 날이었다.(註. 에페이로스 왕 알렉산드로스는 필립포스의 동생이자 사위였다. 그는 훗날 인도 북부까지 침공하여 대제국을 건설한 필립포스 2세의 아들 알렉산드로스 3세와 이름이 같았다.) 필립포스가 신에게 기도를 드리기 위해 수많은 호위병에 둘러싸인 채 사위와 아들 사이에서 신전으로 걸어가고 있을 때, 파우사니아스는 이때를 놓치지 않고 필립포스를 살해했다. 그러자 마케도니아와의 전쟁에서 패배하여 필립포스의 손아귀에 쥐어 있던 아테네는 기쁨을 터뜨리며 파우사니아스에게 감사하다는 의미로 관을 수여하기로 결정했다.(註. 2006년 지방선거 유세 중 어느 과격한 자가 박근혜에게 다가갔다. 그자는 면도칼로 박근혜의 오른쪽 얼굴을 그어 버렸다. 그자가 무슨 부당함을 당했는지는 알 수 없으나 이렇듯 하찮은 사람도 최고의 지위에 있는 사람에게 피해를 입힐 수 있거늘 파우사니아스는 귀족이었고 궁궐의 신하였다.)

※ 브렌누스(Brennus)의 규칙과 카밀루스(Camillus)의 원칙

≪갈리아의 브렌누스가 로마에게 평화를 돌려주는 대가로 황금을 요구했지만, 로마의 독재관 카밀루스는 그가 권한 없는 자와 협약을

맺었으므로 무효라고 주장했다. 이처럼 갈리아의 기준과 로마의 원칙이 서로 달랐지만, 힘이 곧 정당성을 대변한다는 점에서는 두 사람의 생각이 일치했다.≫

○ 갈리아의 침공을 맞아 로마의 방어는 허술하기 짝이 없었다. 로마 시민들은 창과 검을 들고 적과 마주하는 것조차도 꾸물거리다가 로마로부터 18㎞ 정도 떨어진 알리아강에서 겨우 갈리아 병사들과 맞설 수 있었다. 갈리아 병사들은 거의 3만 명에 이르렀으며, 이제까지 한 번도 본 적이 없는 무서운 적이었다. 그들은 큰 키와 커다란 체구 그리고 단단하게 벼린 철제 검을 자유자재로 이용하여 위에서 내리치는 힘이 가히 위협적이었다. 그들과 맞붙는 로마군은 4만 명이어서 수적으로는 부족하지 않았으나 훈련도 제대로 되지 않은 신병들이 대다수였다. 로마군은 전투가 벌어지기 전에 의당 치러야 할 신성한 의식도 행하지 않은 채 느슨하고 허약한 규율과 전의로 전투가 시작되자마자 패배하여 모두 베이이와 로마로 도망쳤고, 강으로 뛰어들었던 병사들은 갑옷과 무기의 무게를 견디지 못하고 물에 빠져 수장되고 말았다. 그 이후 알리아강 전투에서 패배한 7월 18일은 로마의 달력에서 불길한 날(디에스 아테르dies ater)로 표기되었다.

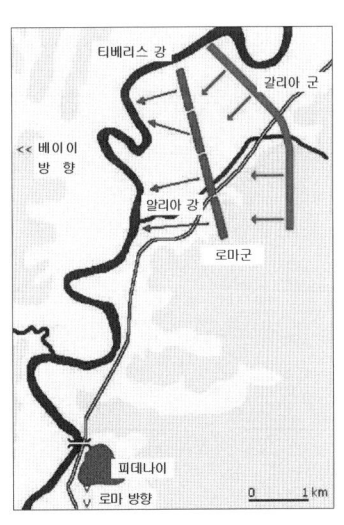

┃ 알리아 강변의 전투

○ 알리아강 전투 이후 3일 만에 로마의 성문에 다다른 갈리아 병사들은 성문이 열려 있고 수비병조차 보이지 않자, 이는 어떤 함정이 있는 것으로 생각하고 하루 낮과 밤을 성내로 들어가지 않고 기다렸다. 그들은 로마인의 가슴속에 자신들이 태어난 도시를 헌신짝처럼 버릴 정도의 비겁함과 경솔함이 있다고는 생각하지 못했기 때문이다. 실상은 도망치기에 바빴던 로마군이 성문조차 걸어 잠그지도 않고 적이 성문 안으로 들어오는 것을 방치했던 것이다.

○ 그러나 일부의 로마 병사들은 카피톨리움에 모여서 농성전을 벌일 준비를 했다. 노약자와 부녀자를 모두 다른 도시로 대피시키고, 언덕에는 갈리아군의 공격에 버틸 수 있는 식량을 비축해 두었다. 다만 나이 많은 귀족들은 죽고 사는 것을 로마와 함께하겠노라며 피신하기를 거부하고 예복 차림으로 자신의 집 문밖에 앉아 있었다. 이들 노인들이 죽음을 피하지 않은 것은 애국심의 발로이기도 했지만 완고함 때문이기도 했다. 하기야 훗날 마르쿠스 아우렐리우스 황제의 수사학 스승인 헤로데스 아티코스는 황제 앞에서 재판을 받는 중에 화가 나서 황제에게 대들며 비난을 퍼붓고 있을 때 근위대장이 검을 빼들고 다가서자 이렇게 한마디 남기고 재판정을 떠났다고 한다. "나이 든 사람은 두려움이 적은 법이거늘!"

○ 로마 시내로 쳐들어온 갈리아 병사들은 정중한 예복 차림으로 앉아 있는 노인들을 보자, 그들의 표정이 근엄하고 쉽게 접근할 수 없는 존재로 느껴져 두려움을 가지고 공손한 태도로 대했다. 그러다가 한 병사가 마르쿠스 파피리우스의 수염을 쓰다듬자 파피리우스는 손에 들고 있던 상아봉으로 무례한 갈리아 병사를 내리쳤다. 이에 격분한 병사는 파피리우스를 살해했고, 그것을 시작으로 앉아 있던 다른 모

든 귀족 노인들도 살해당하고 말았다. 그다음부터 갈리아군은 거칠 것 없이 로마를 약탈하고 사람들을 보이는 족족 죽였으며 집들을 불살랐다.

○ 카피톨리움에서 농성 중이던 로마군을 공격하기 위해 언덕을 포위하고 7개월간이나 공성전을 벌이던 갈리아군은 탁한 공기와 뜨거운 햇볕 아래 체력이 소진되었고 추위가 다가오면서 기후 변동으로 수많은 병사자가 발생되었다. 대부분의 야만족들이 그러하듯 갈리아족도 공성전에는 취약해서 어떻게 해 볼 도리가 없었다. 그렇다고 로마군의 사정이 좋아진 것도 아니었다. 굶주림은 더욱 심해졌고, 공금 횡령죄로 사실상 추방되어 유랑 생활을 하고 있다가 국가의 위기를 맞이하여 다시금 독재관으로 임명된 유능한 로마 장군 카밀루스가 어찌하고 있는지 알 수도 없었기에 더욱 좌절했다. 게다가 갈리아족을 이끌고 있는 브렌누스에게는 베네티족이 포강(註. 당시 명칭 '파두스강') 계곡에 있는 자기 부족의 영토를 침공했다는 소식이 들려왔다.(註. 브렌누스가 끌고 온 갈리아족은 세노네스족이며, 베네티족도 갈리아족의 한 갈래다. 당시 갈리아족들은 자기들끼리 분쟁이 심했다.)

○ 서로 간에 고통 속에서 나날을 보내던 양측의 병사들은 협상의 자리를 마련하게 되었다. 로마 측에서는 군사 호민관 술피키우스가 나왔고, 갈리아 측에서는 부족장 브렌누스가 협상의 자리에 나왔다. 브렌누스는 로마가 황금 천 리브라(註. 1리브라는 327.45g)를 준다면 병사들을 로마에서 철수시키겠다고 제안했다. 로마는 어쩔 수 없이 브렌누스의 제안을 받아들이기로 서약하고서, 황금을 가지고 나와 양측의 병사들 앞에서 무게를 재기 시작했다. 그러나 갈리아 병사들은 처음에는 은밀하게 나중에는 드러내 놓고 저울의 균형을 속였다. 로

마인들이 이에 격분하며 따지자, 브렌누스는 비웃으며 자신의 검과 허리띠를 비롯해 온갖 것들을 천칭저울에 올려놓았다. 이를 보고 있던 로마의 술피키우스가 "대체 무슨 짓입니까?"라며 따졌다. 그러자 브렌누스는 후세까지 남기는 유명한 말로 즉답했다. "무슨 짓이겠소? 패한 자란 가엾은 거지!(바이 빅티스!Vae victis!)"

○ 이렇게 되자 로마 시민들은 이 협상을 없었던 것으로 하자며 격분했다. 하지만 냉정한 시민들은 황금으로 평화를 산다는 것부터가 치욕인 만큼 황금을 좀 더 준다고 해서 달라지는 것이 없다고 말하면서 그들의 분노한 마음을 달랬다. 그리고 황금을 내주며 치욕을 참는 것은 위급한 상황이므로 어쩔 수 없는 것이라고 서로를 다독거렸다.

○ 이처럼 로마 시민들과 갈리아인들 사이에 옥신각신하고 있을 즈음에 독재관 카밀루스가 병사들을 이끌고 성문 안에서 벌어지고 있는 협상의 자리에 왔다. 카밀루스가 가까이 다가오자 로마 시민들은 독재관을 존중한다는 표시로 침묵을 지키며 길을 터 주었다. 무슨 협상이 진행 중인지 상황을 알게 된 카밀루스는 저울에 놓여 있던 황금을 들어 올려 부하들에게 주고, 갈리아인들에게는 저울을 들고 꺼지라고 소리쳤다. 그러고는 황금이 아닌 창검으로 로마를 구할 것이라고 덧붙였다.

○ 카밀루스의 이러한 태두에 브렌누스가 분노하며 서약한 협약을 파기하는 것은 자신을 욕되게 하는 것이니 용서할 수 없다고 선언했다. 그러자 카밀루스는 그 협약은 법적으로 흠결이 있으므로 구속력이 없다고 대꾸했다. 왜냐하면 자신이 독재관으로 임명된 상황이고, 법적인 지배자는 오직 자신뿐이기 때문이라는 주장이었다. 즉 브렌누스가 아무런 권한이 없는 자와 협약한 것이라고 말한 것이다.

○ 이렇듯 카밀루스가 독재관이 되어 로마 성문 안에서 벌어지는 협상 장소에 정확한 시점에 나타나 대단한 용기와 담대함을 보여 주었다는 이 이야기를 쉽게 믿을 수 있는 것은 아니지만, 전해 내려오는 로마 영웅 카밀루스의 이야기는 야만족에게 패배한 로마 시민들의 쓰라린 마음을 어루만져 주기에 충분했다. 다만 카밀루스와 브렌

「카밀루스와 브렌누스」, 폴리도로 칼다라 作

누스의 전투에 관하여 역사서에 기록된 것이 없는 것으로 보면 둘 간에는 승부를 겨루지 못했고, 갈리아족은 카밀루스가 로마에 도착하기 전에 전리품을 챙겨 그들의 고향으로 돌아간 것이 틀림없다.

○ 이 당시 로마를 침공한 갈리아인들은 세노네스족의 일파로 이탈리아 반도 북부에 거주했다. 훗날 BC 284년 이들은 로마와 에트루리아의 싸움에 말려들었다. 처음에 그들은 에트루리아의 용병으로 참전하여 큰 승리를 거두었다. 그러자 로마는 사절단을 보내 세노네스족은 로마의 동맹국이니 용병을 파견하지 말라고 요청했지만, 오히려 부족장 브리토마리스는 지난번 로마에게 패전하여 부친이 죽고 어쩔 수 없이 로마의 동맹국이 된 것이니 이제 복수를 하고 있는 중이라며, 외교의 규칙을 짓밟고 로마 사절단을 참수하는 짓을 저질렀다. 이에 로마는 강력한 군대를 세노네스 영토로 보내 부족민들을 학살하고 추방시켜 이탈리아의 민족에서 세노네스란 이름을 완전히 지워 버렸

다. 이때가 BC 283년이었다. 살아남은 세노네스 부족민들은 도나우 지역과 마케도니아 그리고 소아시아로 흩어져 살았다.

※ 마르쿠스 만리우스(Marcus Manlius) 재판(BC 384년)

≪나라를 구한 무공도 사회 혼란을 야기한 만리우스의 죄를 감싸주지 못했다. 하지만 명백한 죄인이더라도 그의 금자탑이 빛나는 장소에서 처벌하지 않는 것이 인간의 도리건만, 만리우스의 정적들은 유죄 판결조차 내릴 수 없던 장소에서 그를 처형함으로써 공로와 업적을 범죄로 덮었다.≫

○ 마르쿠스 만리우스는 갈리아인이 카피톨리움을 포위하고 있을 때 적을 물리치는 혁혁한 공을 세웠다. 그의 공훈은 이러했다. 카밀루스에 대한 독재관 승인을 위해 갈리아 병사들에게 포위된 카피톨리움 방벽을 로마 전령이 넘었을 때였다. 로마의 전령은 무사히 카밀루스에게 로마의 뜻을 전할 수 있었으나 다른 문제가 생겼다. 이제껏 카피톨리누스 언덕을 공략하는 방법을 알지 못해 포위만 하고 있던 갈리아 병사들은 로마 전령이 언덕 아래로 내려왔던 길을 눈치채고는 같은 방법으로 방벽을 넘어 야간 기습을 시도했던 것이다.

○ 그러나 그곳에는 소리에 민감한 거위들을 키우고 있어 적이 쳐들어오는 소리에 놀란 거위들이 소리쳐 울면서 로마 수비군은 위기를 알아차렸다. 로마의 수비대는 즉시 잠에서 깨어나 방어에 나섰고, 제

—— 로마의 선택과 결정 ① 도시의 창건

일 먼저 건장하고 대단한 담력을 가진 집정관 만리우스가 이제 막 방벽을 넘어서는 갈리아 병사 두 명을 동시에 상대했다. 그는 적이 손도끼를 들어 올리는 순간 검으로 적의 오른손을 타격했고, 이어서 방패로 적의 얼굴을 밀어 카피톨리움의 절벽 아래로 떨어뜨렸다. 그 사이에 수비대들이 몰려와서는 줄지어 절벽을 타고 올라오는 갈리아군을 물리칠 수 있었다. 만리우스는 이 전투의 공로로 카피톨리누스라는 별칭을 얻게 되었다.

○ 그러나 만리우스의 야망은 로마의 최고 지위를 얻고자 하는 것이었다. 이는 곧 카밀루스의 명예와 지위를 뛰어넘어야만 그의 야망이 이루어질 수 있었지만, 지나온 업적으로 보나 명성과 역량으로 보나 그것은 불가능했다. 결국 그는 시민들의 환심을 사기 위해 수많은 불평불만 분자들을 도와주고 그들의 지지를 얻어 파벌을 형성했다. 그리고 스스로 가난한 민중을 위한 투사임을 자처하면서 채무 때문에 노예 신세가 된 자들을 풀어 주고자 했다. 한번은 어느 용맹한 지휘관이 빚 때문에 감옥에 끌려가게 되었을 때 만리우스는 자신의 토지를 팔아 그 돈으로 그를 석방시킨 일도 있었다. 그러면서 그는 이런 불의가 일어나지 않게 하기 위해서는 자신의 토지를 모두 팔 수 있다고 선언하기도 했다. 만리우스 지지자들은 선동과 과격함으로 집회에서 무모하고 폭력적인 행동과 방법을 자행했으며, 대다수 시민들을 공포로 몰아넣었다.

○ 그러자 만리우스의 반대파들은 똘똘 뭉쳐 이 위험한 개혁자이자 선동자를 제거하려 했다. 마침내 이러한 무질서를 평정하고자 퀸투스 카피톨리누스가 독재관으로 임명되어, 만리우스를 무질서와 폭력의 죄로 감옥에 넣었다. 하지만 만리우스 지지자들의 위협이 끊이질 않

자 원로원은 그를 석방하라고 명령할 수밖에 없었다. 만리우스는 석방된 이후에 자신의 세력을 믿고서는 더욱 반항적이고 선동적이 되었다. 자유의 몸이 된 만리우스는 카밀루스를 중상모략하려는 의도에서 갈리아족의 침입 때 평화의 대가로 그들에게 주려고 했던 금을 중간에서 횡령한 사람이 있다는 소문을 냈다. 만약 횡령된 금을 찾아내어 공공 용도로 사용한다면 시민들의 세금이 줄어들 것이라고도 말했다. 그러자 독재관은 만리우스를 불러 그 횡령자가 누구인지를 물었다. 로마에서 가장 명성이 높고 영향력 있는 카밀루스가 관련된 일이므로 만리우스는 독재관의 질문에 전모를 정확히 밝혀야 했다. 그러나 그는 선동의 결과로 의심을 낳긴 했지만 독재관의 질문에 제대로 대답을 하지 못했다.

○ 시민들은 금을 횡령한 사람을 찾아내기 위해서 만리우스를 옹호했지만, 나중에 이것이 단순한 중상모략을 하기 위한 거짓이란 사실을 알고서는 엄정한 재판관의 자세가 되어 주저 없이 그를 버리고 말았다. 그뿐만 아니라 친척들과 가족 그리고 귀족들과 손잡기를 꺼려하는 호민관마저 만리우스에게 등을 돌렸다. 이런 혼란 속에 카밀루스가 군사 호민관으로 다시 임명되면서, 만리우스는 시민들을 선동하고 명예로운 자를 비방했다는 죄목으로 투옥되고 재판에 회부되었다.

○ 재판이 열렸던 포룸은 만리우스가 공을 세운 카피톨리움이 바로 그 지점이 아주 잘 보이는 곳이었다. 만리우스는 그 점을 한껏 이용했다. 그는 자신이 나라를 위기에서 구출했던 그곳을 향해 두 팔을 뻗은 채 울먹이며 자신의 명예로운 승리를 기억해 달라고 호소했다. 만리우스의 눈물과 호소는 먹혀들었다. 재판정에 참석한 청중들은 구국 영웅 만리우스를 재판하는 짓을 멈추라고 소리쳤다. 결국 죄의 증

거가 명백했지만, 온 세상이 그의 빛나는 업적을 지켜볼 수 있는 장소였던 만큼 재판관이 법에 의해 그를 단죄할 수 있는 상황이 아니었다. 카밀루스는 이 상황을 납득하고 재판정을 카피톨리움이 보이지 않는 페텔리누스 숲으로 옮겼고, 그제야 기소자는 그곳에서 고발장을 읽을 수 있었다. 재판관들도 피고의 업적보다는 그가 저지른 범죄에 대해 분노할 수 있는 분위기가 되었다.

○ 그리하여 만리우스는 유죄 판결을 받았고, 그가 전투에서 적을 떨어뜨려 죽였던 바로 그 카피톨리움의 절벽 아래에 내던져지는 방식으로 처형을 당했다. 동일한 지점이 한 사내의 가장 큰 행운과 가장 큰 불행을 모두 기념하는 자리가 되고 만 것이다. 로마인들은 이것으로 그치질 않고 카피톨리움에 있던 만리우스의 집을 완전히 밀어 버리고 그곳에 유노 여신(註. 그리스 신의 '헤라'에 해당)에게 헌정된 모네타 신전을 건립했다.(註. 거위의 소리로 국가 위기를 벗어난 것이 유노 여신의 도움이라 믿고서 '충고' 또는 '알림'의 신전이란 의미가 있는 모네타 신전을 건립한 것이다. 훗날 모네타 신전 옆에 화폐 주조소가 생기자 모네타가 '화폐'를 뜻하게 되었다. 라틴어 '모네타moneta'는 영어 '머니money'의 어원이다.) 그리고 앞으로는 그 누구도 카피톨리움에 집을 세우지 못하도록 정했다.

○ 역사가 리비우스는 이렇게 기록을 남겼다. "시민들은 만리우스로부터 더 이상 위험을 느끼지 않자 그를 죽인 것을 후회하고 추모하기 시작했다." 만리우스의 죽음으로 그의 운명이 더 이상 뒤바뀔 수 없는 상황에 이르자, 그제야 시민들은 조국을 구한 사내가 무자비한 형리의 손에 죽어 가는 것을 묵묵히 지켜보았던 자신들의 가혹함을 뉘우치게 되었던 것이다.

인간이란 일반적인 사항에 대해서는 곧잘 자기 기만에 빠지지만, 개별적인
사항에 대해서는 잘 속지 않는다.

_ 마키아벨리

– 로마의 평민 계층에 속한 사람들은 자신들이 전쟁에서 더 큰 위험
을 감수하며 로마의 자유와 강성함의 근간을 이루고 있다고 생각
했다. 그래서 그들은 투쟁을 통해서라도 국가 권력이 귀족이 아니
라 자신들이 장악해야겠다고 결심하며, BC 444년 결국에는 집정
관직 대신에 6명의 집정관 권한을 지닌 군사 호민관을 두어 귀족과
평민 모두에게 개방했다. 그러나 군사 호민관을 선출하기 위해 사
람들을 개별적으로 판단해야 할 시점에 이르자, 평민들은 자신들
중 어느 누구도 적임자가 없다는 것을 깨닫고 급기야 평민을 제외
하고 귀족 계급에서만 3명의 군사 호민관을 뽑고 말았던 사실에 대
하여.

※ 로마 재건(BC 380년)

≪갈리아인들의 침략으로 두시 전체가 폐허가 되고, 로마 시민들이
가지고 있던 얼마 안 되는 재산마저도 전쟁 통에 모두 날려 버리자,
그들은 상처투성이가 된 몸과 마음을 치유하기 위해 휴식이 필요했
다. 그럼에도 로마 지도층은 도시 재건을 추진하자며 열정적으로 시
민들을 설득했고, 마침내 신들과 로물루스가 정한 신성하고 거룩한
도시 로마를 버리지 않고 재건하기로 합의했다.≫

○ 갈리아인들의 침입으로 도시가 완전히 파괴되고 황폐해지자, 수많은 로마 시민들은 법과 원로원의 명령을 어기고 베이이로 이주했다. 그러자 원로원은 법령을 내려 로마를 떠난 사람들이 정해진 기간 내에 되돌아오지 않으면 처벌하겠다고 선포했다. 처음에는 이 법이 여러 사람들의 비웃음거리가 되었으나, 정해진 기일이 다가오자 법의 권위와 처벌의 두려움에 압도되어 모두들 복종하고 말았다. 로마의 역사가 리비우스는 이 사건을 다음과 같이 표현했다. "그들은 함께 있을 때는 대담했지만, 각자의 개별적인 두려움으로 인해 순순히 굴복했다." 즉 대중은 원로원의 결정을 비난하는 데는 대담하고 노골적이었지만, 정작 처벌이 닥치게 되자 서로를 믿지 못하고 복종했음을 지적한 것이다.

○ 그러나 로마로 되돌아온 시민들은 완전히 파괴된 도시 전체를 다시 건립해야 하는 일이 남았으므로 일의 규모에 짓눌려 절망했다. 더군다나 그들은 빈털터리가 되었고 고통에 시달린 후였으며, 물자도 여력도 없는 상황에서 도시를 재건한다는 것은 가혹한 일이었다. 시민들은 자연스럽게 또다시 베이이로의 수도 이전을 생각했다. 왜냐하면 베이이에는 필요한 것이 모두 온전하게 갖추어져 있었기 때문이다.

○ 시민들의 이런 불만에 편승한 선동가들은 기회를 놓치지 않았다. 그들은 카밀루스가 시민들을 수용할 완벽한 도시가 있는 데도 이를 막고 있다고 비난했다. 거대한 폐허가 되어 버린 로마를 재건하도록 가난뱅이가 된 시민들을 몰아세우고 있다고 주장했다. 또한 카밀루스는 오직 자신의 야망과 명성만을 생각하며, 로마의 지도자이자 장군만으로는 부족하여 로물루스와 같은 왕이 되려는 야심을 품고 있다고 비방했다.

○ 이 같은 혼란이 염려스럽고 또 다른 불행으로 이어지지 않을까 불안했던 원로원은 임기가 6개월인 독재관을 1년으로 연장시켜 카밀루스에게 로마 재건을 지휘하도록 결정했다. 그리고 시민들에게는 말로 설득하면서 그들의 마음을 달래어 바꾸려고 노력했다. 조상들을 모신 묘소, 사당, 성소들을 보호해야 하고, 갈리아의 침입 때에 꺼진 불을 이제야 새로 점화시킨 베스타 신전을 지켜야 하지 않겠느냐고 설득했다.(註. 베스타 신전의 불은 꺼지지 않았더라도 매년 3월 1일 새로 점화했다.) 만약 로마를 버린다면 이 도시는 이방인의 차지가 되든지 폐허인 채로 짐승들의 차지가 되고 말 것이며, 그렇게 되면 그처럼 불명예스런 일은 없을 것이라고도 말했다.

○ 그러나 시민들은 자신들의 무력함을 한탄하면서 배가 난파되어 가까스로 목숨만 건진 빈털터리와 같다고 비유했다. 그러니 제발 폐허가 되어 버린 도시에 살라고 강요하지 말고 다른 도시에서 살 수 있도록 선처해 달라고 눈물로써 호소했다. 시민들의 뜻이 이러하자 카밀루스는 민회에서 이 문제를 논의하고 결정해야 한다고 생각하기에 이르렀다. 그러면서 카밀루스 자신은 긴 연설을 통해 우리 모두의 고향인 로마를 지켜야 한다고 역설했다. 관례에 따라 첫 번째 표를 던지게 되어 있던 루크레티우스도 깊은 경외심을 보이며 말하기를, 신들의 뜻은 로마를 재건하는 것임을 강조했다. 다른 의원들도 차례로 루크레티우스를 따르자, 마침내 시민들의 마음도 기울기 시작했다.

○ 그제야 시민들은 서로를 격려하며 도시를 재건하기 위해 일을 시작하고 불타 버린 집을 다시 짓기 시작했다. 다만 질서정연한 도시계획 없이 편리한 대로 그리고 마음 가는 대로 도시를 재건하다 보니, 로마는 복잡하고 좁은 골목을 형성하게 되었고 집들은 미로 속에 늘어

서게 되었다.

○ 공화정 말기까지도 로마시의 외관은 세계의 수도에 걸맞지 않게 볼품없이 초라했다. 심지어 키케로는 로마가 이탈리아의 지방 도시 카푸아만도 못하다며 한탄할 정도였지만, 훗날 아우구스투스가 로마를 화려하게 장식하여 그의 말대로 벽돌의 도시를 대리석의 도시로 탈바꿈시켰다. 카이사르가 로마의 장식과 정비 그리고 확장에 대해 야심 찬 계획을 수립했지만 갑작스런 피살로 실행에 옮길 수 없었던 것을 재위 기간만 해도 40년이 넘었던 아우구스투스가 이를 구상하고 실행할 충분한 시간이 있었기 때문이다.

✸ 집정관직 개방(BC 367년)과 카밀루스의 무기 개량

≪전쟁의 소용돌이와 공포는 마침내 국가 최고 행정관인 집정관직을 평민에게 개방시킬 수 있는 여건을 갖추게 했다. 이처럼 커다란 변화란 고통과 위험 속에서 잉태되기 마련이다.

유능한 장군이란 전략과 전술로만으로 적과 싸우는 것이 아니라, 아군이 보유한 전투 장비의 단점을 이해하고, 이를 극복할 수 있는 무기를 만들어 내는 법이다. 카밀루스는 갈리아군의 공포스런 검을 견딜 수 있는 투구와 방패를 고안하고 이를 전술에 혼합하여 승리를 거머쥐었다.≫

○ 두 명의 집정관 중에 한 명을 평민 중에서 선출하자는 의견으로 귀족

과 평민 간에 옥신각신하며 분란이 야기되고 있을 때였다. 갈리아인들이 또다시 아드리아해에 배를 띄워 이탈리아를 침공한다는 소식이 들려왔다. 멀리 떨어진 로마의 관할 구역과 동맹국들은 갈리아인들에 의해 쉽사리 짓밟혔고, 주민들은 산속으로 뿔뿔이 흩어졌다. 이러한 전쟁의 소용돌이와 공포는 평민 집정관을 뽑아야 한다는 평민과 이를 반대하는 원로원 귀족들과의 분란을 멈추게 하였고, 시민과 원로원 모두가 단결하게 했다.

○ 로마는 다시 한 번 카밀루스를 독재관으로 선출하여 국가의 모든 권력과 힘을 집중시켰다. 이로써 카밀루스는 다섯 번째로 독재관에 임명되었다.(註. 카밀루스는 전부 다섯 번 독재관에 임명되었다. 첫 번째는 팔레리이 · 카페나 · 베이이의 공략 때였고, 두 번째는 갈리아족의 침략으로 로마가 약탈되고 카피톨리움이 포위되었을 때였으며, 세 번째는 아이퀴족 · 볼스키족 · 라틴족이 로마 영토로 쳐들어오고 에트루리아까지 로마의 동맹국인 수트리움을 침공해 왔을 때였고, 네 번째는 평민 집정관 선출 문제로 로마가 혼란스러워졌을 때였다.) 이번에는 조국에 닥친 위험을 깨달은 바, 카밀루스는 핑계나 조건을 달지 않고 즉시 지휘권을 발동하여 병사들을 소집했다.

○ 카밀루스는 갈리아군의 전투력이 그들의 강력한 검에 있다는 것을 알았다. 그들은 검으로 주로 머리와 어깨를 내려쳐 타격을 주었다. 카밀루스는 이를 방어하기 위해 표면이 매끄러운 무쇠 투구를 새로 만들어 병사들에게 씌웠는데, 무쇠 투구를 검으로 내려치면 검은 미끄러지거나 부러져 버리도록 고안되었다. 또한 나무와 가죽으로만 만든 방패로는 적의 무지막지한 칼끝을 막아 낼 수 없다는 생각에, 방패의 가장자리에 청동을 두르게 하였다. 그러면서 병사들에게는

긴 투창을 이용해 적의 검을 막을 수 있는 방법을 가르치고 훈련을 쌓았다.

○ 마침내 갈리아군과 접전이 벌어졌을 때 로마군은 투창을 던져 적을 맞히기보다는 적의 방패에 꽂히게 했다. 방패를 뚫은 투창은 빼내지 못하도록 창의 끝부분이 고안되어 있어 적들은 무거워진 방패를 버릴 수밖에 없었다. 그때 갈리아군이 검을 빼들고 로마군을 공격했으나, 방패의 청동 부분으로 검의 날을 막아 낼 수 있었다. 로마군이 방패로 검을 막자 담금질이 제대로 되지 않은 갈리아군의 검은 날 부분이 휘어졌고, 계속하여 로마군이 방패로 공격을 받아 내자 검의 전체가 구부러져 버렸다. 로마군은 이때를 놓치지 않고 무기를 들어 맨 앞줄의 갈리아군을 살육했다. 이를 본 뒤쪽의 갈리아군은 사방으로 흩어져 도망갔으나, 이미 전투의 주도권이 로마군에게 넘어갔고, 주요 고지가 로마군에 점령된 이상 자신들의 진영으로 되돌아가지 못한 채 대부분이 무참하게 살해되었다. 이 전투는 카밀루스의 마지막 군사 업적으로 기록되었다.

○ 전쟁에서 승리한 후, 카밀루스는 평민들의 요구를 반영하여 평민 가운데서 집정관을 선출할 수 있도록 독재관의 권한으로 원로원 표결에 부쳤다. 이렇게 하여 선출된 최초의 평민 출신 집정관은 루키우스 섹스티우스 라테라누스였다. 사실 이 법이 통과하기까지 호민관 리키니우스(Gaius Licinius Stolo)와 섹스티우스(Lucius Sextius Lateranus)는 귀족들과 수년간에 걸쳐 투쟁했다. 평민이 집정관에 나아갈 수 있는 법안이 평민회에 제안되면 귀족들의 사주를 받은 8명의 호민관들이 거부권을 행사했고, 이에 대한 반발로 리키니우스와 섹스티우스는 집정관 권한을 가진 군사 호민관의 선출에 거부권을 행사했다.(註.

집정관이 선출되면 집정관 권한을 가진 군사 호민관을 선출하지 않았으며, 집정관 권한을 가진 군사 호민관이 선출되면 집정관을 선출하지 않았다.) 그 결과 로마는 5년간이나 통치자가 없는 무정부 상태가 되기도 했다. 마침내 법안이 평민회를 통과했지만 원로원에서 또다시 거부 당하자, 지친 평민들은 로마를 떠나겠다고 협박한 끝에 원로원 승인을 받을 수 있었다.

○ BC 367년 제정된 이 법은 평민 호민관인 리키니우스와 섹스티우스가 제안하였다고 해서 리키니우스-섹스티우스 법이라고 명명했다. 이 법은 그동안 귀족과 평민 간의 심각한 정치적 갈등을 봉합하는 커다란 발자취였다. 이 법이 통과되자 카밀루스는 새로운 화합을 축하하는 종교 의식을 카피톨리움에서 개최했으며, 이는 나이 든 군인이자 정치인의 마지막 공식 행사로서 길고 명예로운 관직 생활을 마무리 짓는 데 어울리는 퇴임식이었다. 그는 퇴임한 다음 해인 BC 365년 로마에 전염병이 번져 성안의 모든 시민들이 고난을 겪고 있을 때 생을 마감했다.

| 마음에 새기는 말 |

근본적인 개혁은 개혁을 담당하는 사람을 바꾸어야만 비로소 완전하게 이루어진다.

- 갈리아족의 침입(BC 390년) 이후 로마의 문제점을 개혁하기 위해서는 무공을 세운 카밀루스보다는 다른 젊은 세대의 지혜와 시각이 필요했던 것에 대하여.

• 리키니우스–섹스티우스 법(BC 367년)

위기관리 대처를 위한 6명의 군사 호민관 제도를 폐지하고 2명의 집정관 제도로 되돌아가면서, 2명의 집정관 중에서 반드시 1명은 반드시 평민이어야 되는 리키니우스–섹스티우스 법이 성립되었다.(註. 군사 호민관은 사료에 따르면 공식 호칭은 없으나 집정관의 권한을 지닌 자로서 학자들은 칸슐러 트리뷴consular tribune이라고 부르며, BC 444~367년 동안에 이들이 3~6명 선출되어 로마를 통치했다. 이들이 선출되면 집정관직은 선출되지 않았고 집정관직이 선출되면 이들이 선출되지 않았다.) 그러나 BC 342년 게누키우스 법에 의거, 같은 사람이 동일한 행정관직을 맡으려면 10년이 지나야 한다고 규정하면서 2명의 집정관은 귀족과 평민 누구나가 될 수 있게 했다. 만약 당초 평민 계급에서 요구하였듯이 2명의 집정관 중에서 1명을 평민층에서 차지하는 것으로 제도화되었다면, 국가 최고 결정권자가 귀족과 평민으로 대립되어 분쟁의 불씨를 남겼을 것이다. 그러나 집정관의 완전 개방에 따라 2명 모두 귀족이 될 수도 있고, 평민이 될 수도 있게 된 것이다. 아울러 이 법에 의해 대제사장(폰티펙스 막시무스)의 직책이 평민에게 개방되었으며,(註. 하지만 평민 출신의 대제사장은 BC 253년 티베리우스 코룬카니우스가 처음이었다.) 누구도 500유게룸 이상의 국유 농지를 소유할 수 없고, 국유지에 500마리를 초과하여 가축을 방목할 수 없도록 정했으며, 채무자는 이미 지급한 이자만큼을 원금에서 공제하고 잔금은 3년 동안 상환하는 등의 내용이 포함되었다.(註. 학자들 중에는 국유 농지의 상한선이 500유게룸인 것은 당시의 로마 국유지 규모를 생각해 보면 너무 광대하므로 로마 역사가 리비우스가 그라쿠스의 농지법과 혼동하여 기록했으리라고 추측하기도 한다.)

또한 중요한 국가 보직을 담당한 사람에게는 귀족이든 평민이든 원로원 의석을 취득할 권리를 갖게 함으로써 호민관의 과격함을 줄이게 만들었다. 카밀루스의 제안에 따라 로마 시민들은 리키니우스–섹스티우스 법의 성립을 기념하기 위해 로마 광장 북서쪽에 "화합의 신전(아이데스 콘코르디아이aedes concordiae)"을 세웠다.

그리고 이 법이 성립되자 원로원은 귀족들만이 차지할 수 있는 법무관(프라이토르praetor)직을 새로이 만들어 종전에 집정관이 가졌던 법률적 기능을 수행하게 했다. 그러나 법무관직도 BC 337년에 평민에게 개방되었다.(註. 학자에 따라서는 법무관직이 먼저 생겨나고 BC 4세기에 집정관직이 생겨났다고 주장하지만, 이는 집정관직을 없애고 대신에 집정관 권한을 가진 군사 호민관을 선출하게 된 것을 잘못 이해한 것이 아닌가 한다.)

❋ 폼포니우스(Pomponius)의 맹세(BC 363년)

≪맹세의 힘은 비록 구두로 한 것일지라도 감탄을 자아낼 만큼 로마인들에게 매우 강한 구속력을 지녔다. 왜냐하면 맹세란 신과의 약속이기 때문이며, 맹세를 어긴다면 비난의 굴레를 벗지 못하고 사회로부터 온갖 불명예로 낙인이 찍힌 후 철저히 매장당했기 때문이다.≫

○ 호민관 폼포니우스(Marcus Pomponius)는 만리우스(Lucius Manlius Capitolinus Imperiosus, 티투스 토르쿠아투스의 아버지)가 독재관 임기가 만료되었음에도 그 권한을 며칠간 연장했다는 죄목으로 고발했다. 그러면서 그가 그 자신의 아들 티투스를 동료 사회에서 추방하

여 격리한 채 시골에서 살도록 했다며 거세게 비난의 목소리를 높였다.

○ 하지만 아버지가 고발당했다는 소식이 날아들자, 당시 젊은 청년이었던 티투스는 급히 로마로 달려와 새벽에 폼포니우스의 집에 도착하여 대문을 두드렸다. 새벽부터 대문을 두드린 자가 자신이 고발한 만리우스의 아들인 것을 노예로부터 전해 들은 폼포니우스는 시골로 추방당한 만리우스의 아들이 아버지가 내린 처분에 화가 나 있어 아버지에게 불리한 어떤 새로운 증거를 알려 주려고 자신을 방문한 것으로 여겼다. 생각이 여기까지 미치자 그는 방 안의 모든 사람들을 물러나게 한 다음 티투스를 들어오게 했다. 어쩌면 여러 사람 앞에서 말하기에는 수치스러울지도 모를 아버지의 허물을 티투스가 마음껏 폭로할 수 있도록 단둘이 마주 앉아 비밀스런 내용을 듣고자 한 것이다.

○ 그런데 티투스는 폼포니우스와 단둘이 마주하자마자 검을 빼들어 폼포니우스를 겨눈 채 아버지에 대한 고발을 철회하겠다고 약속하지 않는다면 이 자리에서 죽이겠다고 위협을 가했다. 절박한 상황에서 폼포니우스는 공포에 질려 고발을 철회하겠다고 맹세할 수밖에 없었다. 얼마 후 민회가 열렸을 때 그는 티투스에게 맹세한 대로 만리우스에 대한 고발을 철회하겠다고 선언했다. 그러면서 민회에 모인 사람들에게 자신이 그렇게 할 수밖에 없는 이유를 상세히 보고했다. 물론 그곳 시민들 모두는 그가 철회할 수밖에 없는 이유에 대해 충분히 납득했다. 로마인들에게 맹세의 힘이란 이렇듯 놀라울 만큼 대단했다.

○ 훗날 티투스는 아니오 전투에서 갈리아족 장군과 일대일 전투를 벌여 승리하고 적장의 목걸이를 빼앗았다고 하여 '토르쿠아투스'란 별칭을 얻었다.(註. 목걸이를 라틴어로 '토르퀘스torques'라고 한다.) 그는

매우 과격하고 강직한 성품이어서 BC 340년 그가 집정관으로 베수비우스산 근처에서 벌어진 베세리스 전투를 지휘할 때, 자신의 아들이 명령을 듣지 않고 적진을 공격했다는 이유를 들어 도끼로 아들의 목을 잘랐다. 이 전쟁에서 그는 승전하여 귀환했지만 그 어떤 젊은이들도 그를 환영하지 않았고 영접하지도 않았다. 명령을 어기긴 했지만 적진에 뛰어들어 승리를 낚아챈 아들의 젊은 혈기를 이해하지 못한 토르쿠아투스를 젊은이들은 용서하지 않았던 것이다. 아버지와 자식의 허물에 대한 토르쿠아투스의 생각은 이렇듯 천양지차였고 강경했다.

○ 하지만 2014년 서울시 교육감에 출마한 고승덕과 서울 시장직에 출사표를 던진 정몽준은 자녀들의 폭로와 도발로 인해 선거전에서 고배를 맛보아야 했다. 앞서 서술했듯이 티투스는 아버지의 허물에 대해서는 관대하고 자식의 허물에 대해서는 엄했지만, 요즘의 세태는 아버지의 허물에 대해서는 엄격하고 자식의 허물에 대해서는 관대하게 덮어 두려 하고 있기 때문이다.

☀ 프리베르눔 시민의 답변(BC 329년)과 카우디움의 굴욕(BC 321년)

≪로마인들은 정복한 도시들에 대해 어떤 경우에는 관용을 베풀었고, 또 어떤 경우에는 파멸 선고를 내렸다. 관용을 베푼 도시에게는 면세와 특권을 인정하고 로마 시민권을 부여하는 등 최대한의 혜택을 베풀어 변절하지 않는 충성심을 얻어 냈고, 파멸을 선고한 도시는 완

전히 파괴하여 그곳을 식민지로 삼고 시민들을 뿔뿔이 흩어지게 하여 더 이상 일어서지 못하게 했다.

　로마인들은 처분을 할 때 호의와 파멸만 있을 뿐 둘 사이의 어중간한 정도로 처리하는 짓은 하지 않았다. 이도 저도 아닌 우유부단한 처분은 오히려 위험할 뿐이라는 것을 납득한 것이다. 서울시의 한 간부는 자기편이라고 생각되는 사람에게는 모든 것을 감싸며 호의적이나, 적이라고 생각되면 마구 짓밟아 버리는 것으로 정평이 났다. 이는 그의 기질이 포악하기 때문에 가능한 일이기도 하겠지만, 그가 역사서에 서술된 승자들의 난폭한 대처 방법을 따랐는지도 모른다. 만약 그랬다면 이 고급 관리는 역사서를 좀 더 폭넓고 세심하게 읽었어야 마땅했다. 왜냐하면 그는 자신의 행동 때문에 후배들로부터 많은 비난을 받았고, 역사서에는 행동의 지침이 될 만한 훨씬 더 훌륭한 사례가 무수히 많기 때문이다.≫

○ BC 357년 로마에게 패배한 후, 승자의 지배를 받고 있던 프리베르눔이 반란을 일으켰다. 볼스키족 땅이었던 프리베르눔시는 비트루비우스 바쿠스의 지휘하에 도시의 자유를 위해 항거했으나, 로마군의 막강한 무력에 진압되어 다시금 복속되었고 바쿠스는 감옥에서 처형당했다.

○ 로마 원로원에서는 반란을 일으킨 이 도시를 처벌하기 위해 회의를 소집했다. 이에 프리베르눔에서는 로마 원로원으로부터 사면 결정을 받아 내기 위해 명망 있고 설득력 있는 시민들을 선발하여 로마로 보냈다. 그때 어떤 원로원 의원이 프리베르눔 시민 대표 중 한 사람에게 말했다. "당신이 생각하기에 로마에 배반한 프리베르눔 주민들

이 응당 받아야 할 처벌이 무엇이라고 생각하는가?" 그러자 프리베르눔 시민 대표가 답했다. "스스로 자유를 누릴 가치가 있다고 생각하는 사람들이 받아야 할 정도의 합당한 처벌입니다." 이를 듣고 있던 집정관이 다시 물었다. "그러면 우리가 프리베르눔 주민들에게 처벌을 면제한다면 어떤 기대를 할 수 있겠는가?" 그에 대해 그 사람은 이렇게 답변했다. "만약 관대한 처분을 내린다면 충성과 평화가 오래 지속될 것이고, 가혹한 처분을 부과한다면 평화가 짧을 것입니다." 이 놀랍도록 논리적이고 진솔한 말은 관대한 처분을 받는다면 로마와 프리베르눔과의 동맹 관계가 오랫동안 지속될 것이지만, 무자비한 처분을 받게 된다면 일시적으로 로마의 무력 앞에 복종하는 척하겠지만, 자유를 사랑하는 프리베르눔 시민들이 곧 항거할 것이란 의미였다.

○ 이 말을 듣고 있던 많은 의원들은 패한 자가 어울리지 않게 건방지다며 흥분하여 분노했다. 하지만 좀 더 신중하고 분별력 있는 현명한 의원들은 말했다. "우리는 자유롭고 용감한 자의 말을 들었다. 또한 우리는 감내할 수 있는 것보다 더 오랫동안 고통스런 상황에 남겨지는 것을 참을 수 있다고 생각하지 않는다. 자진해서 맺은 평화만이 안전할 것이며, 억지로 굴종시키려고 한다면 충성심을 기대할 수 없는 법이다." 이러한 의견에 따라 로마 원로원은 프리베르눔 시민들에게 관용을 베풀고 로마 시민권까지 부여하기로 결의했다.

○ 프리베르눔 대표 중 어느 한 사람의 이처럼 솔직하고 고결한 답변이 로마 원로원 의원들의 마음을 기쁘게 한 것이었다. 사실 그 밖의 어떤 답변도 거짓되고 비겁한 답변이었으리라.

○ 이와는 달리 어정쩡한 결정으로 실패한 사례를 들고자 한다. 제2차

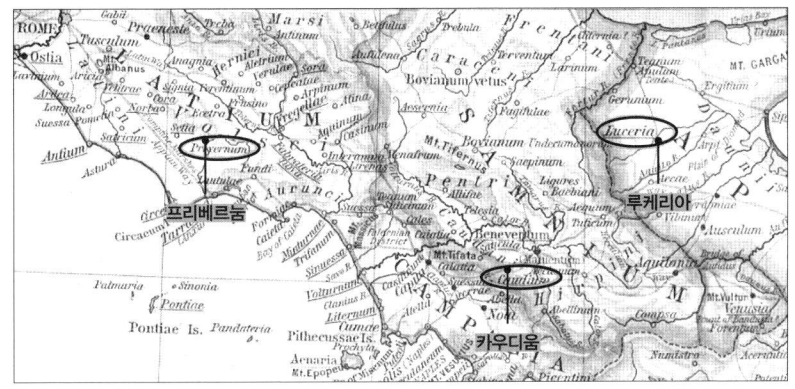

프리베르눔, 카우디움, 루케리아

삼니움 전쟁 때의 일이었다. 그때 로마의 두 집정관 스푸리우스 포스투미우스와 티투스 베투리우스는 삼니움족의 공격으로 아풀리아의 주요 도시인 루케리아가 위험에 빠졌다는 것을 알게 되었다. 그러나 사실 이 정보는 삼니움족 사령관 가비우스 폰티우스의 속임수였다. 그는 군대를 산속에 매복시켜 두고 양치기로 변장한 병사들을 평원으로 내보낸 다음, 이들이 로마군에게 일부러 사로잡히게 했다. 사로잡힌 이들은 로마군에게 삼니움 병사들이 어디에 있느냐는 질문을 받자, 미리 폰티우스에게 지시받은 대로 엉뚱한 곳을 포위하고 있다고 이구동성으로 거짓말을 했던 것이다. 이를 곧이곧대로 믿은 로마군은 카우디움 계곡으로 들어갔다가 출구가 가시덤불로 막히고 들어왔던 입구마저 막혀 삼니움 병사들에게 포위되고 말았다. 즉 삼니움족은 전투로써 이긴 것이 아니라, 계략을 써 이긴 것이다.

○ 전투에서 승리하자 삼니움은 로마군에게 전략적인 요새 몇 군데를 철거할 것과 동맹 관계를 요구했고, 로마군는 이에 동의하고 600명

의 기병을 볼모로 제공했다. 그리고 로마군은 지휘관과 병사들 모두 강화 조건을 지키겠노라고 맹세했다.

○ 하지만 이를 근심스럽게 지켜보던 당시 삼니움 사령관 폰티우스의 아버지는 생각이 달랐다. 그는 인생을 오래 산 경험 많은 노인이었다. 그는 아들에게 항복한 로마군을 명예롭게 풀어 주거나 아니면 모두 죽여야 한다고 충고했다. 그러나 삼니움족 사령관과 병사들은 그 노인의 충고를 따르지 않고 로마군들을 무장 해제시키고 겉옷만 남기고 갑옷과 옷을 죄다 벗긴 후, 창 두 개를 땅에 박고 다른 창을 위에 걸쳐 문을 만든 후 그 밑을 지나가게 했다. 이는 당시의 관례에 의하면 로마군이 완전한 패배하여 무조건 항복했다는 수치스런 표시였다. 삼니움족은 로마군에게 그토록 수치심을 느끼게 하고 나서야 풀어 주었다.

○ 그러나 로마 원로원은 지휘관의 맹세나 600명 인질들의 목숨이 안중에도 없는 듯 강화 조약을 무효화했다. 동시에 이 조약을 체결한 사람들이 개인적 책임을 지도록 지휘관들을 삼니움족에게 되돌려보냈다.(註. 키케로에 의하면 지휘관들을 삼니움족에게 되돌려보내자는 제안은 당사자인 포스투미우스가 했다고 주장했다.) 순수한 군사적 문제라면 몰라도 강화 조약과 같은 국가 정책의 문제는 원로원과 시민들의 권한이라는 이유에서였다. 이는 집정관 스푸리우스 포스투미우스가 자신들의 잘못으로 인한 조약인 만큼 국가가 이를 지킬 필요가 없다는 원로원에서의 수치스러운 주장이 한몫했다. 하지만 삼니움족은 돌려보내진 로마 지휘관들을 받아들이지 않았으며, 인질들도 살려 두었다.(註. 600명의 인질은 루케리아에 붙잡혀 있다가 집정관 루키우스 파피리우스 쿠르소르가 지휘하는 로마군이 루케리아를 함락시켰을 때 자

유를 되찾을 수 있었다.) 왜냐하면 그들에게 보복 행위를 보탠다는 것은 너무나 잔인한 일이기도 했겠지만, 이미 체결된 강화 조약이 맹세한 자들에게만 구속력을 가진다는 로마의 결정을 받아들이는 꼴이 되기 때문이었다.

○ 노인의 충고를 거스르고 이렇듯 어중간한 처리를 하고 만 삼니움족은 몇 년 후 다시금 로마와 전투를 벌여 패배했을 때, 자신들의 조치가 얼마나 잘못되었는지 그리고 그 노인의 혜안이 얼마나 현명하였는지 철저히 배우게 되었다. 왜냐하면 훗날 로마는 자신들이 당한 굴욕을 잊지 않고 완벽한 승리를 거둔 후 삼니움족의 무릎을 꿇리고 복속시켰기 때문이다. 그리고 삼니움족 사령관 폰티우스는 파비우스 구르게스가 이끄는 로마군에게 사로잡혀 개선식에 끌려 나가는 수치를 당한 후 도끼로 목이 잘렸다. 로마 집정관 파비우스 구르세스는 이전 전투에서 삼니움족에게 패배하여 군복을 벗어야 할 위기에 처했으나, 아들의 불명예를 걱정한 아버지가 아들의 부장으로 참전하게 해 달라고 원로원에 요청하여 부자가 함께 참전한 전투에서 결정적인 승리를 로마에게 안겨 주었던 것이다.

☀ 애정에 빠진 자들

≪여인에 몰입하는 정치가는 무모하다고 볼 수밖에 없다. 왜냐하면 사랑의 감정은 분별력을 잃게 만들고, 정적들이 이를 이용하여 사랑에 빠진 자를 쉽사리 파멸에 이르게 할 수 있기 때문이다. 하기야 아

가멤논과 아킬레우스도 브리세이스란 여인 때문에 다투지 않았던가?
마키아벨리는 이르기를 "손상시킬 수 있는 여러 종류의 명예 중에서
여자에 대한 것이 가장 크다."고 단언했다. ≫

○ BC 6세기 말 타르퀴니우스의 아들인 섹스투스는 콜라티누스의 아
내 루크레티아를 짝사랑하여 그녀를 강제로 범하게 되었다. 그런 일
을 당하자 분개한 루크레티아는 자살을 하게 되는데, 루키우스 유니
우스 브루투스는 이 사건을 이용하여 타르퀴니우스 일가를 권력에서
제거시키고, 공화정을 열게 하는 계기를 만들었다. 이에 대한 이야
기는 앞서 언급했다.

○ 또한 BC 5세기 때 평민들이 성문법 제정을 요구하자 아피우스 클라
우디우스 등은 법령을 만들기 위해 그리스를 여행하고 "10인 위원
회(데켐비리decemviri)"를 조직하여 로마 최초의 성문법을 제정했다.
10인 위원회가 구성되면서 그들이 국가 운영을 맡았고 집정관과 호
민관은 선출이 중지되었다. 최초의 성문법인 12표법(註. 12표법Lex
duodecim tabularum은 12동판법이라고도 하며 BC 451년~450년에 제정
된 것으로 추정)은 평민들의 투쟁과 요구로 시행된 법이지만, 정복한
토지에 대한 공정한 배분 등 평민들이 요구한 내용은 전부 제외되었
고 귀족과 평민 간의 결혼 금지, 부채 노예와 같은 기존의 폐습을 그
대로 담고 있었다.(註. BC 445년 카눌레이우스 법에 의해 귀족과 평민
간의 결혼이 가능해졌고, BC 326년 포이텔리우스 법에 의해 부채 노예제
가 폐지되었다.) 왜냐하면 이 법을 주도한 사람은 10인 위원회 중에서
도 평민과의 대결 노선을 분명히 하고 있던 아피우스 클라우디우스
였기 때문이다.(註. 아피우스 클라우디우스는 발레리우스 푸블리콜라가

▌「베르기니아의 죽음」, 타라스 쉐브첸코 作

집정관이었을 때 사비니족을 이끌고 로마로 귀화한 아투스 클라우수스의
아들이라는 설과 손자라는 설이 있다.) 그의 행동은 평민들에게 횡포하
기 짝이 없었다.

○ 그 이후 아피우스는 평민인 백인대장 베르기니우스의 딸 베르기니아
를 사랑하였는데, 당시의 법률로는 귀족과 평민은 서로 간에 결혼을
할 수 없었다.(註. 12표법에 따르면 귀족과 평민은 결혼할 수 없도록 규
정되었다.) 더군다나 베르기니아는 호민관직이 부활되면 호민관에 재
선출될 것이 거의 확실한 전직 호민관 이킬리우스와 약혼한 사이였
다. 그래서 아피우스는 자신이 소속된 10인 위원회의 권한을 이용하
기로 했다. 그는 측근에게 베르기니아가 자신의 노예가 낳은 딸인데
어릴 적에 유괴된 것이라는 말도 안 되는 주장을 하게 했다. 로마에
서는 아버지와 어머니의 신분이 서로 다를 경우에 원칙적으로 어머

니의 법적 지위를 따르게 되어 있어 베르기니아가 노예의 딸이면 베르기니아는 노예의 신분이 되었다.(註. 요컨대 노예인 아버지와 로마 시민인 어머니가 관계하여 낳은 자식은 로마 시민권자가 되었다. 하지만 52년 원로원은 이 같은 경우 동거한 여자를 노예화한다고 규정함으로써 로마 시민권을 엄격히 제한했다.) 그 측근이 아피우스가 시키는 대로 주장하자 베르기니아의 아버지와 평민들은 거세게 반대했다. 결국 이 사건은 재판에 회부되었고 애욕에 눈이 먼 아피우스는 이 사건의 재판을 맡고는 베르기니아는 노예의 딸이 확실하며, 따라서 그녀는 그 측근의 소유임을 판결하고 말았다. 10인 위원회는 개인의 신분에 문제가 제기되었을 때 자유민인지 노예인지를 결정하는 권한이 있었던 것이다.

○ 아피우스는 베르기니아를 노예의 신분으로 만드는 데 성공하자 그녀를 강제로 범했고, 이를 알게 된 베르기니우스는 처녀의 신성함을 잃어버렸다며 분노하여 딸을 죽여 버렸다. 그러자 아피우스는 베르기니우스에게 자신의 판결에 대해 불복한 이유를 법정에 나와 해명하도록 소환했다. 일이 이렇게 되자 베르기니우스는 소환에 불응하고 수많은 증인들을 데리고 군단에 나타나서 호민관직의 폐지에 따른 결함을 만인 앞에 폭로했다.

○ 분노한 병사들과 평민들은 호민관을 선출한 후 아벤티누스 언덕에서 농성하며 10인 위원회를 해체하라고 압박했다.(註. 공화정 때까지 팔라티누스 언덕에는 주로 부유한 귀족들이 거주했고, 아벤티누스 언덕에는 대체로 평민들이 살았다.) 그러자 귀족들은 대표단을 구성하여 농성장을 찾아왔다. 그때 평민들은 협상자로 온 귀족 대표들에게 10인 위원회의 위원 모두를 산 채로 화형에 처할 수 있도록 신변을 인도해

달라고 요구했으나, 그것은 잔인한 짓이라며 거절당했다. 그러면서 귀족 대표들은 그들에게 힘과 권력을 되찾게 된다면 10인 위원회를 처벌할 수 있을 것이 아니냐고 설득했다.

○ 금방이라도 내전이 터질 것 같은 분위기는 강경했던 10인 위원회가 물러섬으로써, 결국 BC 449년에 10인 위원회가 해체되고 종래의 집정관과 호민관 제도가 부활되었다. 마침내 베르기니우스는 범죄자로 지목된 아피우스를 시민들 앞에 소환했다. 아피우스는 수많은 귀족들을 대동하고 출두해서는 자신의 입장을 변호하며 호소했지만, 로마법은 죄 지은 자에게 자비를 베풀지 않았다. 아피우스는 평소 '평민 노동자들의 거처'라며 경멸조로 불렀던 감옥에 이제 그 자신이 투옥되었고, 자존심이 무너진 그는 판결이 내려지기 전날 자결하고 말았다. 그때 10인 위원회의 위원 중 아피우스를 포함하여 2명이 자결했고, 나머지 8명은 재산을 몰수당하고 추방형에 처해졌다.

○ 또 다른 사례를 든다면 안토니우스다. 제2차 삼두 정치의 일원이었던 안토니우스는 옥타비아누스의 누나인 옥타비아와 결혼했다. 하지만 그는 이집트 여왕 클레오파트라에 매혹되어 자신의 본분을 망각하여 본처를 버리고 클레오파트라와 결혼했다.(註. 역사적 시각에서 보면 안토니우스는 여자의 치마폭에 쌓여 포부를 그르칠 만큼 어리석은 자가 아니었다. 다만 자신의 정치적 입지를 굳히려면 동방의 재편성과 파르티아 정복이 꼭 필요했다. 그러자면 막대한

❚ 안토니우스

자본을 보유한 이집트의 도움이 필요했고 그것이 안토니우스가 클레오파트라를 동지며 아내로 맞이한 이유였다고 본다. 그러나 그가 로마인의 자존심을 헤아리지 못하고 동방의 군대로 모국에 창검을 겨눈 것은 사실이다. 물론 안토니우스가 먼저 선전 포고를 한 것은 아니었지만 옥타비아누스는 안토니우스가 조국을 배반할 수밖에 없도록 몰아갔다.) 옥타비아는 그런 안토니우스에게 정부인으로서의 책임과 의무를 다했을 뿐 아니라, 안토니우스가 사별한 첫 부인 풀비아의 소생까지 부양했다. 이로 인하여 로마의 인심은 안토니우스에게서 멀어졌고, 군사적 역량이라고는 전혀 없었던 클레오파트라의 간섭은 악티움 해전에서 안토니우스에게 최종적인 패배를 안겨 주었다. 그 이후 안토니우스는 전의를 상실했고, 클레오파트라가 죽었다는 전령의 허위 보고를 듣고서 스스로 목숨을 끊었다.

○ 아울러 5세기 중엽 서로마 황제 발렌티니아누스 3세는 막시무스의 아내에게 반하여 속임수로 그녀를 강제로 범했다. 막시무스는 이를 빌미로 발렌티니아누스 3세에게 살해당한 아이티우스의 추종자들의 힘을 빌려 황제를 살해하고 제위에 올랐다. 이로써 테오도시우스 황제의 후손들은 제위의 자리에서 완전히 사라지게 되었다. 이 또한 권력의 부침에는 흔히 여성이 개입되고 있다는 사실을 역사는 알려 준다.

| 마음에 새기는 말 |

사랑에 빠진 자는 영혼이 사랑하는 사람의 몸에 살고 있다.

_ 마르쿠스 포르키우스 카토, 大 카토

_____ 로마의 선택과 결정 ① 도시의 창건

☀ 파비우스(Fabius)의 요구(BC 296년)

≪조직을 우호적이고 협조적인 자들로 구성할 수 있느냐 하는 것은 일을 꾸려 나가는 데 매우 중요한 요소다. 마음이 통하고 이해할 줄 아는 동료를 만나야만 자신의 능력이 최대한 발휘되고 따라서 최선의 결과를 낳을 수 있다는 것을 파비우스는 깊이 깨닫고 있었다.≫

○ 로마는 2차례에 걸친 삼니움족과의 전쟁에 승리하고 강화 조약을 맺었다. 그러나 그 조약은 6년을 넘기지 못했다.(註. 제1차 삼니움 전쟁은 캄파니아 인들이 동족인 삼니움족들의 약탈과 위협에서 벗어나기 위해 로마에 도움을 요청하면서 로마의 지배를 받겠다고 제의한 데서 비롯되었다. 이 전쟁은 쉽게 합의점에 도달했는데, 삼니움은 타렌툼과 대립각을 세우고 있었고 로마는 라틴 동맹국들이 뭉쳐 항거하려는 기미가 보였기 때문이다. 이 전쟁의 결과로 온화하고 풍광이 뛰어난 캄파니아가 로마의 손에 들어왔다. 제2차 삼니움 전쟁은 캄파니아 지역에서 유일하게 로마에 복속되지 않은 도시인 네아폴리스를 삼니움족이 점령함으로써 발발했다. 로마는 형식상 네아폴리스에게 사실상 삼니움에게 즉시 선전 포고했다. 카우디움 계곡의 패배에도 불구하고 로마는 삼니움의 수도 보비아눔을 함락시켜 최종 승리를 거머쥐었고, 그 결과 마침내 캄파니아뿐 아니라 아풀리아도 로마의 지배 아래에 둘 수 있었다.) 왜냐하면 삼니움족이 그동안의 평화를 깨고 불온한 움직임을 보이기 시작했기 때문이다. 게다가 북쪽의 에트루리아와 갈리아족이 연합하여 로마에 대항했고, 이탈리아 반도의 동쪽에 사는 움브리아인도 가세할 기세였기에 로마는 국가 위기를 맞게 되었다. 로마는 비상사태를 선포하여 60세의 예

비군까지 소집하여 전쟁에 임했는데, 모두 6만 명의 군대가 편성되었고 이는 로마 시민의 3분의 1이 넘는 인원이었다. 그해의 집정관은 파비우스와 보르미니우스가 선출되었다. 파비우스(Quintus Fabius Rullianus)는 2명의 집정관을 대신하는 독재관이 되지 못하자 "그렇다면 함께 일할 동료 집정관으로서 데키우스(Publius Decius Mus)를 선출해 달라."고 요구했다.(註. 공화정 시대의 로마는 1년 임기인 2명의 집정관이 국가를 다스렸다. 평화 시에는 1인은 전쟁을 1인은 행정을 담당했고, 전시에는 모두 전쟁에 나갔다. 그리고 국가 위기 시에는 집정관 대신에 6개월 임기의 독재관을 선출했다.)

○ 파비우스가 이렇게 요구한 것은 이미 노인이 된 자신의 기질로 보아젊은 보르미니우스와 의견 일치가 힘들다는 것을 예측했으며, 데키우스는 동료 집정관으로서 3번이나 함께 임기를 맡았고, 같은 전쟁터에서 싸운 경험도 공유하고 있어서 속마음을 서로가 잘 알고 있었기 때문이다. 국가의 사활이 걸린 중요한 결정을 하는 데 다른 동료 집정관이 반대하면 아무것도 할 수 없는 체제를 그는 이해했던 것이다.

○ 파비우스의 요구는 받아들여졌고 그 둘은 각각 군사를 나누어 파비우스는 삼니움족을, 데키우스는 갈리아족을 상대했다. 결정적인 전투에서 좌익을 맡은 데키우스는 로마 기병대가 갈리아 병사들의 전차에 밀리기 시작하자 사제를 불러 놓고 로마 사령관의 머리와 적군을 바치겠다며 하계의 신과 약속하고서 갈리아 병사들 사이로 뛰어들어 싸우다 장렬히 전사했다. 데키우스의 영웅적인 죽음을 본 로마군은 후퇴를 멈추고 사령관의 복수를 위해 전열을 가다듬은 다음 맹렬히 적진으로 돌진했다. 이 전투에서 로마군은 9천 명의 병사들이 목숨을 잃었으나 값진 승리를 얻었고, 삼니움과의 3차례에 걸친 50

년간의 전쟁에 종지부를 찍을 수 있는 발판을 마련했다.

☀ 피로스(Pyrrhos)의 승리(BC 280~275년)

≪전술은 아군이 처한 상황에 가장 적절해야 한다. 특히 적지에서의 전쟁은 한 번에 전세를 확정지을 수 있는 대규모 전투를 이끌어 내어 일시에 적을 제압하거나, 이것이 불가하다면 병력과 보급 물자의 조달이 원활하도록 조치해야만 최종 승리를 잡을 수 있는 법이다. 전술가 피로스는 이 점을 간과했거나 아니면 알았더라도 작전에 실패했다. 무엇보다도 그가 실패한 것은 정복한 지역의 통치였다. 피로스는 정복된 지역을 신속히 우호적인 도시로 바꾸어야 했지만 끝까지 적으로 남아 그를 괴롭혔던 것이다.≫

○ 3차례에 걸친 전쟁 끝에 삼니움족이 마침내 로마에 굴복했으나, 아직도 이탈리아 반도가 로마에 의해 모두 통일되기 전의 일이다. 이탈리아 반도 장화 모양의 발뒤꿈치에 해당하는 곳에 그리스인의 식민 도시 타렌툼이 있었다. 타렌툼은 상공업으로 대단히 번성한 도시였다. 로마는 이곳에 정복의 구미를 당기고 있

❙ 피로스

던 차에 타렌툼에 입항한 자국의 군함 가운데 시민들의 공격으로 5척이 침몰하고 지휘관과 수병들이 포로가 되거나 살해당하는 일이 발생했다. 로마는 자국의 군함이 뱃길을 잃어 어쩔 수 없이 타렌툼항에 입항한 것이라고 주장했으나 이것이 사실인지 아닌지는 중요한 것이 아니었다. 게다가 그것으로는 분노가 가라앉지 못한 듯 타렌툼에서 남서쪽으로 약 100㎞ 지점에 있는 해안 도시 투리이를 공격하여 그곳의 로마 수비대를 괴멸시켰다. 로마는 타렌툼에 사절단을 보내 포로가 된 로마 병사들을 석방하고 투리이를 반환할 것과 폭력을 저지른 자들을 넘겨줄 것을 요구했다. 하지만 이러한 외교적 시도는 타렌툼의 거부로 해결점을 찾지 못하고 실패로 끝났다.

○ 전쟁을 일으키고자 구실과 명분을 만드는 자와는 전쟁을 피할 수 없는 법이다. 그만큼 전쟁이란 피하고 싶다고 피할 수 있는 것이 아니기 때문이다. BC 281년 마침내 로마는 자국의 함선이 공격당한 것을 트집 잡아 타렌툼을 향해 전쟁의 포문을 열었다. 이에 용맹한 스파르타인들이 세웠던 이 도시는 겁을 집어먹고 스스로의 힘으로는 도저히 로마의 침공을 물리칠 수 없다고 판단하여 당시 최고의 전술가이자 지휘관이었던 그리스의 에페이로스 왕 피로스에게 도움을 청했다.(註. 피로스Pyrrhos는 '빨간 머리 남자'란 의미이며, 이에 반해 피라 Pyrrha는 '빨간 머리 여자'를 의미한다. 그리스 영웅 아킬레우스의 아들인 네옵톨레모스가 피로스라는 별칭으로 불렸으며, 전설에 따르면 그는 트로이아가 멸망한 후 헥토르의 아내 안드로마케를 전리품으로 배정받아 첩으로 맞이했다. 그 둘 사이에서 몰롯소스가 태어났고, 그가 에페이로스의 한 지역인 몰롯시아에서 그곳을 통치했다고 한다. 따라서 에페이로스 왕들은 자신들이 네옵톨레모스의 후손이라 주장하며 '피로스'라는 이름을 사

_____ 로마의 선택과 결정 ① 도시의 창건

용하곤 했다.) 피로스는 한니발 스스로가 자신의 스승이라고 할 만큼 용감하고 과감하면서도 침착하고 냉정한 뛰어난 전술가였으며, 마케도니아의 정복왕 알렉산드로스의 친족이었다. 그는 7살에 정치적 소용돌이에 휘말려 아버지와 왕국을 모두 잃게 되는 불행을 겪었으나, 성장하면서 솔직담백한 성격과 군에 대한 관심 그리고 잘생긴 외모 덕에 부하 병사들뿐 아니라 여인들에게도 인기가 있었다. 여하튼 피로스는 혼란스런 시대에 태어났음에도 인간적인 성품을 지녔고 흠결 없는 도덕적 순수성을 갖춘 자였다.

○ 이탈리아에 대한 야심을 품고 있던 피로스는 타렌툼의 요청을 받자 때가 왔다는 듯이 파견을 결정했다. 그러면서 전쟁을 치르기 위해서 필요한 병력 지원과 비용을 요구했다. 타렌툼은 피로스가 요구한 조건 때문에 망설이다가, 어차피 로마 또는 피로스 둘 중 어느 하나를 주인으로 모셔야 될 바에는 차라리 동족인 피로스가 낫다고 판단하여 피로스의 조건을 받아들였다. 왜냐하면 로마에게 강화를 제의한다면 지금이야 좋은 조건으로 강화를 받아들이겠지만 상황이 바뀌어 로마가 아쉬운 것이 사라지면 타렌툼에서 저지른 죄에 대해 보복할 것이 틀림없다고 생각했기 때문이다.

○ 이렇게 하여 당시 대단한 군사적 명성을 떨치던 피로스가 2만 6천 5백 명의 병력을 이끌고 BC 280년 이탈리아로 쳐들어왔다. 그러나 타렌툼의 상황은 그가 기대했던 것과는 사뭇 달랐다. 타렌툼의 사절들이 피로스에게 35만 명의 보병과 2만 명의 기병을 전쟁에 투입할 수 있다고 호언장담했지만 피로스가 이탈리아에 도착해 보니 아무것도 준비되지 않은 채 그대로였다. 이 상황을 벗어나고자 피로스는 전쟁 비용 지급뿐 아니라 징집까지 타렌툼에 명령했다. 그러나 타렌툼 시

민들은 피로스를 용병으로 고용했다고 생각했으며, 따라서 자신들에게 전투에 나서라고 강요하는 것은 계약 위반이라고 생각했다. 게다가 그들은 자유분방한 생활에 젖어 명령을 받는 데 익숙하지 못했고 원하는 방식대로 살지 못하면 노예나 다름없다고 생각하는 시민들이었다. 당연히 타렌툼 시민들은 전쟁 준비에 비협조적이 되었다. 그렇게 되자 피로스는 병사들을 성내에 주둔시키고 시민들의 집회와 모임을 금했으며 오락 장소를 폐쇄시키는 등 스스로 엄격한 군주가 되어 마치 타렌툼을 정복한 도시처럼 취급했다.

○ BC 280년 피로스는 헤라클레아에서 로마군을 맞아 싸우다 말에서 떨어지는 위험 속에서도 적군 1만 5천 명을 전사시키며 승리했다. 하지만 그는 승리에도 불구하고 아군 1만 3천 명이 희생되었고 이 전쟁이 몇 번의 패전이면 굴복하고 마는 용병과의 싸움이 아니라 라틴 민족과의 싸움임을 깨닫자, 쉽게 끝낼 수 없는 전쟁임을 직감하고 강화를 제안했다. 이렇듯 위험한 적이 승리에도 불구하고 포로를 아무런 대가 없이 돌려주고 로마의 이탈리아 정복에 협조를 하겠으니, 로마가 그리스계 도시의 지배를 포기하고 삼니움과 아풀리아 그리고 루카니아로부터 빼앗은 땅을 반환한 다음 서로 간에 친선 관계를 맺고 타렌툼 시민들에게 전쟁의 책임을 묻지 않겠다는 등 패자로서는 괜찮은 조건을 제시하자, 로마 원로원에서는 갈등이 물결처럼 일었다. 하지만 맹인이 된 전직 집정관 아피우스 카이쿠스(Appius Claudius Crassus Caecus)가 원로원에 나타나 적군이 이탈리아 땅에서 승자로서 군림하는 마당에 타협이란 있을 수 없다며 분노에 찬 연설로 맹렬히 반대했다.

"의원 여러분! 여태껏 나는 눈이 먼 것을 불행이라고 생각했지만

「부축을 받아 원로원에 들어서는 아피우스 클라우디우스 카이쿠스」, 체사레 마카리 作

이제는 내가 귀까지 멀지 않은 것을 불행이라고 생각하게 되었습니다. 왜냐하면 그대들의 수치스런 법안과 결의를 들어야 하니 말입니다. 알렉산드로스가 우리와 겨루었다면 로마의 영광이 더욱 빛났으리라고 말하며 그가 우리와 맞붙지 않은 것을 안타까워한 것이 로마의 허장성세였음이 드러났습니다. 로마가 알렉산드로스의 호위병에 충성한 피로스를 두려워하지 않습니까?(註. 피로스가 이집트의 프톨레마이오스에게 의탁해 있을 때 그의 뜻을 잘 따랐음을 두고 한 말이다. 프톨레마이오스는 알렉산드로스의 부하였다.) 피로스는 타렌툼을 도우러 왔다기보다는 제 땅의 적들을 피하고자 이탈리아에 어슬렁거리고 있는 것입니다. 그가 마케도니아 영토조차 조금도 차지하지 못한 병사들로 어찌 이탈리아의 패권을 차지하겠습니까?(註. 피로스가 차지하고 있던 마케도니아 영토를 리시마코스에게 빼앗긴 것을 두고 한 말이다.) 우리가 피로스를 친구로 삼는다면 그가 로마를 떠날 것이라고 생각하지 마십시오. 오히려 피로스가 로마를 모욕한 대가를 치르지 않는다면 누구든 우리를 얕보고 덤빌 것입니다. 특히 타렌툼과 삼니움 사람들이 우리를 비웃으며 조롱거리로 만들고 피로스에게 상을 내릴 것입니다."

이처럼 아피우스 카이쿠스가 나약한 의원들의 마음에 수치심을 안겨 주자 강화는 무산되었다.

○ 로마와의 강화가 실패로 끝나자 피로스는 에트루리아에게 손을 내밀었지만, 오히려 에트루리아는 로마와 특별 강화 조약을 맺고서 피로스에 대항했다. 게다가 이탈리아의 동맹군들이 전쟁 비용 부담에 불평하며 불량한 태도로 나오자 피로스는 지치고 말았다. BC 279년 아우스쿨룸(註. 현재 지명 '아스콜리')에서 피로스군과 로마군이 양측 모두 동맹군을 포함하여 각각 7만 명의 보병과 8천 명의 기병으로 다시금 맞붙었다. 이 전투에서 피로스는 창에 팔이 찔려 부상을 입는 치열한 접전 끝에 승리를 거두었다. 하지만 전투에서 승리한 피로스가 느낄 수 있었던 것은 완전한 최종 승리가 멀지 않았다는 것이 아니라, 오히려 로마인들이 점차 더 강해지고 있다는 것이었다. 로마인들도 이를 알아챘는지 패배해도 용기를 잃지 않았고 분노로 인해 더욱 전의가 불타오르며 강인한 인내와 승리를 확신하면서 덤벼들었다.

○ 이즈음 시킬리아의 그리스 식민지인 시라쿠사는 아가토클레스 왕이 죽은 후로 국론이 분열되고 힘이 약해져 세력 확장을 누리는 카르타고로부터 공격을 받았다. 그렇게 되자 시라쿠사는 피로스에게 도움을 요청했다. 이탈리아의 전쟁에 싫증이 나기도 했고 동포들을 로마인들의 공격으로부터 해방시킨다는 의무에서 어떻게든 벗어날 궁리만 하던 중 이런 일이 생기자, 피로스는 재빨리 병사들을 이끌고 시킬리아로 건너갔다. 그가 시킬리아로 간다고 하자 타렌툼 시민들

은 이곳의 일을 제대로 해결하지도 못한 채 떠난다면 차라리 원래대로 해 놓으라며 분통을 터뜨렸지만, 피로스는 아랑곳하지 않고 때가 될 때까지 기다리라는 말만 남긴 채 함선을 탔다. 사실 피로스는 BC 289년에 죽은 시라쿠사 왕 아가토클레스의 사위였고 그의 아들은 외손자였으므로 시라쿠사의 통치권을 주장할 수 있는 왕위 계승자이기도 했다. BC 278년 시킬리아에 상륙한 피로스는 단번에 국면을 역전시키고 시킬리아를 지배하게 되었다.

○ 하지만 피로스는 시킬리아 통치에 실패했다. 그는 각 공동체의 관습과 법률을 무시했고, 관리에 측근들을 배치했으며, 자신을 시킬리아로 모셔 오는 데 공을 세웠던 사람들에게조차 재산 몰수와 추방형 그리고 사형까지 언도했다. 또한 그의 행동은 동맹국의 사령관이기보다는 정복왕이었다. 그렇게 되자 시킬리아의 사람들은 동포의 지배를 받는 것보다 카르타고의 멍에를 지는 것이 훨씬 낫다는 생각을 가

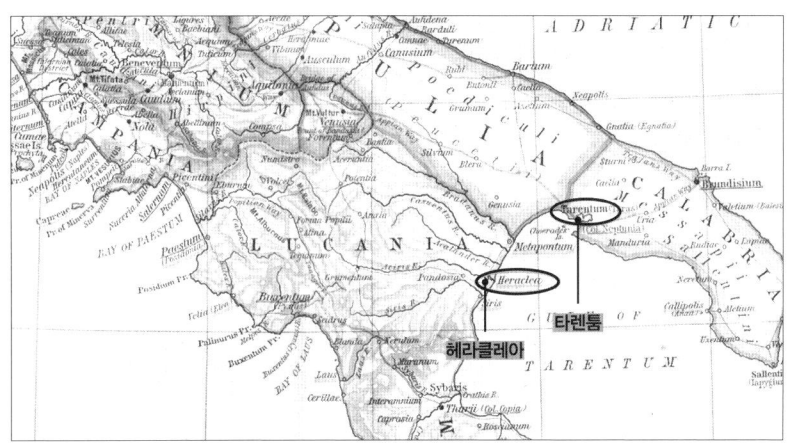

▌ 헤라클레아, 타렌툼

지게 되었다. 시킬리아인들의 이러한 생각은 피로스가 시킬리아를 떠난다면 어떤 일이 생길지 분명히 알려 주는 것이기도 했다.

○ 그럼에도 피로스는 함대를 몰고 이탈리아로 향했다. 삼니움과 타렌툼에서 이탈리아로 와서 도와 달라는 서신이 왔기 때문이다. 시킬리아의 정세가 자신에게 반대하는 쪽으로 기울자 이곳을 떠날 궁리를 하던 피로스는 이런 구실로 떠난다면 도주한다는 비난을 피할 수 있을 뿐 아니라, 도망치듯 떠나온 이탈리아로 금의환향하고 싶은 마음도 앞섰으리라. 피로스가 시킬리아를 떠나자마자 시킬리아 통치는 기반부터 무너져 내렸다. 이는 그가 국가 존립의 토대인 시민들의 신뢰와 애정을 잃었기 때문이기도 했으며, 시민들이 카르타고로부터의 해방을 위해 짧은 시간이나마 자유를 포기할 수 있는 정신이 부족했기 때문이기도 했다. 결국 그리스 연합을 꿈꾸던 피로스의 야심 찬 계획은 물거품이 되었고, 이제 그에게 있어서 전쟁이란 목표를 이루기 위한 수단이 아니라 거친 운명의 소용돌이 속에서 자신을 잊기 위한 그리고 어쩌면 군인답게 죽을 수 있는 서글픈 수단이 되어 있었다.

○ 게다가 이탈리아에 도착하자 로마의 굴레를 벗게 해 달라고 탄원하는 루카니아인들과 삼니움인들을 만나게 되었다. 이것이 그의 피를 끓게 했다. 피로스는 자신의 야심을 이루려면 냉철한 정신을 가져야만 했으나, 불필요하게도 그는 동정신과 명예욕을 지닌 사람이었다. 삼니움족을 돕기 위해 BC 275년 베네벤툼(註. 현재 지명 '베네벤토')에서 치른 전투에서 그는 결정적으로 패배하여 상당히 많은 병력을 잃게 되었다.

○ 앞서 말한 대로 피로스는 루카니아 지방의 헤라클레아와 아풀리아 지방의 아우스쿨룸에서 큰 승리를 거두고 소규모 전투에서도 매번

＿＿＿＿ 로마의 선택과 결정 ① 도시의 창건

승리했다. 하지만 그때마다 병력이 줄어들었다. 게다가 피로스가 잃은 병사들은 쉽게 징집할 수 있는 로마 시민군과는 달리 오래전부터 자신을 따라다니던 고참병들이었고, 이들은 잃은 수만큼 다시 모병할 수 있는 병사들이 아니었다. 피로스는 큰 승리를 거두었던 헤라클레아 전투에서 4천 명 그리고 아우스쿨룸에서 또다시 4천 명의 병사를 잃었던 것이다. 전투가 끝나고 누군가가 피로스에게 승리를 축하하자 그는 이렇게 외쳤다고 한다. "이런 승리를 또 한 번 더 거두게 된다면 나는 아주 망하고 말 거요!" 결국 로마를 상대한 그리스의 에페이로스 왕 피로스는 전쟁터에서 매번 로마에 이겼지만 그때마다 자신의 병력도 조금씩 줄어들었고, BC 275년 마침내 베네벤툼 전투에서 패배함으로써 살아남은 보병 8천 명, 기병 5백 명을 데리고 에페이로스로 도망쳐 돌아갈 수밖에 없었다. 즉 군사 행동을 할 때는 비록 승리했을지라도 반드시 희생이 따르게 마련이었고, 이러한 출혈은 병력 보충이 불가했던 피로스에게 피해를 누적시키어 회복될

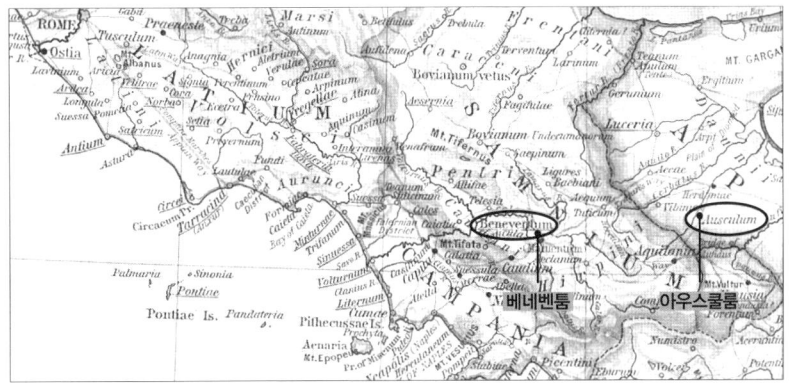

▌베네벤툼, 아우스쿨룸

수 없게 만들었던 것이다.

○ 이리하여 승리를 하더라도 조그만 피해가 계속하여 쌓이게 된다면, 최종적으로 전쟁의 목적을 이루지 못하고 패퇴할 수밖에 없는 승리를 '피로스의 승리'라고 일컫게 되었다. 에페이로스의 왕으로 로마와 싸웠고 시킬리아를 공격하여 당시 지중해의 최강자였던 카르타고와 대결했으며, 그리스로 돌아가서는 잃었던 왕국과 마케도니아를 재빨리 되찾은 전쟁 영웅 피로스의 죽음은 결코 영웅답지 않았다.

○ 그가 펠로폰네소스 반도 동측에 있는 아르고스를 공략하기 위한 시가전에서 창으로 자신에게 부상을 입힌 아르고스인을 공격하려는 순간, 건물 옥상에서 다른 여인들과 함께 전투를 지켜보던 아르고스 병사의 어머니가 아들이 위험에 처한 것을 보고 기왓장을 두 손으로 들어 피로스를 향해 힘껏 던졌다. 그 기왓장은 피로스의 머리에 명중했고 그는 충격으로 말에서 떨어져 기절했다. 그가 정신을 차릴 찰나, 적장이 단검으로 그의 머리를 잘랐다. 아르고스의 동맹군으로 참전 중이던 마케도니아 왕 안티고노스는 아들이 피로스의 잘린 머리를 들고 득의양양하게 다가오자 지팡이로 때리며 불경함을 꾸짖었다. 안티고노스는 자신의 할아버지 안티고노스와 아버지 데메트리오스가 겪은 운명의 역전을 잊지 않고 승리에 겸허했기 때문이다. 그는 예를 갖추어 피로스의 머리와 몸을 치장한 뒤 화장해 주었다

○ 훗날 키케로는 이탈리아의 통치권을 두고 로마와 결전을 벌인 2명의 장군 중에 피로스는 정직함 때문에 로마인들이 그에게 적개심을 품지 않지만, 한니발은 잔인함 때문에 로마인들이 영원히 증오할 대상이라고 말했다. 피로스는 로마를 공격하여 두려움에 몰아넣은 막강한 지휘관이었지만, 로마인들에게 인심을 잃지 않았던 것이다.

운명은 실로 어디로 튈지 모르는 것이고 헤아릴 수조차 없다.

─ 아테네의 니키아스는 알키비아데스와 정치적 경쟁자가 되어 둘 중 누구 한 명이 도편 추방되어야 했다. 그때 히페르볼로스란 자가 누군가 한 명이 추방되면 자신이 남은 한 사람과 경쟁자가 될 만큼 정치적으로 입지가 커질 것을 기대했다. 따라서 히페르볼로스는 두 사람 간의 불화를 부추기고 선동하였는데, 이것을 안 니키아스와 알키비아데스는 서로 화합하여 두 사람 모두 추방을 면하게 했고 그 대신 히페르볼로스가 추방되었다.

그러나 그 이후 니키아스는 알키비아데스와의 정쟁을 계속할 수밖에 없었고, 나중에는 알키비아데스의 선동으로 어쩔 수 없이 시킬리아 전쟁(註. 펠로폰네소스 전쟁에서 아테네의 결정적인 패전을 가져오게 한 전투였다. 전쟁의 주축은 아테네와 시라쿠사였다.)의 사령관을 맡게 되었다. 사실 그는 시킬리아 전쟁을 반대했지만 알키비아데스의 선동에 굴복하고 말았던 것이다. 그 결과 평생 동안 덕성을 쌓고 실천하는 일에 헌신했음에도 비참한 죽음의 덫을 피하지 못했다. 니키아스는 그 전쟁에서 패배하여 항복함으로써 자신이 그간 쌓은 명예까지 모두 잃고 말았으며, 게다가 적장인 스파르타의 길립포스가 그를 구명하려고 노력했지만 시라쿠사인들의 반대로 처형되었기 때문이다. 인간 만사는 '새옹지마'라고 했다. 만약 니키아스가 도편 추방을 놓고 알키비아데스와 끝까지 겨루어 이겼다면 경쟁자가 없는 아테네에서 무리 없이 자신의 의도대로 삶을 살 수 있었을 것이고, 패배하여 추방되었다고 할지라도 패장이 되어 항복하는 불명예 없이 조국의 시민들에게 훌륭한 장군이었다는 명예는 끝까지 지켜졌으리라.

❋ 벌금형에 처해진 풀케르(Pulcher)와 파피리우스(Papirius)의 판단

≪남보다 위에 있는 자는 함부로 말하거나 행동해서는 안 된다. 왜냐하면 지도층 인사의 언행은 커다란 영향을 끼치며 그 언행에 책임이 뒤따르기 때문이다. 군대의 지휘관도 마찬가지여서 지휘관이라면 전투와 직접 관련된 것뿐 아니라, 심리적인 것에도 세심한 주의를 기울여야 마땅하다. 따라서 지휘관은 자신의 믿음과 달라도 엄숙히 제례를 행하고 제물을 바치기도 하는 법이다.

군율을 위반한 것은 풀케르와 파피리우스가 모두 같았지만, 풀케르는 신중하지 못했고 병사들의 두려운 마음을 다스리지 못했다. 그러나 파피리우스는 점괘의 영향을 받지 않도록 기백이 충만한 병사들의 용기를 북돋아 주었다. 더욱 대단한 자는 적의 허식을 이용하여 오히려 병사들의 사기를 높였던 카이사르였다.≫

○ 이탈리아를 석권한 로마는 인접한 거대한 섬 시킬리아의 주도권을 둘러싸고 카르타고에게 창끝을 겨누었고 이로써 제1차 포에니 전쟁이 발화했다. BC 249년 제1차 포에니 전쟁 때 시킬리아의 드레파눔(註. 현재 지명 '트라파니') 항구 부근에서 카르타고와 싸우기 위해 집정관 풀케르(Publius Appius Claudius Pulcher)가 해군을 지휘하고 있었다. 그는 아피아 가도를 건설한 아피우스 카이쿠스(Appius Claudius Crassus Caecus)의 둘째 아들이었다. (註. 아피우스 카이쿠스는 나중에 눈이 멀었기 때문에 '카이쿠스caecus'란 별칭이 붙었다. 그는 제2차 포에니 전쟁 시에 에페이로스 왕 피로스에게 굴욕적인 강화 조약을 맺으려고 하는 원로원 의원들을 강력하게 비난하며 반대하는 연설을 했다. 하지만 그

──── 로마의 선택과 결정 ① 도시의 창건

가 선량한 행위만 한 것은 아니었다. 그가 감찰관으로 있을 때 권한을 오용해 자격 있는 자를 밀어내고 자신의 지지자는 물론 심지어 해방 노예의 아들들까지 행정관으로 앉혔으며, 신분이 낮은 시민들을 여러 선거구에 나누어 배정함으로써 자신의 반대파는 어느 선거구에서도 과반수를 얻기 힘들게 했다. 동료 감찰관 플라우티우스는 이에 넌더리를 내며 항의의 표시로 사임을 했다. 당시의 관례라면 아피우스도 함께 사임해야 했으나 그는 그렇게 하지 않았다. 그뿐만 아니라 18개월간의 임기가 만료된 후에도 물러나지 않자, 호민관이 그를 체포하려고도 했다. 그러나 아피우스는 아피아 수로를 완성할 때까지 온갖 계략으로 자신의 감찰관 임기를 연장했다. 라틴어로 '절름발이'란 의미를 가진 클라우디우스 씨족은 이렇듯 대부분 강경한 성품을 가풍으로 가졌다.) 로마군은 전투에 앞서 닭이 모이를 쪼아 먹는 것으로써 길흉을 점치는 새점을 보았는데, 대부분의 현명한 지휘관은 닭을 얼마간 굶겨서 먹이를 잘 먹게 만들었고, 이렇게 하여 병사들의 사기도 높이면서 전투에 불안감을 떨쳐 버리고 이길 수 있다는 신념을 가지게 만들었다. 그러나 드레파눔 해전에 임하기 위해 새점을 보는 그날은 도무지 닭이 먹이를 쪼아 먹지 않았다. 화가 난 풀케르는 "저 망할 놈의 닭들을 모조리 바다에 던져 모이를 먹지 않으면 바닷물이라도 마시게 해!"라고 소리치며 명령했고, 병사들은 "저렇게 신성을 모독하는 불충을 저질러도 괜찮을까?" 하며 걱정했다.

○ 풀케르와 맞붙게 된 카르타고군은 아드헤르발이라는 유능한 제독이 지휘봉을 잡았다. 그는 로마군이 접근해 온다는 소식을 듣자 함대로 이끌고 로마군을 피해 곧장 바다로 나아갔다. 선두에 있던 로마의 전함들은 적의 함선들이 항구에서 바다로 빠져나가자 이를 뒤쫓아 바

다로 나아가려 했으나, 뒤따라오던 로마 함선들이 계속 항구 쪽으로 밀고 들어오자 로마 전함끼리 부딪쳐 대혼란이 벌어지고 말았다. 카르타고군은 그때를 놓치지 않고 방향을 돌리더니 로마군에게 맹공을 퍼부었다. 결국 드레파눔 해전에서 풀케르는 전함 220척 가운데 123척과 병사와 선원 2만 명을 잃는 참패를 당했다. 결과를 보면 닭들조차도 풀케르의 무능함을 알아보았던 것이다.

○ 이 전투가 끝난 후 로마는 풀케르에게 1만 2천 데나리우스의 벌금형을 처했는데, 이는 대대로 내려오는 저택도 팔아야 할 만큼 큰돈이었다. 승전했다면 문책을 당하지 않았겠지만, 벌금형은 패전에 대한 책임을 물었던 것이 아니라, 지휘관으로서 해서는 안 되는 경솔한 행동을 했다는 이유에서였다.

○ 그 뒤에도 원로원이 풀케르에게 독재관을 임명하라고 하자, 글리키아스라는 자신의 전령을 독재관으로 뽑아 국가적 위기 상황을 조롱거리로 만들었다. 또한 풀케르가 죽고 난 후 그의 누이는 가마를 타고 사람들이 붐비는 거리를 지나다가 꽉 막혀 속도가 너무 느려지자 화를 내며 이렇게 외쳤다. "오빠가 살아 있어서 다시 함대를 몰살시켰으면 좋았을 걸! 그러면 인구가 얼마간 줄어들었을 거 아냐!" 이 말은 곧 로마 시민들에게 퍼져 나갔으며, 그녀는 민중 재판에서 국가 반역죄로 처단되었다. 여자로서 국가 반역죄로 처단을 받은 것이 이것이 처음 있는 일이었다.(註. 로마 시내의 도로는 좁았을 뿐 아니라, 많은 건물이 밀집되어 있고 사람들로 붐비고 있어 교통 체증으로 악명을 떨쳤다. 낮 동안의 교통 체증으로 보행자는 인파에 휩쓸려 발길이 저절로 앞쪽으로 나아가고, 급히 가려고 해도 앞 사람 때문에 막혀 그럴 수도 없을 정도였다. 게다가 보도는 노점상들이 내놓은 상품들로 뒤덮였다. 훗날

카이사르는 이를 해결하기 위해 낮 동안에는 수레의 통행을 금지시켰다. 다만 제례 의식, 개선식, 공공 축제, 건축 공사에 사용되는 수레는 예외였다. 그럼에도 도로의 혼잡이 해결되지 않자 마침내 도미티아누스 황제는 길거리에 내놓은 노점상들의 물건들을 강제 철거할 수 있도록 법령을 제정하기까지 했다.)

○ 그러나 이와는 반대로 새점을 현명하게 처리한 사례도 있다. 삼니움족에는 특별한 부대가 있었는데, 이 부대의 병사로 선발된 자들은 거대한 천막으로 안내되어 죽을 각오로 싸울 것을 맹세했다. 그러면서 자신과 같은 각오로 싸우지 않는 병사들이 발견된다면 동료의 우정을 버리고 즉시 죽여 버리겠음을 동시에 맹세했다. 다시 말하자면 그 부대의 병사들은 죽음을 두려워하지 않는 자들이었다. 이들은 제3차 삼니움족과의 전쟁(BC 298~290년) 때 그해의 집정관 파피리우스가 지휘하는 로마군과 맞붙게 되었다. 파피리우스는 전투에 임하기 전 로마군의 의식대로 복점관들에게 점을 치라고 명령했다. 점괘는 불길한 예시를 보였다. 닭이 모이를 쪼아 먹지 않았던 것이다. 그러나 복점관의 우두머리는 군대의 충만한 기백과 승리를 향한 병사들의 강한 신념을 알고 있었기에 사실 그대로 보고하지 않았다. 그는 집정관에게 점괘의 결과가 아주 좋다고 사실과 다르게 보고했다.

○ 전투 진영을 갖추었을 때, 점괘의 결과를 허위로 보고한 것이 두려웠던 몇몇의 복점관들이 일부 병사들에게 사실은 닭이 모이를 먹지 않았다고 실토했다. 그러자 병사들은 집정관의 조카를 통해서 파피리우스에게 이 사실을 보고하자 그는 이렇게 말했다. "복점관장은 그 자신이 점괘가 좋다고 말했기 때문에 자신의 말에 스스로 책임을 질 것이다. 만약 그가 거짓말을 했다면 벌을 받게 되리라." 그러면서 그

삼니움족 병사

는 전투가 복점관장이 말한 대로 좋은 결과가 있을 것이므로 복점관
들을 모두 전투 대열의 제일 앞에 배치하라고 명령했다.

○ 그런데 로마군이 적을 공격하는 도중에 어떤 로마 병사가 창을 잘못
던져 복점관장을 맞추었고 그는 즉사하고 말았다. 이 사실을 보고받
은 파피리우스는 이렇게 말함으로써 병사들의 용기를 북돋우고 설득
했다. "그 거짓말쟁이의 죽음을 두려워 말라! 그자의 죽음과 함께 우
리군은 복점관들의 거짓말로 초래된 모든 죄와 신의 누여움을 씻어
버리게 되었다. 이제 모든 일은 신의 가호 아래 순조롭게 진행될 것
이다." 그 전투에서 로마는 삼니움족을 크게 이겼으며, 삼니움족은
결정적으로 패퇴하여 더 이상 재기 불능한 상태에 빠지고 말았다.

○ 이와 비슷한 사례는 카이사르에게서도 살펴볼 수 있다. 파르살루
스에서 패배한 폼페이우스 측 병사들은 아프리카로 모여 저항을 계

속했다. 그들의 지휘관은 메텔루스 스키피오(註. Quintus Caecilius Metellus Pius Scipio Nasica. 폼페이우스의 장인이며, 유구르타와 싸운 메텔루스의 아들인 메텔루스 피우스의 양아들이다.)였으며, 스키피오 집안의 사람이 아프리카에서 지휘관으로 전투를 이끌면 항상 승리한다는 신탁이 있어 병사들의 사기가 드높았다. 마침내 BC 46년 카이사르와 메텔루스 스키피오는 아프리카 탑수스에서 맞붙어 일전을 치르게 되었다. 카이사르 휘하에 아주 평범한 병사였지만 이름이 스키피오 살루스티오란 자가 있었다. 신탁의 내용을 전해 들은 카이사르는 탑수스 전투에서 이 병사를 마치 지휘관인 양 맨 앞에 세워 병사들의 사기를 높였고 마침내 승리를 거머쥐었다. 이는 허식을 갖추어 실질을 도모한 것이다.

│ **알아두기** │

• 포에니 전쟁

포에니 전쟁은 로마와 카르타고 간의 전쟁이며, 카르타고는 페니키아인들이 세운 도시 국가로 현재 튀니지에 위치했다. 포에니 전쟁이란 의미도 '페니키아인들과의 전쟁'이란 의미다. 이 전쟁은 총 세 차례로 나뉘었다.(註. 카르타고인을 라틴어로 '포이누스'라고도 하며, 이는 페니키아 즉 라틴어로 말하자면 포이니케 지방의 사람들이 카르타고를 세웠기 때문이다. 포이누스Poenus의 복수형이 '포에니Poeni'다. '포이니케'는 자주색 땅을 의미하며, 이렇게 불린 이유는 그곳이 뿔고둥으로부터 값비싼 자주색 염료를 추출하여 보급했기 때문이다. 자주색 염료는 뿔고둥의 하부 기관지선으로부터 극히 소량 얻었으며, 50㎠의 천을 염색하려면 1만 마리의 뿔고둥이 필요했다.)(註. 천병희에 따르면

Poeni는 Poenus의 단수 속격 또는 복수 주격이므로 어법에 맞지 않으며, 또한 '포이니'로 읽어야 마땅하다고 주장했다.)

　제1차는 BC 264년~BC 241년에 벌어진 전쟁이다. 전쟁의 원인은 시라쿠스 왕 히에론 2세가 메사나를 점령하여 근거지로 삼고 주변국들의 약탈을 일삼고 있는 용병(註. 이들은 스스로를 군신 마르스의 아들이란 의미로 '마메르티니'라고 했다.)들을 섬멸하고자 마음먹게 된 데서 비롯되었다. 막강한 히에론 2세를 당할 수 없었던 메사나 용병들은 패색이 짙어질 무렵 망설임 끝에 로마에 도움을 요청하기에 이르렀다. 하지만 이때 카르타고군이 메사나의 전략적 중요성을 알고서 당시 지중해의 최강이었던 해군을 이끌고 메사나 해안으로 접근했다. 결국 히에론 2세는 공격을 중단하고 상황을 살피다가 카르타고와 연합했다. 사실 카르타고군은 용병들을 굴복시키고, 아예 그곳에 눌러앉아 메사나를 자신들의 식민시로 만들려는 속셈을 품고 있었다. 메사나 용병들의 요청을 받은 로마에서는 메사나에 병사들을 보내자는 측과 살인자요 도적 떼에 지나지 않는 자들을 도와줄 필요가 없다는 측이 맞섰으나 결국 지원군을 보내는 것으로 결정되었다. 이로써 카르타고와 로마는 전쟁이 불가피했고 이 전쟁에서 로마가 승리했다. 결국 시킬리아섬의 주도권을 놓고 디도 여왕의 후손과 아이네아스의 후손이 싸운 결과 로마가 승리함으로써 막대한 배상금을 받았으며 시킬리아, 사르디니아, 코르시카를 영향권 아래에 두고 속주화시킬 수 있었다.(註. 전설에 의하면 카르타고의 디도 여왕과 트로이아를 탈출하여 방랑하고 있던 아이네아스는 서로 사랑했던 연인이었다. 아이네아스는 연정에 홀려 의무를 저버리고 세월을 허비하다가 유피테르 신의 충고로 임무를 깨닫자 디도를 버리고 카르타고를 떠났다. 그러자 디도의 사랑은 증오로 변했고, 그녀가 죽으면서 내린 저주로 인해 카르타고와 로마는 영원한 적이 되었다고 한다. 이는 BC 1세기의 로마 시인 베르길리우스가 아이네아스를 그리스 신화에 나오는 디도 여왕과 동시대 사람으로 이야기를 만들었기 때문이다.) 또한 카르타고와 연합하여 싸운 시라쿠스의 히에론은 로마에게 패하자 현명하게도 얼마 후 강화 조약을 맺고서 오랫동안 로마의 동맹국으로 남았다.

제2차는 BC 218년~BC 201년에 일어난 전쟁으로 한니발 전쟁이라고도 불리며, 한니발은 히스

▌티키누스강

파니아에서 남프랑스를 거치고 알프스를 넘어 이탈리아를 침공한 후 티키누스(註. 현재 지명 '티치노'), 트레비아, 트라시메누스(註. 현재 명칭 '트라시메노') 그리고 칸나이 등 여러 곳에서 로마군을 이기고 괴롭혔으나, BC 202년 아프리카 자마에서 스키피오가 한니발과의 전투에서 결정적인 승리를 거둠으로써 결국 로마가 완승했다.

▌트레비아강

제3차는 BC 149년~BC 146년에 벌어진 전쟁으로 누미디아의 카르타고 침입이 발단되어 양국 간에 분쟁이 발생하자, 로마는 카르타고가 독단으로 전쟁을 일으킬 수 없다고 규정한 강화 조약을 위반했다며 전쟁을 일으켰다. 스키피오 아이밀리아누스(小 스키피오)가 인솔하는 로마군은 카르타고를 철저히 파괴함으로써 카르타고는 먼 훗날까지 완전히 사라지고 말았다.(註. 약 150년 후에 아우구스투스가 자신의 병사들이 은퇴 후 거주할 도시로 재건했다.) 이로써 로마는 지중해 지역에서 명실상부한 패권국이 되었다.

▌트라시메누스 호수

☀ 하밀카르 바르카(Hamilcar Barca)의 속임수(BC 241~238년)

≪지휘자가 없는 조직은 구성원의 많고 적음에 상관없이 나약하기 마련이며, 따라서 적과 싸워 이길 수 없는 법이다. 하밀카르는 자신의 명성을 이용하여 적을 속였다. 그러나 국가의 생존과 수많은 국민들의 생명이 담보되어 있는 경우에 속임수를 사용하는 것이 무조건 정의롭지 못하다고만 단언할 수 있겠는가? 게다가 상대는 정당성을 부여받지 않은 난폭한 집단이었다. 역사가 암미아누스 마르켈리누스는 많은 역사가들로부터 비판되어 왔던 이런 말을 했다. "절호의 기회가 왔을 때 잔악한 무리들을 처단하는 것은 비록 속임수일지언정 그리 부적절한 행동이 아니다."≫

○ 카르타고는 용병으로 국방을 지탱하는 국가였다. 그것도 외국인 용병이었다. 제1차 포에니 전쟁이 카르타고의 패배로 끝나고 용병들이 더 이상 필요가 없어졌으므로 카르타고는 그들을 고향으로 돌려보내야 했다. 시킬리아에 머물고 있던 카르타고의 군사령관 하밀카르는 전쟁의 막바지에 이르러서는 더 이상 병사들에게 급료를 지급할 수 없었다. 이제까지는 이탈리아 해안을 약탈하여 스스로 자금을 조달하기도 했지만 이제는 불가했던 것이다. 카르타고에 급료 지급을 요청했지만 돌아오는 대답은 용병들을 아프리카로 보내라는 답변뿐이었다.

○ 그는 어쩔 수 없이 본국의 명령을 따랐으나 용병들의 위험성을 감안하여 소규모로 나누어 보냈다. 카르타고가 적은 부대 단위로 그들을 무장 해제시킨 후 해고하기를 원했기 때문이리라. 그리고 하밀카르

──── 로마의 선택과 결정 ① 도시의 창건

자신도 군사령관의 지휘봉을 내려놓았다. 하지만 카르타고는 용병들이 도착하는 그때그때마다 해고한 것이 아니라 그들이 아프리카에 전체 모일 때까지 기다린 후 그들에게 약속된 급료를 깎으려고 했다.

○ 그러나 용병으로 복무한 대가의 지급을 둘러싸고 카르타고 정부와 용병들 간에 서로의 의견이 달랐다. 용병 계약에 의하면 전쟁 기간은 봄부터 가을까지였지만 여름이 시작되기 전에 종전되었으므로 급료를 절반만 주어야 한다는 것이 카르타고 정부의 생각이었고, 용병들은 그러한 상세한 내용은 당초 계약에 없었으며 전쟁이 일찍 끝난 것은 자신들의 책임이 아니라며 이를 수긍하지 않았던 것이다.

○ 용병들은 불만을 행동으로 나타냈다. 2만 명의 반란군이 마토와 스펜디우스라는 두 사람을 앞세워 무장한 채 카르타고 근처까지 몰려온 것이다. 게다가 용병들은 대부분 카르타고의 지배를 받는 지역 출신이었다. 이들은 지난번 레굴루스가 아프리카에 상륙하여 패배한 후 로마군이 패잔병들을 모두 모아 철수하자 카르타고가 로마 편에 선 도시들의 시민들을 무자비하게 학살하고 막대한 배상금을 부과한 끔찍했던 기억을 잊지 않고 있었다. 따라서 반란을 일으켜 급료를 받아 내고 각자 귀향했을 때 자신들에게 뒤따를 잔혹한 일들을 충분히 예상했다.

○ 용병들이 반란을 일으키자 당황한 카르타고 정부는 교섭에 응했으나 합의점에 이르지 못하고 회담은 결렬되었다. 카르타고 정부로서는 패전 후 재정을 긴축하고 세금을 올릴 필요가 있었기 때문에 용병들의 요구를 들어줄 수 없었다. 이러한 전후 대책은 불만을 낳았고, 특히 카르타고인과 피지배 민족은 세금 징수 등에서 차별을 받고 있었기에 폭동으로 발전할 위험마저 있었다. 불만을 가진 자들이 점차

로 늘어나서 반란군에 가담한 자가 거의 5만 명이나 되었다. 그들은 카르타고인들에게 억압받고 있던 동쪽의 리비아인과 서쪽의 누미디아인들을 포섭하여 한편이 된 다음 카르타고를 서서히 포위하고 압박했다. 이렇게 되자 용병들의 세력은 북아프리카 전체에 미쳐 지배자가 되었고 카르타고는 고립되었다. 카르타고인들은 해군을 제외한 육군은 용병들로 전쟁을 벌이는 관습이 있었기에 생전 처음으로 피비린내 나는 잔학한 육상 전투를 경험하게 되었다. 반란을 일으킨 용병들과의 싸움은 참혹하고 처참했다. 온갖 방법의 잔학 행위, 십자가형, 무자비함이 서로 간에 자행되었다.(註. 훗날 로마는 십자가형을 카르타고로부터 배워 주로 노예를 처형할 때 사용했다.)

○ 로마는 카르타고에 반란이 터지자 카르타고에 지원을 아끼지 않았다. 카르타고에는 식량을 지원했지만, 반란군에게는 아무것도 지원하지 않았던 것이다. 그리고 카르타고에게 이탈리아와의 무역을 허용했으며, 심지어는 제1차 포에니 전쟁의 결과 맺어진 평화 조약에 따라 카르타고가 이탈리아 내에서 용병을 모으는 것이 금지되었음에도 이탈리아에서 용병을 모집할 수 있게 했다.

○ 하지만 카르타고에서는 한노가 군 통수권을 쥐고 있었고, 그는 현명하기는 했지만 군사적 식견이 없는 자였다. 카르타고 시민들은 매년 1년 임기의 최고 행정관 2명(註. '수페테sufete'. 로마의 집정관과 유사함)과 28명의 원로를 선출했고, 이렇게 선출된 원로들이 회의를 거쳐 군대를 지휘할 군사령관(註. 스트라테고스strategos)을 임명했다. 카르타고의 군사령관은 사실상 법무관의 역할만 하던 최고 행정관보다도 훨씬 막강한 힘이 있었다. 그는 원로 회의에서 선출하는 원로의 감시와 견제를 받긴 했지만 전쟁 시에는 거의 군주였고 독재자였다. 하

지만 카르타고의 권력은 최고 행정관과 원로를 감독하는 판관단에게 있었다. 판관단은 104인의 귀족들로 구성된 정치적 감독 기관이었다. 이들은 군사령관과 원로 그리고 심지어는 최고 행정관에게도 사직 시에 임기 동안 행한 일의 잘잘못을 따져 무자비하고 잔혹한 극형에 처하곤 했다. 판관단의 충원은 자체적으로 5인의 선출 위원회를 통해 매년 새로 뽑게 되어 있지만 실제로는 한 번 임명되면 평생 판관직을 유지했다. 이렇게 되자 권력의 중심이 통제받는 관청에서 통제하고 감독하는 관청으로 옮겨 가게 되는 것은 당연했다. 원로 회의조차 주요 의결 사항을 시민들에게 알리기 전에 판관단에게 보고하게 되었고, 카르타고의 모든 행정 관료와 지휘관들은 판관단의 평가와 감시를 두려워했다. 이렇듯 행정과 군사에 책임을 지지 않는 자들이 국가 조직의 상부에 군림하여 권력을 휘두르게 되자 카르타고의 관료들과 지휘관은 책임감을 가지고 적극적인 행정과 전략을 펼치지 못하고, 판관단의 눈치를 보며 그들의 입맛에 달콤한 행동만 하게 되었다. 이는 제2차 포에니 전쟁이 끝난 후 한니발이 카르타고의 권력을 틀어쥐고 104인의 판관단직을 2년 이상 연임할 수 없게 하여 완전한 민주정을 도입할 때까지 계속되었다.

○ 한노의 군사적 능력으로서는 반란을 잠재울 수 없다고 판단되자 마침내 카르타고는 하밀카르를 군사령관으로 재임명하고 반란군을 진압하도록 결의했다. 하밀카르 바르카는 훗날 알프스를 넘어 이탈리아를 침공한 한니발의 아버지이며, 군사 지휘관으로서는 대단히 역량 있는 자였다.(註. 애초에 바르카 가문은 사막의 유목 민족 출신이었으며 디도 여왕이 카르타고를 건국했을 무렵에는 카르타고와 세력을 다투기도 했다.) 용병들은 숫자는 많았지만 강력한 지휘관이 없는 오합

지졸이어서 하밀카르의 적수가 되지 못하고 패퇴했다. 카르타고 정규군이 승리를 거듭하여 전황이 우세해지자, 하밀카르는 더 이상의 피를 흘리지 않고 반란을 해결하기 위해 고급 관리를 반란군 측에 보내 협상을 시도했다. 하지만 반란군들은 협상하러 갔던 고급 관리를 포로로 사로잡아 신체를 훼손하고 생매장시켜 버리는 만행을 저질렀다. 용병을 통솔하고 있던 마토와 스펜디우스가 휘하의 반란군들을 카르타고와 그 어떤 협상의 희망과 기대도 품을 수 없이 계속 싸움으로 몰아넣기 위해 잔인한 일을 저지른 후 앞으로 사로잡히는 모든 카르타고인들을 이와 같은 방식으로 살해하겠다고 선언한 것이다.

○ 결국 하밀카르는 이들을 섬멸할 수밖에 없다고 생각하고 반란군들을 산 위로 몰아넣었다. 그러면서 그는 반란군에게 교섭단으로 10명을 하산시키면 전원의 목숨을 보장하겠다고 말했다. 보통의 경우라면 실무 접촉부터 시작하여 점차로 구체적 합의점을 이루어 내겠지만, 산 위에서 포위당한 반란군들은 물과 식량이 부족해 노예와 포로의 인육까지 먹고 있는 절박한 상황이었다. 결국 반란군은 하밀카르의 명성에 의지하여 그가 자신이 한 말을 지킬 것이라고 믿고서는 지휘관급에 속하는 10명의 교섭단을 하산시켰다. 그러나 교섭단은 하산하자마자 하밀카르에게 살해당했다. 하밀카르는 적의 어려움을 이~~용~~하여 ~~속인수~~를 사용한 것이다.

○ 산 밑의 상황이 어떠한지 알 수 없던 반란군은 교섭단에게 배반을 당한 줄 알고 무기를 들고 하밀카르가 지휘하는 진압군을 공격했다. 이들의 공격을 기다리던 하밀카르는 코끼리 떼와 병사들을 보내 반란군을 모두 짓밟고 전멸시켜 버렸다.(註. 370년 제정 후기 때 한 무리의 색슨족 병사들이 배를 타고 로마 국경 방어군을 피해 현재 센강으로 불리

는 갈리아 북부 세쿠아나강의 강
변에 내렸다. 그러나 로마군이
재빨리 눈치를 채고 그들과 군사
협정을 시도했다. 로마군에 복무
할 젊은이들을 내어 준다면 아무
런 방해 없이 고향으로 돌려보내
주겠다는 것이었다. 그러나 로마
군은 한편으로 협상을 하면서 다
른 한편으로는 용맹한 기병과 보

▌ 하밀카르 바르카

병을 보내 색슨족을 포위했다. 협상 중에 갑자기 포위된 색슨족은 제대로
저항도 하지 못한 채 로마군에 의해 한 명도 남김없이 도륙되고 말았다.
4세기 로마 역사가 암미아누스 마르켈리누스 이렇게 말함으로써 로마군
의 행위에 정당성을 부여했다. "공정한 재판관은 이를 두고 야비하고 가
증스런 행동이라 비난할지 모른다. 그러나 다시 한 번 잘 생각해 보면 절
호의 기회가 왔을 때 잔악한 무리들을 처단하는 것이 그리 부적절한 행동
만은 아닐 것이다.")

✳ 사르디니아와 코르시카 획득(BC 238년)

≪힘이 약하면 정당한 분노마저 삼키는 것이 국가 간의 생존 논리였
다. 불과 5년 전만 하더라도 로마의 무단 점유는 신속하고 철저하게
카르타고의 군사력에 응징당했을 터였지만 전쟁으로 만신창이가 된

≪카르타고 정부는 로마의 억지 앞에 무릎을 꿇었다. 아마 이러한 것들이 쌓이고 쌓여 하밀카르는 한니발에게 자신의 분노를 계승시켰으리라.≫

○ 사르디니아에 주둔해 있던 카르타고 용병들은 카르타고가 제1차 포에니 전쟁에서 로마에게 사실상 패배하자 용병들이 흔히 그러하듯 즉시 충성심을 패대기치고 스스로를 반란군이라 선포했다. 하지만 사르디니아섬의 내륙 깊은 곳에는 여전히 카르타고의 지배에 항거하는 원주민들이 버티고 있었다. 원주민으로서는 카르타고든 카르타고 반란군이든 간에 자신들의 영토를 침범한 적이라는 점에서 마찬가지였다. BC 238년 반란군들은 계속되는 사르디니아 원주민의 공격에 맞설 수 없게 되자, 재빨리 전쟁의 승자인 로마에게 사르디니아의 지배권을 넘기고 살길을 찾았다.(註. 로마는 제1차 포에니 전쟁이 끝난 해인 BC 241년 이미 사르디니아를 속주로 선언했다.) 당시 집정관 티베리우스 그라쿠스(註. 호민관 그라쿠스 형제의 증조부)는 용병들의 제안을 신속히 받아들여 사르디니아를 점령했는데, 이는 지중해의 최강국이 반란군의 약탈에 동참하여 정의와 명예를 이익 때문에 저버린 행위였다.

○ 그때 카르타고 군사령관 하밀카르는 카르타고가 용병들의 바람으로 국가 위기에 봉착해 있던 터라 로마가 사르디니아 반란군의 장물에 무단 점거하는 것을 침묵하며 지켜볼 수밖에 없었다. 하지만 앞서 서술한 대로 하밀카르가 용병들의 반란을 섬멸하여 국가를 위기에서 구하자, 그는 로마에 사절을 파견하여 권한 없는 자들인 반란군에게 섬을 넘겨받는 것은 무단 점유나 다름없으므로 사르디니아를 돌려

달라고 요구했다.

○ 하지만 로마는 약탈물을 반환할 생각은커녕 적반하장식으로 말도 안 되는 온갖 부당한 핑계를 대면서 도리어 카르타고에게 선전 포고를 서둘러 준비했다. 로마는 국가 간의 정의란 곧 힘의 논리라는 파렴치한 명제를 내세운 것이다.

○ 그렇게 되자 24년에 걸친 로마와의 전쟁과 4년에 걸친 용병과의 끔찍한 내전을 치른 뒤라 극도로 약해진 카르타고는 자신들의 정당한 분노를 굽히고 굴복할 수밖에 없었다. 게다가 로마는 전쟁 준비 비용을 배상하라며 카르타고에게 1,200탈란톤을 부과했다. 이렇게 하여 로마는 사르디니아뿐 아니라 코르시카까지도 제대로 된 전투 한 번 치르지 않고 지배권을 주장하기에 이르렀다.

※ 패장(敗將)에 대한 처분과 태도

≪로마와 카르타고는 패장에 대해 서로 다른 처분을 내렸다. 로마는 패장에게 다시 한 번 기회를 주었는데, 이는 그가 패전으로부터 그 어떤 가르침을 받았으므로 또다시 같은 실패를 맛보지 않으리라는 믿음 때문이었다. 그러나 카르타고의 지배층은 패장을 용서하지 않았을 뿐 아니라 패장이 지니고 있는 권력의 다소에 따라 처분의 공정성까지도 폐기했다. 게다가 카르타고는 속국에 대해서 가혹하기만 하여 속국들은 기나긴 전쟁 기간 동안 충성스런 동맹국이 되지 못했다. 그 결과 하나는 대국으로 성장했고, 다른 하나는 멸망했다.≫

○ 로마가 자영농을 주축으로 하는 농업 기반 위에 서 있었다면, 카르타고는 시민들 대부분이 하루 벌어 하루 먹고사는 무산자였고 몇몇의 대농장주가 노예를 이용하여 농사를 짓고 있어 중산층이 없는 사회였다. 사회 풍토를 보면 로마가 검약과 도덕적 엄격함이 사회를 지배했던 반면, 카르타고는 사치가 사회를 지배했다. 카르타고의 사절들이 로마에 왔을 때 어느 원로원 의원 집에서 보았던 은접시를 다른 원로원 의원 집에서도 보았다고 한다. 그때 그 사절들은 로마의 원로원들은 어찌나 친밀감이 높은지 은접시 하나를 원로원 의원 모두가 돌려가면서 공동으로 사용한다며 빈정거리기도 했다. 이렇듯 두 국가는 경제적 차이도 컸지만 사회에서 중히 여기는 가치관이 서로 달랐으며 실패자에 대한 처분도 상이했다. 시민들에 대해서 로마는 온건하고 합리적이었고, 카르타고는 가혹하고 비타협적이었던 것이다.

○ 이러한 사회적 관습 때문에 로마는 제1차 포에니 전쟁(BC 264년~BC 241년) 때 리파니섬에서 포로가 된 스키피오(註. 자마 전투의 승리자인 스키피오 아프리카누스의 할아버지)와 시킬리아 서해안 조난 사고로 6만 명의 병사를 잃은 집정관들에게 모두 다시 병력을 주어 지휘하게 했다. 그것은 그들에게 명예를 회복할 기회를 주려는 것이 아니라, 지난번의 실패로부터 교훈을 얻었을 것이라고 판단했기 때문이다 로마인들의 이런 생각은 스토아 철학자 세네카가 "군사 지휘관이 자신의 지식, 노력, 용기 등 모든 것을 던져서 책임을 수행했다면 설령 전투에서 패배했을지라도 지휘관으로서 칭송받아 마땅하다."고 주장하는 데까지 이어졌다.

○ 그러나 카르타고의 패장에 대한 처분은 이와는 사뭇 달랐다. 로마 장

군 메텔루스와 파노르무스에서 전투를 벌인 카르타고의 장군은 150마리의 코끼리와 2만 명의 병사가 전사당하는 패장이 되자, 그는 카르타고로 소환되어 패전의 책임을 지고 사형을 당했다. 또한 1차 포에니 전쟁 발발 시 아피우스 클라우디우스가 이끄는 로마군이 메사나 해협을 건너게 했다는 이유로 그 지역을 수비하던 카르타고 지휘관도 사형에 처해졌다. 그리고 집정관 카툴루스와 파비냐나섬 앞바다에서 벌인 전투에서 패배한 카르타고 장군은 책형(註. 나무 기둥에 묶어 놓고 찔러 죽이는 형벌. 磔刑)에 처해졌다. 그러나 자마 전투의 패장인 한니발은 사형에 처하여지지는 않았다. 그것은 한니발이 곧 카르타고의 주인이자 힘이었기 때문이다.

○ 카르타고는 모병에 있어서도 시민군으로 구성된 로마와는 달랐다. 즉 해군은 자국의 시민들로 구성했고 육군은 용병들로 구성했다. 전쟁에서 승리하려면 해군과 육군 간에 서로 밀접한 협조가 이루어져야 함에도 카르타고 시민들인 해군과 리비아·사르디니아·히스파니아 등지에서 모집된 용병들 간의 이질적인 두 집단에서 손발이 잘 맞을 리가 없었다. 그뿐만 아니라 부유하고 권위적인 자들로 이루어진 과두정 형태의 최고 권력부에서는 승리한 장군을 의심하는 일도 다반사였다. 장군들은 전투에서 너무 많은 무공을 세우면 독재의 야심을 품고 있다고 고발당하기 일쑤였고, 패하면 비참한 처형이 기다리고 있었던 것이다. 카르타고의 이러한 상황이 로마와의 대결에서 유능한 장군이 사라지는 결과로 내몰았고 멸망에 이르게 되는 한 가지 이유였다.

○ 게다가 속국에 대한 태도에서도 시민권을 확대시켜 동화 정책을 추진했던 로마와는 달리 카르타고는 정복당한 속국의 주민들에게 시민

권을 부여하지 않았으며 가혹하게 공납을 부과하여 원성을 샀다. 이러한 카르타고의 태도는 로마와 장기간 전쟁을 벌일 때 동맹국의 충성심이 굳건했던 로마에 비해 결정적인 약점으로 작용했다.

마음에 새기는 말

경험이 없는 자를 설득하기란 매우 어렵다. 게다가 그때가 위기 상황이고, 설득하는 자가 명령을 받는 위치에 있을 때는 더욱 그렇다.

- BC 255년 제1차 포에니 전쟁 때 로마군은 북아프리카에서 패잔병들을 싣고 로마로 귀국하는 중에 시킬리아에서 거친 폭풍을 만났다. 그때 선원 출신의 부하 병사들이 로마 지휘관들에게 폭풍의 피해를 입지 않는 방법에 대해 충고했으나 받아들여지지 않았다. 결국 로마군은 참혹한 해난 사고를 당해 전투에서 패배한 이상으로 엄청난 손실을 겪었다. 이러한 결과를 낳게 된 이유는 로마의 지휘관들이 항해에 대한 경험이 없었고, 더군다나 위기 상황이었을 뿐 아니라 많은 경험이 있어 충고할 수 있는 사병들이 충고를 받아들여야 하는 지휘관들에게 오히려 명령을 받는 입장이었으므로 쉽게 설득시킬 수 없었기 때문이다. 이러한 실패를 경험했음에도 BC 253년 또다시 로마군은 시킬리아의 파르노무스에서 오스티아로 오던 중, 해안을 따라 항해해야 한다는 경험 많은 함장의 충고를 집정관들이 무시하고 바다를 가로질러 가라는 명령을 내려 해난 사고로 무려 150척 이상의 선함을 잃었다.

―――― 로마의 선택과 결정 ① 도시의 창건

부 록

✸ 신들의 탄생

신이 인간과 다른 점은 불사(不死)의 존재라는 것이다. 태초에 모든 만물은 뒤섞여 있어 무한한 혼돈의 공간이었고 이를 카오스(chaos)라고 했다. 하지만 카오스는 우주 만물을 생성하는 씨앗을 품고 있었고 이를 싹틔울 수 있는 힘을 가졌다. 마침내 카오스의 공간에서 대지(가이아)가 생기고 밤(닉스)과 어둠(에레보스)이 태어났다. 가이아는 별과 하늘을 지배하는 우라노스와 바다를 통치하는 폰토스를 낳았고, 밤과 어둠은 창공(아이테르)과 낮(헤메라)을 잉태했다. 이런 식으로 우주를 구성하는 물질이 서서히 구분되어 마침내 우주가 질서정연한 모양을 갖춘 코스모스(cosmos) 세계로 변모했다.

▮ 크로노스

가이아는 그중 우라노스와 결혼하여 남편의 사랑을 듬뿍 받았다. 그둘 사이에 12명의 티탄족과 외눈박이인 키클롭스 3형제(註. 3형제를 통칭하여 복수형으로 '키클로페스'라고 한다.), 팔이 100개 달린 거인 헤카톤케이레스 3형제가 태어났다. 그러나 우라노스는 키클롭스와 헤카톤케이레스의 끔찍하고 흉측한 모습을 다시는 보기 싫어, 가이아 몸속의 깊고

깊은 지옥 타르타로스에 가두고 말았다. 가이아는 타르타로스에 갇히게
된 덩치 큰 자식들이 고통스런 나날을 보내자 괴로움을 견디다 못해 티
탄족 12명 중 가장 강력한 시간의 신인 크로노스를 부추겨 아버지에게
반란을 일으키게 했다. 가이아는 '스키테(scythe)'라는 거대한 낫을 크로
노스에게 주면서 기회를 보아 아버지를 제거하고 제위에 오르라고 귀띔
해 주었다. 찬탈의 기회를 노리던 크로노스는 정욕에 불타 가이아를 붙
잡고 있던 우라노스에게 다가가 그의 생식기를 스키테로 잘라 바다로 던
져 버렸다. 이로써 우라노스를 거세한 크로노스는 반란에 성공하고 권

▌「비너스의 탄생」, 보티첼리 作
(정복왕 알렉산드로스에게는 판카스페라는 절세미인 애첩이 있었다. 그는 애첩의 미모를 영원히 간직하고
싶어 천재 화가 아펠레스에게 그녀를 그리게 했다. 하지만 그림의 완성이 생각보다 늦어져 궁금증이 생긴
왕이 화실에 들렀더니 애첩과 화가가 서로 엉켜 사랑을 나누고 있었다. 그는 분노와 질투가 일었지만 가까
스로 정신을 가누고 이렇게 말했다. "싸움꾼인 나보다는 화가가 아름다움을 감상하는 데 낫겠지. 아펠레스,
그대에게 그 여자를 선물로 주노라!" 목숨을 건졌을 뿐 아니라 미인까지 얻게 된 화가는 혼신의 힘을 다해
작품을 남겼다. 그것이 「바다 거품에서 태어난 아프로디테」였다. 하지만 훗날 옥타비아누스가 이집트를 정
복하고 이 그림을 찾기 위해 온통 뒤졌지만 결국 실패했다. 위의 그림은 이 이야기를 듣고 그린 르네상스
시대의 화가 보티첼리의 작품이다.)

좌에 올랐다. 우라노스의 잘린 생식기는 오랫동안 바다를 떠돌다가 마침내 거품(註. 그리스어로 거품을 '아프로스αφρος'라고 한다.)을 일으키며 미의 여신인 아프로디테가 되었다.

이렇게 하여 가이아를 지극히 사랑했던 하늘과 별의 신 우라노스와 대지의 여신 가이아는 영원히 갈라섰다. 그 이후부터 지금까지 하늘과 대지는 영원히 갈라지게 되었으며, 부부 사이는 영원한 평행선을 긋게 되었다.

권력을 잡은 크로노스는 티탄족들은 모두 구출했지만 크로노스와의 전쟁에서 승리하면 키클롭스와 헤카톤케이레스까지 모두 구해 주겠다는 어머니 가이아와의 약속을 어겼다. 화가 난 가이아는 크로노스에게 "너도 우라노스와 같이 자식들에 의해서 멸망할 것이다."고 말하며 분노와 저주를 퍼부었다. 이에 불안을 느낀 크로노스는 아내 레아가 자식을 낳을 때마다 집어삼켰다.(註. 크로노스는 시간의 신이므로 시간은 모든 것을 변화시키고 사멸하게 한다는 것을 의미한다.) 이를 비참하게 생각한 레아는 마지막 아들 제우스를 크레타의 한 동굴에 숨겨 두고 크로노스에게는 돌을 강보에 싸서 주었다. 제우스는 신인지라 님프의 양육으로 금방 자라나 크로노스에게 도전했다. 그는 우선 자신의 첫 번째 아내 메티스를 설득하여 그녀가 크로노스에게 구토제를 먹여서 토하게 한 다음, 형제들을 모두 구해 냈다.

그러고 나서 형제들과 힘을 합쳐 우주의 권력을 잡기 위해 아버지에게 맞섰다. 힘겨운 9년간의 전쟁을 벌였지만 결판이 나지 않자, 제우스는 타르타로스에 갇혀 있던 키클롭스와 헤카톤케이레스 형제들을 구출하여 그들의 도움을 받기로 했다. 감옥에서 구출되어 나온 키클롭스들은 손재주가 있어 우수한 무기를 만들 수 있었고 헤카톤케이레스 형제들은

100개의 팔을 가졌으므로 수많은 적을 상대할 수 있었다. 키클롭스들은 자신을 구해 준 제우스 측의 승리를 위해 제우스에게 번개(선더볼트)를, 포세이돈에게는 삼지창(트라이아나)을, 하데스에게는 보이지 않게 하는 황금투구(퀴에네)를 만들어 주었다.(註. 4세기 콘스탄티누스 황제는 그리스도 교인들의 도움을 받음으로써 경쟁자들과의 치열한 경쟁에서 최종 승리했다. 올림푸스 신들이 패배했다면 키클롭스와 헤카톤케이레스는 다시금 타르타로스에 갇혔을 것이며, 콘스탄티누스가 패배했다면 그리스도 교인들은 다시금 박해받는 신세로 전락했을 것이다. 키클롭스 · 헤카톤케이레스 그리고 그리스도 교인들은 자신들에게 자유를 준 자에 대한 보답으로 충성심을 보이기도 했겠지만, 전쟁에서 패한다면 어렵게 얻은 자유를 다시 잃고 만다는 절박한 사정이 더욱 강력한 충성심을 낳게 했던 것이리라. 올림푸스 신들과 콘스탄티누스는 그 점을 통찰했다.) 결국 강력한 신무기를 얻게 된 제우스가 크로노스를 무찌르고 우주의 권력을 손안에 넣게 되었다.(註. 전쟁이나 경쟁에서 승리하기 위해 중요한 것은 무기 또는 수단의 질적 향상이다. 승리를 위해 제우스에게 조언한 정의의 여신 테미스는 제우스에게 이러한 지혜를 일깨웠다.) 그리하여 제우스의 형제들과 동조자들은 시간을 지배하는 크로노스에게 승리함으로써 시간의 지배에서 벗어나 불사(不死)하게 되었다. 패배한 크로노스는 가이아의 깊은 지옥인 타르타로스에 영원히 갇혔다.(註. 가이아의 깊은 지옥은 곧 깊은 땅속을 의미한다.) 다만 로마 신화에 따르면, 패배한 크로노스는 이탈리아로 도망쳐 그곳에서 농업을 관장하는 신이 되어 황금시대를 열었다고 한다. 크로노스는 로마의 사투르누스와 동일한 신이다.

우라노스의 잘린 생식기에서 떨어진 피로부터 기간테스가 태어났다.(註. 기간테스의 단수형은 기가스이며, 10의 9승을 뜻하는 기가의 어원이 된다. 영어 자이언트giant도 여기서 나왔다.) 기간테스는 모두 24명으로 하반신은 뱀과 같고, 상반신은 거인이었다. 가이아는 크로노스와의 전쟁에서 승리한 올림푸스 신들이 크로노스뿐만 아니라, 크로노스의 형제이자 가이아의 자식들인 다른 티탄족들까지도 타르타로스에 가둔 것에 불만을 품었다. 마침내 가이아가 기간테스를 부추겨 올림푸스 신들에게 대항하게 하자, 올림푸스 신들은 힘겨운 전투를 이끌게 되었다. 결국 헤라클레스의 도움을 받아야지만 전투에서 이길 수 있다는 예언이 있었다. 올림푸스 신들은 예언에 따라 헤라클레스에게 도움을 요청했고, 그제야 겨우 기간테스를 제거할 수 있었다.

✷ 트로이아 전쟁(BC 1250년경)

정의의 여신 테미스가 예언하기를 바다신의 딸 테티스가 낳은 신이 제우스를 능가하여 올림푸스의 권좌를 빼앗을 것이라고 했다. 그러자 제우스는 제왕의 권위로 테티스에게 인간인 테살리아의 프티아 왕 펠레우스와 결혼할 것을 명령했다. 제우스의 명령에 따른 그 결혼식은 거창하게 열리고 모든 신들이 초대되었다. 하지만 불화의 여신

❚ 트로이아 유적 발굴 현장

　　　　　　　_____ 로마의 선택과 결정 ① 도시의 창건

에리스는 초대되지 않았다. 그녀는 잔치에 자신만을 제외시킨 것에 분노하며 분쟁과 불행의 싹을 뿌리려고 마음먹었다. 초대받지 않은 잔치에 나타난 에리스는 '가장 아름다운 여신에게'란 글귀가 새겨진 황금 사과를 식탁 위에 던지며 여기 있는 여신들 중에서 가장 아름다운 여신이 이 황금 사과를 가질 자격이 있다고 선언했던 것이다.

그러자 제우스의 아내인 헤라, 딸인 아테나, 그리고 미의 여신 아프로디테가 서로 자신이 가장 아름다운 여신이므로 그 황금 사과를 가질 자격이 있다며 다투었다. 결국 그녀들은 이 분쟁을 끝내기 위해서 제삼자의 판단이 필요하다는 데 합의하고, 세상에서 가장 아름다운 인간 남자인 트로이아의 왕자 파리스에게 그 심판을 맡기자는 제우스의 제안에 동의했다. 파리스는 원래 트로이 왕 프리아모스의 아들로 태어난 왕자였지만, 그가 나라를 멸망하게 하는 운명을 타고났다는 예언 때문에 태어나자마자 황궁으로부터 버려져 목동으로 살아가고 있었다. 어느 날 이데산의 풀밭을 걷고 있는 파리스 앞에 느닷없이 3명의 아름다운 여신들이 나타났다. 그녀들 앞에는 황금색으로 빛나는 사과가 놓여 있었다. 3명의 여신들은 각각 그 황금 사과를 자신에게 줄 것을 요구하면서 파리스에게 조건을 내걸었다. 최고 권능의 여신 헤라는 만약 그 황금 사과를 자신에게 준다면 인간으로서는 최고의 권력과 권위를 주겠다고 말했으며, 전쟁과 용맹의 여신 아테나는 세상에서 가장 뛰어난 장군이 될 수 있도록 해 주겠다고 약속했고, 미의 여신 아프로디테는 만약 그 황금 사과를 자신에게 준다면 세상에서 가장 아름다운 여인을 아내로 주겠다고 속삭였다. 무릇 심판하는 자는 불리한 판단을 받은 자로부터 비난받을 각오가 되어 있어야 한다. 그것이 어렵다면 판단을 포기해야 하는 법이다. 갈등하던 파리스는 아프로디테의 허리띠에서 발산하는 미모와 속삭

임에 유혹되어, 마침내 황금 사과를 그녀의 품에 안겼다.

그러나 아프로디테는 정의로운 방법으로 파리스에게 아름다운 여인을 준 것이 아니었다. 파리스가 그리스를 방문했을 때 스파르타 왕 메넬라오스의 아내 헬레네를 유혹하게 하여 트로이아로 같이 가게 했던 것이다. 그렇게 되자 그리스는 분노하여 헬레네를 되찾고 만행을 저지른 트로이아를 응징하기로 결정했다. 게다가 그리스 영웅들이 헬레네에게 구혼할 적에 오디세우스의 제안으로 그녀가 누구를 남편으로 선택하든지 간에 남편 된 자의 권리를 지켜 주기로 맹세했던 적이 있었던 까닭에 이 맹세에 묶여 모든 그리스 영웅들이 트로이아 전쟁에 참여하게 되었다. 메넬라오스의 형인 아르고스의 아가멤논을 주축으로 그리스 동맹군이 결성되고, 마침내 트로이아 전쟁의 포성이 울렸다. 이 전쟁은 짧게 끝날 것으로 예상했지만 무려 10년간이나 신과 인간이 서로 편을 갈라 치른 전쟁이었다.

다만 이것은 신화에 근거한 그리스의 주장이다. 트로이아 측에서 말한다면 그리스가 트로이아의 부와 재물에 탐이 나서 참혹한 침략 전쟁을 일으켜 놓고서는 이치에 맞지도 않는 신화를 끌어다가 무자비한 욕심을 감추려 한다고 비난했을 것이다.

❋ 펠롭스가(家)의 비극

프리기아(註. 소아시아 중서부에 위치) 왕 탄탈로스는 제우스와 바다의 요정 플루토 사이에 태어났지만 헤라의 미움을 받아 대단히 악한 천성을 지니게 되어 제우스의 애정 어린 보살핌을 저버리고 교만한 자로 성장했다. 그는 제우스와 신들의 총애를 받았기 때문에 자주 올림푸스로 초대되어 신들의 음식인 암브로시아와 넥타르를 나누어 먹었지만, 교만하고 사악했던 그는 신들의 음식을 훔쳤고 그것도 모자라 신들의 능력을 시험하고자 했다.

어느 날 그는 올림푸스 신들을 초청한 다음 큰아들 펠롭스를 죽여 그 시신으로 요리하여 음식으로 내놓았다. 신들 모두는 경악스런 탄탈로스의 죄를 단박에 알아채고 아무도 그 음식에 손을 대지 않았다. 다만 딸 페르세포네가 저승의 신 하데스에게 납치되어 실의에 빠진 데메테르(註. 곡식을 관장하는 신)만이 무심코 한 입을 먹었다. 격노한 신들은 불경스런 탄탈로스를 깊고 깊은 저승의 감옥 타르타로스에 가두고 영원한 굶주림과 갈증으로 고통받게 했다. 타르타로스 연못 한가운데 놓인 그가 물을 마시려 하면 연못이 말라 버리고, 그의 머리 위에는 탐스런 과일이 주렁주렁 달렸지만 과일에 손을 뻗치면 나뭇가지가 손에 닿지 않게 더 높이 올라갔다. 그런 후 신들은 펠롭스를 다시 살렸지만 데메테르가 먹어 버린 어깨는 되살아나지 않아 상아로 어깨를 만들어 주어야만 했다. 하지만 다시 살아난 펠롭스는 신들의 배려에 감사하는 자가 되지 못하고 아버지에 못지않은 사악한 자로 자라났다.(註. 펠로폰네소스는 '펠롭스의 섬'이란 의미다.)(註. 탄탈로스에게는 니오베라는 딸이 있어 오빠 못지않게 신들에게 불경했다. 그녀는 테베 왕비가 되어 일곱 명의 아들과 일곱 명의 딸을 낳자 오만해져, 쌍둥이 남매 아폴론과 아르테미스를 낳은 레토 여신에게 제우스의 첩이 되어 헤라의 노여움으로 떠돌아다닌다고 조롱했다. 레토 여신이 니오베의 조롱에 눈물을 흘리자 분노한 아폴론은 니오베의 아들들을 화살을 쏘아 모두 죽였고 아르테미스는 딸들을 모두 죽였다. 니오베는 자녀들을 모두 잃자 슬픔을 이기지 못해 돌이 되었고 돌이 되어서도 계속 눈물을 흘렸다고 한다.)

피사 왕 오이노마오스에게는 히포다메이아라는 딸이 있었는데, 그녀는 절세미인이어서 수많은 사내들의 청혼이 들어왔다. 하지만 오이노마오스는 사위에게 죽을 운명이라는 예언을 듣게 되자, 아름다운 딸이 기품과 용기를 갖춘 사내들의 청혼을 받는 것이 기쁨이 아니라 공포와 분노가 되었다. 그리하여 그는 히포다메이아와 결혼하려면 자신과 전차 경기에서 이겨야 하며 만약 패배했을 시에는 목숨을 내놓아야 한다는 난폭한 조건을 내걸었다. 그에게는 군신 아레스의 말이 끄는 마차에다 헤르메스(註. 제우스의 전령)의 아들 미르틸로스를 마부로 고용하고 있어 그를 이기기란 쉬운 일이 아니었다. 이미 그에게 전차 경기에 도전한 몇몇의 용감한 젊은이들이 패하여 목숨을 잃고 있었다.

하지만 야심에 찬 펠롭스는 히포다메이아와의 결혼뿐 아니라 아예 오이노마오스의 왕국을 모두 차지하려고 계략을 꾸몄다. 그는 오이노마오스의 마부 미르틸로스에게 접근하여 자신을 승리하게 해 준다면 히포다메이아와 첫날밤을 갖게 해 주고 왕국의 절반을 주겠다며 매수한 것이다. 매수된 미르틸로스는 전차 바퀴의 못을 청동에서 밀랍으로 바꾸었고, 경기에 나선 오이노마오스는 앞서가던 펠롭스를 막 따라잡을 순간, 전차 바퀴가 부서지고 온몸이 갈가리 찢겨져 죽음을 맛았다. 사람들이 하는 말 중에 악한 주인 밑에 선한 하인이 없다는 말은 이렇듯 진실이었다.

하지만 가증스럽게도 펠롭스는 밀약을 지키지 않고 히포다메이아와 첫날밤을 지내기 위해 왕궁으로 가는 미르틸로스를 절벽으로 밀어 떨어뜨려 살해했다. 미르틸로스는 죽으면서 아버지 헤르메스에게 자신이 억울하게 죽게 되었으니 펠롭스의 가문에 저주를 내려 달라며 기도했고,

| 「탄탈로스가 준비한 신들의 향연」, 위그 타라발 作

전령의 신 헤르메스는 아들의 기도를 들었다.

　미르틸로스를 살해한 다음 펠롭스는 히포다메이아와 결혼하여 아트레
우스와 티에스테스를 비롯한 많은 자녀를 낳았다. 펠롭스가 나이가 들
어 죽음에 가까워지자 아트레우스와 티에스테스는 아버지 펠롭스가 가
장 아끼던 크리시포스를 죽였으며, 그 이후 서로가 왕위를 차지하려는
격한 싸움이 그칠 날이 없었다. 마침내 제우스의 도움을 받은 형 아트레
우스가 왕위를 차지했지만 형제간에 적의는 사그라지지 않았다. 게다가
동생 티에스테스가 아내와 정을 통하고 있다는 사실을 알게 되자 아트레
우스는 복수심에 불타올랐다. 복수심을 채우기 위해 아트레우스는 동생
에게 화해를 청하는 척하며 동생의 가족들을 왕궁에 초대하여 식사를 대
접했다. 하지만 티에스테스 가족이 왕궁에 초대되어 왔을 때 아트레우
스는 함께 온 동생의 두 아들을 티에스테스 몰래 죽여서 그 시신으로 요

리하여 음식으로 내놓았다. 티에스테스 부부가 요리를 다 먹고 나자 아트레우스는 동생 부부에게 고기 맛이 어떠냐며 잔인한 질문을 던졌다. 그제야 진실을 알게 된 아트레우스는 구역질을 하며 왕궁에서 급히 도망쳤다. 그때 그는 급히 도망치느라 자신의 딸 펠로페이아를 데려오지 못했고, 그녀는 아트레우스에게 능욕을 당했다. 복수심에 불타던 티에스테스는 펠로페이아의 아들이 아트레우스 가문에 복수를 할 것이란 신탁을 듣자 몰래 아트레우스의 왕궁에 잠입하여 펠로페이아의 배 속에 자신의 씨를 뿌렸다.

티에스테스의 씨를 받은 펠로페이아는 아트레우스 왕궁에서 아이기스토스를 낳았고, 아이기스토스는 신탁에서 계시한 대로 아트레우스를 살해했다. 게다가 트로이아 전쟁에서 그리스 측의 사령관이던 아트레우스의 아들 아가멤논이 전쟁에서 승리하고 귀환하자, 아이기스토스는 아가멤논의 아내 클리타임네스트라(註. 쌍둥이 형제 카스트로와 폴룩스의 누이로서 트로이아 전쟁의 원인이 된 헬레네와 쌍둥이 자매다.)의 연인이 되어 있었고 그는 아가멤논까지 살해했다. 아이기스토스의 패륜은 아가멤논의 아들 오레스테스와 딸 엘렉트라에게 클리타임네스트라와 함께 살해당함으로써 죗값을 치렀다.

그러나 오레스테스와 엘렉트라로서는 어머니와 삼촌을 살해한 죄를 저지른 것이다. 그토록 질기게 이어지던 펠롭스 가문의 비극은 오레스테스가 복수의 여신에게 존속 살인죄로 체포되어 아테나 여신이 주재한 재판에서 사면받음으로써 마침내 비극의 고리를 끊을 수 있었다. 인간의 기준으로는 상상을 뛰어넘는 도덕성의 파기와 잔혹성을 보여 주는 이 신화는 신에 대한 불경을 꾸짖고 경계하고자 하는 것이리라.

✻ 최초의 여인 판도라

　프로메테우스(미리 생각하는 자)가 물과 흙으로 여러 생명체를 만들어 내면 동생 에피메테우스(나중에 생각하는 자)는 그 생명체에 특징을 주었다. 마지막으로 프로메테우스는 남자 인간을 만들었는데, 에피메테우스가 이미 다른 생명체에게 모든 것을 주었기 때문에 줄 것이 없었다. 결국 프로메테우스는 올림푸스에서 신들이 사용하는 불을 훔쳐 인간에게 주었다. 이를 안 제우스는 크게 노여워했고, 죄를 저지른 프로메테우스를 카프카스 절벽에 묶어 매일같이 독수리가 간을 파먹게 했다. 신이므로 죽을 수 없었던 프로메테우스는 매일같이 고통을 겪었다.

　이러한 처벌에도 만족하지 못한 제우스는 인간에게 벌을 주기 위하여 헤파이스토스에게 부탁하여 아름다운 여자 인간 '판도라pandora'를 만들었다. 최초의 여인 판도라는 '모든 선물을 받은 여인'이란 의미답게 신들로부터 온갖 선물을 받고 태어났다.(註. 그리스어 '판παν'은 '모든', '도라δωρα'는 '선물'이란 의미다.) 대장장이신 헤파이스토스는 아름다운 목소리와 인내력을, 전쟁과 기예(技藝)의 여신 아테나

▌「판도라의 상자」, 존 윌리엄 워터하우스 作

는 방직 기술을, 미의 여신 아프로디테는 매력 · 교태 · 격렬한 욕망 · 몸을 나른하게 하는 생각을, 제우스의 전령인 헤르메스는 몰염치와 교활한 성격 · 거짓말을 주었다.

프로메테우스는 카프카스 절벽으로 형벌을 받으러 끌려가기 전에 제우스의 계획을 미리 알아채고 동생에게 여인을 조심하라고 충고했다. 하지만 이 여인을 에피메테우스에게 보내자, 형의 충고에도 불구하고 판도라에게 홀딱 반한 에피메테우스는 그녀를 아내로 삼고 말았다. 판도라는 에피메테우스에게 올 때 제우스로부터 절대 열어 보아서는 안 된다는 상자를 하나 건네받았다. 하지만 그녀의 호기심은 제우스의 경고에 대한 두려움을 앞서 열어 보고야 말았다. 상자 속에는 축복들이 담겨 있었다. 이 축복은 판도라가 뚜껑을 여는 순간 인간 세상에서 사라지고

▌ 카프카스의 카즈베기 산
(프로메테우스가 절벽에 묶여 독수리에게 간을 파먹히고 있다는 신화를 간직하고 있다)

────── 로마의 선택과 결정 ① 도시의 창건

그 대신 질병·슬픔·증오·시기 등 끔찍한 악으로 채워지고 말았다. 하지만 그녀가 소스라치게 놀라 급하게 상자 뚜껑을 닫는 바람에 그나마 상자 속의 축복 중에서 희망만은 남게 되었다.(註. 그리스 신화의 판도라와 성서의 하와는 둘 다 최초의 인류 여성으로 표현되었다. 또한 이 여성들은 신의 명령을 어기고 금지된 행동을 하게 되어 인류 불행의 원인 제공자로 정의되어 있으며, 그러함이 고대인들의 생각이었다.)

☀ 홍수의 재앙

프로메테우스가 신의 모습을 본떠 인간을 만든 후, 시간이 많이 흘러 땅에 사는 인간들이 점점 더 타락하고 신들의 말에 귀를 기울이지 않게 되었다. 마침내 인간들의 타락과 오만이 신에 의해 심판을 받는 날이 오고야 말았다. 아르카디아(註. 펠로폰네소스 반도의 중앙에 위치)의 리카온 왕을 찾아갔을 때 왕의 오만함과 타락함을 직접 경험한 제우스가 왕의 일가에 저주를 내리고 그것도 모자라 인간 전체를 멸망시키기로 결정했던 것이다. 다만 제우스는 프로메테우스의 아들 데우칼리온과 에피메테우스의 딸이자 데우칼리온의 아내인 피라(註. 에피메테우스와 판도라 사이에서 태어난 딸.)는 방주를 타게 하여 생존시켰다.(註. 이들 사이에 헬렌이 태어나서 그리스인들의 선조가 되었다고 한다. 따라서 그리스인들은 자신들을 헬레네스Hellenes라고 부르며 자신들의 국가를 헬라스Hellas라고 한다. 이는 곧 헬레니즘의 어원이 되었다. 다만 서북부 그리스의 한 부족인 그라이코이Graikoi인들이 그리스 에우보이아인들과 함께 BC 8세기에 이탈리

아 나폴리만 북쪽에 식민
시 쿠마이를 세우면서 라
틴족에게 그들은 '그라이
키Graeci'로 그들의 본국
은 '그라이키아Graecia'로
불리었고, 여기서 다시 영
어의 '그리스Greece'가 파
생되어 오늘에 이르렀다.)

❙ 파르나소스 산

제우스는 데우칼리온의

방주가 파르나소스산 꼭대기에 걸릴 때까지 큰 비를 내렸고, 선택된 자
를 제외한 지상의 모든 생명체가 사라졌다.(註. 진리의 충고와 계시를 듣
지 않고 오만하고 경박해지는 것이 사회 발전의 모델이었다. 또한 이로 인해
물로써 모두가 제거된다는 것에 대해서는 그리스 신화와 성서가 같은 내용을
담고 있으며, 이는 신의 뜻에 따르지 않는 자의 처벌에 대한 고대인들의 판단
이었다.)

☀ 포도주의 신 디오니소스의 탄생

헤라 여신은 남편 제우스가 테베 왕 카드모스의 딸 세멜레와 가까이
지내는 것을 알게 되자 참을 수가 없었다. 더군다나 세멜레는 제우스의
아기까지 잉태했다고 들었다. 헤라는 자신의 권능을 사용하여 당장 세
멜레를 제거시켜 버릴 수도 있었지만, 최고의 여신인 자신이 일개 인간

———— 로마의 선택과 결정 ① 도시의 창건

에게 질투를 느껴 치졸한 행동을 했다는 소리를 들을 수 없는 노릇이었다. 그렇다고 헤라가 세멜레를 용서할 마음은 없었다. 세멜레가 남이 알지 못하게 제우스와 연인 관계만 유지했다면 모른 척할 수 있었겠지만, 제우스의 아이까지 잉태한 지금은 용서할 수가 없었던 것이다.

헤라는 세멜레의 유모로 변신하여 세멜레가 기거하고 있는 집을 찾아갔다. 변신한 헤라를 자신의 유모인 줄 알고 반갑게 맞이하여 이야기를 나누던 세멜레에게 "요즘 방탕한 젊은이들이 자신을 신이 변신한 것이라고 꾸며 대면서 여인들을 농락하고 다니지요. 제가 알고 있기로는 제우스라고 자칭하는 자가 이곳에도 들락거리면서 공주님과 가까이 지내는 것 같으니, 그자에게 제우스가 맞다면 번개를 차고 있는 본모습을 한번 보여 달라고 요구하세요." 하며 부추겼다.

듣고 보니 이 말이 타당하다고 생각한 세멜레는 제우스가 인간으로 변신하고 자신을 찾아왔을 때 "만약 나의 청을 들어준다면, 꼭 하고 싶은 말이 있어요." 하며 제우스에게 다정하게 말했다. 사랑하는 연인이 다정하게 부탁하자, 제우스는 무엇이든 들어주고 싶은 마음이 생겨 저승의 강 스틱스(stix)에 맹세를 하면서 무슨 요청이든지 들어줄 테니 어서 말해 보라고 세멜레에게 말했다.(註. 죽은 자는 저승에 가기 위해 5개의 강 곧

「제우스와 세멜레」, 구스타브 모로 作

슬픔의 강 아케론, 탄식의 강 코키토스, 정화의 강 플레게톤, 증오의 강 스틱스, 망각의 강 레테를 건너야 된다.) 스틱스강에 맹세를 하면, 비록 신일지라도 맹세를 지키지 않을 수 없게 되었다. 스틱스강에게 맹세한 것을 확인한 세멜레는 제우스에게 "님이 본처인 헤라와 사랑을 나눌 때의 본모습을 보여 주세요." 하고 요구했다. 제우스는 "아뿔싸!" 하고 세멜레의 입을 막으려고 했지만, 이미 애인의 입에서 나온 말을 다 듣고 말았다.

올림푸스로 돌아간 제우스는 후회하고 절망했지만, 돌이킬 수 없었다. 제우스는 스틱스강에 한 맹세를 지키기 위해, 자신이 갖고 있는 번개 중에서 제일 약한 것을 골라 정장을 하고 세멜레를 찾아갔다. 무릇 권력자의 근원을 살피는 것은 위험할 수 있다. 흔히 일컫기를 '진실을 알면 다칠 수 있다.'는 것이다. 신이 아닌 인간이었던 세멜레는 제우스의 본모습에서 나오는 광채를 견딜 수 없었다. 그녀의 몸은 순식간에 새까맣게 타 버렸다.

사랑하는 연인을 잃은 제우스는 탄식하며 전령의 신 헤르메스를 시켜 세멜레의 자궁에 있던 아기를 끄집어내어 데려오게 했다. 제우스는 헤르메스가 데려온 아기를 자신의 허벅지를 갈라 그곳에 품고 실로 꿰맸다. 세멜레의 배 속에서 덜 자란 아기를 제우스가 자신의 허벅지에서 출산일까지 키웠다. 출산 기일이 지나 꺼낸 아기는 세멜레의 여동생에게 맡겨졌다가 나중에는 니사산의 요정들에 의해 자랐으며, 이 아이가 자라서 포도주의 신이자 술의 신인 '디오니소스'가 되었다.

✳ 의술의 신 아스클레피오스의 탄생

이스키스와 약혼한 코로니스는 아폴론 신에게 반해 처녀의 몸으로 아폴론과 몸을 섞었다. 그 이후 아폴론의 아기까지 잉태한 코로니스는 정조를 지키지 못하고 약혼자가 아닌 다른 남자의

「아폴론와 코로니스」, 골치우스 作

아기를 가졌다는 사실을 누구에게도 알릴 수 없었다. 그러나 흰까마귀가 아폴론에게 날아들어 코로니스가 이스키스의 아기를 잉태했다고 속닥거렸다. 그러자 아폴론은 사실을 확인하지도 않은 채 흰까마귀의 모략을 믿고 격노하여, 자신의 여동생 아르테미스를 시켜 코로니스를 화살로 쏘아 죽이고 말았다.

그러나 모든 것이 오해였음을 깨달은 아폴론은 자신에게 속닥거린 흰까마귀를 벌로써 검은색으로 만들었고, 코로니스의 배에서 태아를 꺼내 키웠다. 이 아이가 바로 의술의 신 아스클레피오스며 반인반마인 켄타우로스족의 케이론에게 교육받았다.

✱ 아폴론과 다프네

　아폴론은 아프로디테의 아들 에로스를 놀렸다. 에로스의 활과 자신의 활을 비교하면서 자신의 활은 얼마 전 괴물 피톤을 쏘아 죽인 대단한 활이지만 에로스는 귀엽기만 한 조그만 활과 화살을 가지고 다닌다며 비웃은 것이다. 그러자 에로스는 발끈 화를 내면서 아폴론에게 자신의 활이 얼마나 대단한지 깨닫게 해 주겠다고 마음속으로 별렀다.

　어느 날 아폴론은 강의 신 페네이오스의 정원에서 그의 아름다운 딸 다프네를 보게 되었다. 에로스는 이때를 놓치지 않고 아폴론과 다프네에게 각각 화살을 날렸다. 아폴론에게는 연정을 품게 되는 황금 화살을 쏘았고, 다프네에게는 냉정과 미움이 싹트는 납화살을 쏘았던 것이다. 화살에 적중된 아폴론은 다프네를 향한 맹렬한 애정을 느끼며 그녀에게 구애했으나, 에로스의 납화살을 맞은 다프네는 아폴론의 애정에 혐오감을 느끼며 도망치려 했다.

　아폴론이 도망치는 그녀를 뒤쫓아 가서 자신의 여인으로 취하려 하자 다프네는 아버지에게 기도했다. "제발 나를 이 치욕과 고통에서 구해 주세요." 강의 신 페네이오스는 이 기도를 듣고서 딸의 소원을 이루어 주었다. 다프네의 몸은 서서히 굳어지고 온몸은 딱딱한 나무줄기와 가지가 되었다. 사랑을 이룰 수 없었던 아폴론은 나

▌ 월계수

　　　　　　　　　　─── 로마의 선택과 결정 ① 도시의 창건

무를 부둥켜안고서 회한의 눈물을 흘렸다. 그러고서는 이렇게 말했다. "앞으로 이 나무는 나의 상징과 영광이 되리라!" 그 이후로 승리자의 화관은 이 나무줄기를 엮어 만들어졌고, 이 나무는 모든 사람들이 우러러보는 영예를 가지게 되었다. 그리고 사람들은 그 나무의 이름을 다프네라고 했으며 곧 월계수였다.

BC 753	로물루스 건국
BC 751	로마인들이 사비니족 여인들 납치
BC 509	로마 공화정 성립
BC 504	클라우디우스 家 로마로 이주
BC 491	코리올라누스 로마 침공
BC 494	호민관직 설치
BC 458	킨킨나투스가 알기두스 산 밑 계곡에서 위기를 맞은 로마군을 구함
BC 452	10인 위원회 구성
BC 451 (혹은 450)	12표법 제정
BC 449	10인 위원회 해체
BC 445	카눌레이우스 법으로 귀족과 평민 간에 결혼 가능
BC 444	집정관 권한을 가진 군사 호민관 최초 선출
BC 439	킨킨나투스가 다시금 독재관에 임명되어 로마를 구함
BC 405	베이이와의 전쟁 중에 최초로 병사들에게 급료를 지급
BC 396	베이이 공략하여 정복
BC 390	브렌누스가 이끄는 갈리아족이 로마 침공
BC 384	전직 집정관 만리우스 재판 후 처형
BC 378	갈리아쪽 침공으로 부서진 세르비우스 성벽 착공
BC 367	리키니우스-섹스티우스 법 통과로 평민이 집정관이 될 수 있는 길이 열림
BC 356	독재관직이 평민에게 개방됨
BC 351	팔레리이 공략. 감찰관직이 평민에게 개방됨
BC 343~341	제1차 삼니움 전쟁
BC 337	법무관직이 평민에게 개방됨

BC 327~304	제2차 삼니움 전쟁
BC 321	카우디움 협곡에서 삼니움족에게 로마군 패배
BC 312	아피우스 클라우디우스 카이쿠스에 의한 아피아 가도와 아피아 수도 착공
BC 298~290	제3차 삼니움 전쟁
BC 287	호르텐시우스 법 제정으로 평민 집회에서 의결한 사항은 원로원의 결의가 없이도 효력을 가지게 됨
BC 281	로마가 타렌툼 공격
BC 280~275	피로스 왕의 침입
BC 270	루비콘강 이남의 이탈리아 반도 통일
BC 264~241	제1차 포에니 전쟁
BC 247	한니발 탄생
BC 241~238	용병 부대에 의한 카르타고 반란

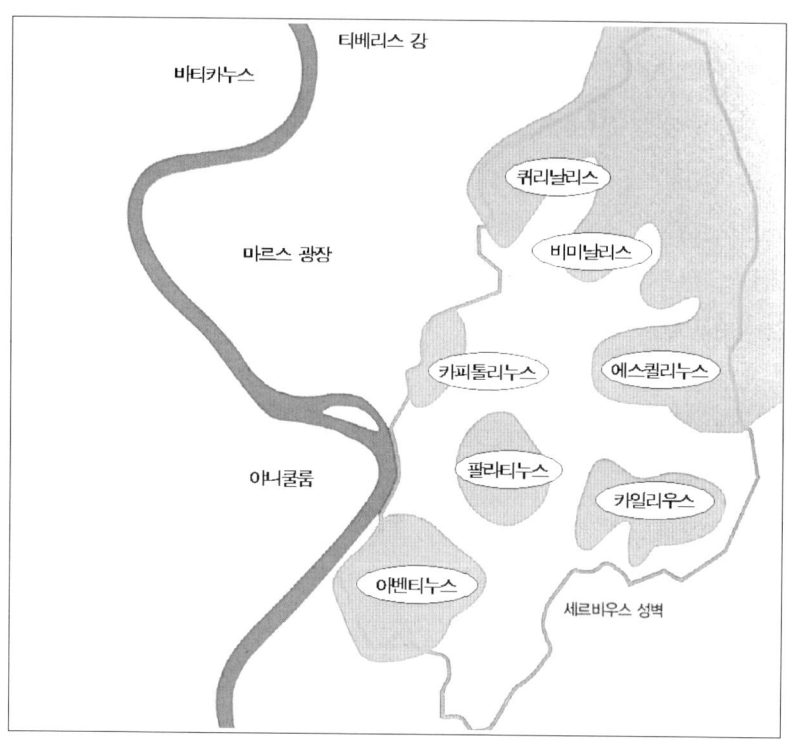

티베리스 강

바티카누스

마르스 광장

야니쿨룸

퀴리날리스

비미날리스

카피톨리누스

에스퀼리누스

팔라티누스

카일리우스

아벤티누스

세르비우스 성벽

▌로마시

—— 로마의 선택과 결정 ① 도시의 창건

다른 자들의 지혜를 위해 여백을 남긴다

Ad sapientias aliarum marginem relinquo

■ 참고문헌

○ Edward Gibbon 저, 김희용 외 2 역, 『The History Of The Decline And Fall Of The Roman Empire』(로마 제국 쇠망사), 민음사, 2008~2010

○ Publius Cornelius Tacitus 저, 박광순 역, 『Annales』(연대기), 종합출판 범우(주), 2005

○ Publius Cornelius Tacitus 저, 김경현 외 1 역, 『Historiae』(타키투스의 역사) 한길사, 2011

○ Theodor Mommsen 저, 김남우 외 2 역, 『Römische Geschichte』(몸젠의 로마사) 푸른역사, 2013~2015

○ Plutarchos 저, 이다희 역, 『Bioi Paralleloi』(플루타르코스 영웅전), Human & Books, 2010~2015

○ Gaius Julius Caesar 저, 김한영 역, 『Commentarii De Bello Civil』(내전기) 사이, 2005

○ Gaius Julius Caesar 저, 김한영 역, 『Commentarii De Bello Gallico』(갈리아 전쟁기), 사이, 2005

○ Fritz M. Heichelheim, Cedric A. Yeo 공저, 김덕수 역, 『A History Of The Roman People』(로마사) 현대지성사, 1999

○ Donald R. Dudley 저, 김덕수 역 『The Civilization Of Rome』(로마 문명사), 현대지성사, 1997

○ 시오노 나나미 저, 김석희 역, 『Res Gestae Populi Romani』(로마인 이야기), 한길사, 1995~2007

○ Niccolo Machiavelli 서, 권역 닉, 『Il Principe』(군수톤), 논을새심, 2005

○ Niccolo Machiavelli 저, 강정인 외 1 역, 『Discorsi sopra la prima deca di Tito Livio』(로마사 논고), 한길사, 2003

○ Peter Heather 저, 이순호 역, 『The Fall of the Roman Empire : a new history of Roman and the Barbarians』(로마 제국 최후의 100년), 뿌리와이파리, 2008

○ Philip Matyszak 저, 박기영 역, 『Chronicle of the Roman Republic』(로마 공화정), 갑인공방, 2004

○ Alberto Angela 저, 주효숙 역, 『Una Giornata Nell'antica Roma』 (고대 로마인의 24시간) 까치, 2011

○ Chris Scarre 저, 윤미경 역, 『Chronicle of the Roman Emperors』 (로마 황제), 갑인공방, 2004

○ Jérôme Carcopino 저, 류재화 역, 『Rome à l'apogée de I'Empire : la vie quotidienne』 (제국의 전성기 고대 로마의 일상생활), 우물이있는집, 2003

○ Alberto Angela 저, 김효정 역, 『Amore e sesso nell'antica Roma』 (고대 로마인의 성과 사랑) 까치, 2014

○ Marcus Tullius Cicero 저, 허승일 역, 『De Officiis』 (의무론), 서광사, 2006

○ Marcus Tullius Cicero 저, 김창성 역, 『De Re Publica』 (국가론), 한길사, 2007

○ Marcus Tullius Cicero 저, 김남우 역, 『Tusculanae Disputationes』 (투스쿨룸 대화), 아카넷, 2014

○ Anthony Everitt 저, 조윤정 역, 『The First emreror』 (아우구스투스 : 로마 최초의 황제), 다른세상, 2008

○ Gaius Suetonius Tranquillus 저, Robert von Ranke Graves 영역, 조윤정 역, 『De Vita Caesarum』 (열두 명의 카이사르), 다른세상, 2009

○ Frank McLynn 저, 조윤정 역, 『Marcus Aurelius』 (철인황제 마르쿠스 아우렐리우스), 다른세상, 2011

○ Marcus Tullius Cicero 저, 천병희 역, 『Cato maior de senectute』 (노년에 관하여), 숲, 2011

○ Marcus Tullius Cicero 저, 천병희 역, 『Laelius de amicitia』 (우정에 관하여), 숲, 2011

○ Publius Vergilius Maro 저, 천병희 역 『Aeneis』 (아이네이스), 숲, 2004

○ Publius Ovidius Naso 저, 천병희 역 『Fasti』 (로마의 축제일), 한길사, 2005

○ Herodotos 저, 천병희 역, 『Histories Apodexis』 (역사), 숲, 2009

○ Thucydides 저, 천병희 역, 『Ho Polemos Ton Peloponnesion Kai Athenaion』 (펠로폰네소스 전쟁사), 숲, 2011

○ Publius Cornelius Tacitus 저, 천병희 역, 『De origine et situ Germaniorum』 (게르마니아), 숲, 2012

○ Publius Vergilius Maro 저, 김남우 역 『Aeneis』 (아이네이스), 열린책들, 2013

○ Adrian Goldsworthy 저, 백석윤 역, 『Caesar』(가이우스 율리우스 카이사르), 루비
박스, 2007

○ Adrian Goldsworthy 저, 하연희 역, 『The Fall of the West』(로마 멸망사), 루비박스,
2012

○ Adrian Goldsworthy 저, 강유리 역, 『In the Name of Rome : The Men Who Won the
Roman Empire』(로마전쟁영웅사), 말글빛냄, 2005

○ Ronald Syme 저, 허승일 외 1 역, 『Roman Revolution』(로마 혁명사), 한길사,
2006

○ Charles de Montesquieu 저, 김미선 역, 『Considérations sur les causes de la grandeur
des Romains et de leur décadence』(로마의 성공, 로마 제국의 실패), 사이, 2013

○ Aurelius Augustinus 저, 추인해 역, 『De civitate dei』(신국론), 동서문화사, 2013

○ Ray Laurence 저, 최기철 역, 『Roman Passion』(로마 제국 쾌락의 역사), 미래의 창,
2011

○ Gaius Sallustius Crispus 저, 『Bellum Jugurthinum』(유구르타 전쟁기)

○ Cassius Dio Cocceanus 저, 『Historia Romana』(로마사)

○ Titus Livius Patavinus 저, 『Ab Urbe Condita Libri』(로마사)

○ Augustus 저, 『Res Gestae Divi Augusti』(업적록)

○ Gaius Sallstius Crispus 저, 『Bellum Catilinae』(카틸리나 전쟁기)

○ Homeros 저, 천병희 역, 『Ilias』(일리아스), 숲, 2012

○ Homeros 저, 천병희 역, 『Odysseia』(오딧세이아), 숲, 2006

○ Platon 저, 천병희 역, 『Πολιτεια』(국가), 숲, 2013

○ Menandros 저, 천병희 역, 『메난드로스 희극(심술쟁이, 중재판정, 사모스의 여인,
삭발당한 여인)』, 숲, 2014

○ Euripides 저, 천병희 역, 『에우리피데스 비극 선집(안드로마케)』, 숲, 2009

○ Lucius Annaeus Seneca 저, 천병희 역, 『Dialogorum Libri Duodecim : De brevitate
vitae(인생의 짧음에 관하여), De tranquillitate animi(마음의 평정에 관하여), De
providentia(섭리에 관하여), De vita beata(행복한 삶에 관하여)』(인생이 왜 짧은가
: 세네카의 행복론), 숲, 2005

○ Lucius Annaeus Seneca 저, 김혁 외 3 역, 『De Beneficiis』(베풂의 즐거움), 눌민,
2015

○ Platon 저, 박종현 역, 『Pratonis Opera : Κριτων, Φαιδων』(플라톤의 대화 편 : 크리톤, 파이돈), 서광사, 2003

○ Ramsay MacMullen 저, 김창성 역, 『Roman Government's Response to Crisis』(로마 제국의 위기:235~337년 로마 정부의 대응), 한길사, 2012

○ Flavius Josephus 저, 박정수 외 1 역『Historia Ioudaikou Polemou Pros Romaious』(유대 전쟁사), (주)나남, 2008

○ B.H. Liddell Hart 저, 박성식 역, 『Scipio Africanus : Great than Napoleon』(스키피오 아프리카누스), 사이, 2010

○ Tom Holland 저, 김병화 역, 『Rubicon』(루비콘 : 공화정에서 제정으로, 로마 공화국 최후의 날들), 책과함께, 2017

○ Tom Holland 저, 이순호 역, 『Dynasty(다이너스티 : 카이사르 가문의 영광과 몰락), 책과함께, 2017

○ Philipp Vandenberg 저, 최상안 역, 『Nero』(네로 : 광기와 고독의 황제), 한길사, 2003

○ Gaius Petronius Arbiter 저, 강미경 역, 『satyricon』(사티리콘), 공존, 2008

○ Lucius Apuleius 저, 송병선 역, 『Metamorphoses』(황금 당나귀), 매직하우스, 2007

○ Barry Strauss 저, 최파일 역, 『Spartacus War』(스파르타쿠스 전쟁), 글항아리, 2011

○ Jean Yves Boriaud 저, 박명숙 역, 『Histoire de Rome』(로마의 역사), 궁리, 2007

○ Reinhart Raffalt 저, 김이섭 역, 『Grosse Kaiser Roms』(로마 황제들의 눈물), 찬섬, 1997

○ Pamela Marin 저, 추미란 역, 『Blood in the forum』(피의 광장 : 로마 공화정을 위한 투쟁), 책우리, 2009

○ K.R. Bradley 저, 차전환 역, 『Slaves and Masters in Roman Empire : A Study in Social Control』(로마 제국의 노예와 주인 : 사회적 통제에 대한 연구), 신서원, 2001

○ Jean-Marie Engel 저, 김차규 역, 『L'Empire romain』(로마 제국사), 한길사, 1999

○ Karl Wilhelm Weeber 저, 윤진희 역, 『Nachtleben im alten Rom』(고대 로마의 밤문화), 들녘, 2006

○ 장진쿠이 저, 남은숙 역, 『흉노제국 이야기』, 아이필드, 2010

○ 시부사와 다츠히코 저, 『세계 악녀 이야기』, 삼양미디어, 2009

○ Robert Knapp 저, 김민수 역, 『Invisible Romans』(99%의 로마인은 어떻게 살았을까), 이론과실천, 2012

○ Tomas R. Martin 저, 이종인 역, 『Ancient Rome : From Romulus to Justinian』(고대 로마사), 책과함께, 2015

○ Carl Richard 저, 이광일 역, 『Why We're All Romans : The Roman Contribution to the Western World』(왜 우리는 로마인의 후예인가? : 고대 로마와 로마인의 입문서), 이론과실천, 2014

○ Simon Baker 저, 김병화 역, 『Ancient Rome』(처음 읽는 로마의 역사), 웅진지식하우스, 2008

○ Stephen Dado Collins 저, 조윤정 역, 『Caesar's legion』(로마의 전설을 만든 카이사르 군단), 다른세상, 2010

○ Indro Montanelli 저, 김정하 역, 『Storia di Roma』(로마 제국사), 까치, 1998

○ Ivar Lissner 저, 김지영 · 안미라 역, 『So Lebten Die Roemischen Kaiser』(로마 황제의 발견 : 천의 얼굴을 가진 사람들의 이야기), ㈜살림출판사, 2007

○ Procopius 저, 곽동훈 역, 『Αποκρυφη Ιστορια』(프로코피우스의 비잔틴제국 비사), 들메나무, 2015

○ Titus Lucretius Carus 저, 강대진 역, 『De Rerum Natura』(사물의 본성에 관하여), 아카넷, 2011

○ Christopher Kelly 저, 이지은 역, 『The Roman Empire : A Very Short Introduction』(로마 제국), 교유서가, 2015

○ 김덕수 저, 『아우구스투스의 원수정』, 길, 2013

○ 김진경 외 저, 『서양고대사강의』, 한울, 2011

○ 배은숙 저, 『강대국의 비밀』, 글항아리, 2008

○ 배은숙 저, 『로마 검투사의 일생』, 글항아리, 2013

○ 임웅 저, 『로마의 하층민』, 한울, 2004

○ 정태남 저, 『로마 역사의 길을 걷다』 마로니에북스, 2009

○ 차전환 저, 『고대 노예제 사회 : 로마 사회경제사』, 한울, 2015

○ 한국서양고대역사문화학회 엮음, 『아우구스투스 연구』, 책과함께, 2016

○ 허승일 저, 『로마 공화정 연구』, 서울대학교출판부, 1985

○ 허승일 외 저, 『로마 제정사 연구』, 서울대학교출판부, 2000

○ 최정동 저, 『로마제국을 가다』, 한길사, 2007

○ Bernard Haisch 저, 석기용 역, 『The God Theory』(신 이론), 책세상, 2010

○ Victor J. Stenger 저, 김미선 역, 『God The Failed Hypothesis』(신 없는 우주), 바다
출판사, 2013

○ 미치오 카쿠 저, 박병철 역, 『Parallel Worlds』(평행 우주), 김영사, 2006

○ Martin Bojowald 저, 곽영직 역, 『Once Before Time』(빅뱅 이전), 김영사, 2011

○ Stephen Hawking 저, 김동방 역 『The illustrated a brief history of time』(그림으로 보
는 시간의 역사) 까치글방 1998

○ Brian Greene 저, 박병철 역, 『The Hidden Reality』(멀티 유니버스), 김영사, 2012

○ 이지유 저 『처음 읽는 우주의 역사』(주)휴머니스트 2012

○ 강성길, "티베리우스 그라쿠스 농지법의 수혜 대상"'『경북사학』 12(1989),
pp.139~173

○ 강성길, "로마 공화정 후기와 제정 초기 선거 민회의 '입후보 신고(professio)'"『대구
사학』 72(2003), pp.277~310

○ 강성길, "로마 공화정 후기 트리부스 선거민회의 투표 결과 공표를 위한 절차와
'집단 투표의 공정성'"『서양고대사연구』 14(2004), pp.117~151

○ 강성길, "로마 동맹국 전쟁과 내전 시기(기원전 91~82년) 신시민의 투표권"『서양
고대사연구』 17(2005), pp.91~129

○ 강준창, "아우구스티누스와 국가권력 : 농민반란을 중심으로"『역사와담론』
15(1987), pp.121~140

○ 김경현, "129년 : Gracchani에 의한 Equites 정책의 맹아기? : 공마 반환법
(plebiscitum equorum reddendorum) 및 극장법(lex theatralis)과 관련하여(上)"『사총』
27(1979), pp.49~75

○ 김경현, "기원전 2세기 로마의 정치와 스토아 사상 : 티베리우스 그라쿠스의 개혁
의 이념적 배경과 관련하여"『서양사론』 27(1986), pp.1~42

○ 김경현, "공화정 후기에서 제정 전기 사이 로마 상류층에서 '여성 해방'의 실제"
『서양고전학연구』 11(1997), pp.325~357

○ 김경현, "제정기 로마시의 주택사정"『에피스테메』창간호(2007), pp.104~146

○ 김경현, "공화정기 도시 로마의 수로 건설 배경에 관한 연구"『중앙사론』30(2009), pp.79~108

○ 김경현, "율리우스 카이사르의 신격화 : 그리스·로마 전통의 종합"『서양고대사연구』26(2010), pp.251~280

○ 김경현, "고대 로마의 페티알리스(fetialis)와 정당한 전쟁"『역사학보』216(2012), pp.137~163

○ 김경현, "로마 제국의 흥망"『서양고대사연구』33(2012), pp.33~96

○ 김경현, "팍스 로마나 시대, 로마 제국의 지배 원리 : 식민지 엘리트의 시선"『역사학보』217(2013), pp.3~36

○ 김경희, "로마의 지참금 제도에 관한 연구"『서양고대사연구』6(1998), pp.71~103

○ 김덕수, "프린키파투스의 위기와 아우구스투스의 원로원 재편(23-18 B.C)"『서양사연구』15(1994), pp.1~43

○ 김덕수, "아우구스투스의 혼인법들과 프린켑스"『서양고전학연구』11(1997), pp.295~324

○ 김덕수, "옥타비아누스와 레피두스의 권력 분쟁"『서양사연구』21(1997), pp.1~31

○ 김덕수, "아우구스투스 시기 켄투리아 민회에서의 정무관 선출권"『서양고전학연구』14(1999), pp.163~183

○ 김덕수, "로마 공화정에서 프린키파투스 체제로의 이행과 기사 신분(equester ordo)"『역사교육』105(2008), pp.165~184

○ 김덕수, "아우구스투스와 기사 신분 : 기능과 역할에 대하여"『서양고대사연구』25(2009), pp.147~174

○ 김덕수, "'로마 공화정의 교사' 리비우스와 역사의 모범 사례(exemplum) : 브루투스와 아우구스투스를 중심으로"『역사교육』123(2012), pp.217·242

○ 김병용, "서기 476년 중세의 시작? : 로마 제국과 게르만족의 관계를 중심으로"『독일연구』9(2005), pp.133~156

○ 김상수, "「로마」 공화정의 붕괴 원인에 관한 일고"『서양사론』9(1969), pp.94~100

○ 김상엽, "로마 공화정기의 곡물 문제와 정치"『서호사학』38(2004), pp.213~246

○ 김상엽, "로마 제정 초기 황제들의 곡물 정책"『서양고대사연구』15(2004), pp.79~102

○ 김상엽, "고대 로마의 저출산 현상과 아우구스투스의 결혼 법령 : 한국의 저출산 현상에 대한 대책과의 비교를 중심으로"『호서사학』44(2006), pp.121~141

○ 김상엽, "서기 2세기 로마 제국의 알리멘타(alimenta) 프로그램"『역사와담론』54(2009), pp.185~203

○ 김상엽, "로마 공화정 말기와 제정 초기 곡물 배급과 정치적 소통의 관계"『서양고대사연구』35(2013), pp.175~218

○ 김선정, "원시 기독교의 사회적 정황 : 로마 황제 제의를 중심으로"『신약논단』12:1(2005), pp.197~217

○ 김영목, "로마 공화정 말기 정치와 사적 관계"『서양고대사연구』8(2000), pp.39~62

○ 김창성, "로마 공화정기 사적소유농지에 대한 과세와 그 귀결 : 기원전 111년 농지법 19~20행 분석"『서양사연구』17(1995), pp.137~162

○ 김창성, "로마 공화정 후기 마리우스의 '군제개혁'과 국가재정"『역사학보』62(1997), pp.95~122

○ 김창성, "로마 공화정기 이탈리아 동맹국의 사회구조와 토지보유 관계 : 통일의 사회·경제적 지평"『역사학보』165(2000), pp.177~210

○ 김창성, "로마 동맹국 전쟁 이후 이탈리아 자치도시의 구조와 중앙의 통제"『역사학보』184(2004), pp.247~280

○ 김창성, "폴리비오스의 발전관과 혼합정체 국가들 : 이탈리아 동맹의 관점에서 다시 읽기"『서양고대사연구』26(2010), pp.225~250

○ 김창성, "로마 최초 식민시 오스티아 건설의 목적"『서양고대사연구』28(2011), pp.207~235

○ 김창성, "로마의 속주 지배와 징세 청부 : 공화정 후기를 중심으로"『서양고대사연구』35(2013), pp.141~173

○ 김칠성, "프린키파투스 체제 성립기의 급수 제도"『서양고대사연구』31(2012), pp.103~142

○ 김학철, "마태복음서와 로마의 통치 : 로마 제국과의 관계 설정의 문제를 중심으로"『성서학술세미나』5(2008), pp.1~21

○ 김혜진, "망각된 얼굴들 : 제정기 로마 미술에서 기록 말살형에 드러난 정치적 금기의 (역)효과"『미술사학보』42(2014), pp.7~28

○ 남성현, "로마법과 기독교 : 간통 및 이혼에 관한 로마법 전통과 4~6세기 기독교 시대의 칙법 전통"『서양고대사연구』29(2011), pp.195~260

○ 류호성, "자색 옷에 관한 역사적 고찰(눅 16:19-31)"『신약논단』19:1(2012), pp.1~36

○ 박창식, "삭개오의 회개와 로마의 조세제도"『로고스경영연구』7:1(2009), pp.159~176

○ 배은숙, "전쟁을 통해 본 로마의 역사"『계명사학』22(2011), pp.93~137

○ 배은숙, "왕정기에서 3세기까지 로마 군대의 규모"『서양고대사연구』31(2012), pp.143~182

○ 배은숙, "율리아 추방의 정치적 의미"『대구사학』60(2000), pp.251~277

○ 서동진, "초기 기독교 공동체의 사회구조 변화"『서양고대사연구』5(1997), pp.53~69

○ 송유례, "역사속의 철인왕 : 율리아누스 황제의 인간애"『철학사상』34(2009), pp.143~178

○ 신명주, "로마 가족 내에서의 부모-자녀 관계"『서양고대사연구』7(1999), pp.43~67

○ 신미숙, "기원전 2세기 로마의 동방 정책과 '그리스인의 자유'"『서양고대사연구』창간호(1993), pp.87~116

○ 신미숙, "제2차 마케도니아 전쟁의 원인"『서양사론』51(1996), pp.31~68

○ 신상화, "셉티미우스 세베루스의 군대개혁"『서양고전학연구』3(1989), pp.73~123

○ 안희돈, "로마 황제 베스파시아누스의 임페리움에 관한 법(A.D. 69)"『역사교육』54(1993), pp.113~152

○ 안희돈, "율리우스-클라우디우스 황실기 로마 시의 곡물 문제"『서양사론』64(2000), pp.5~26

○ 안희돈, "네로 황제와 황금 궁전"『서양고대사연구』19(2006), pp.201~229

○ 안희돈, "로마제정 초기 왕조지배 정치선전의 구체적 양상"『서양고대사연구』25(2009), pp.193~216

○ 안희돈, "고대 로마 교육에서 학생 체벌의 문제"『역사교육』115(2010), pp.199~220

○ 안희돈, "로마 공화정 후기 교육 환경의 성숙 : 도서관 건립과 그리스 지식인의 활동을 중심으로" 『역사교육』 126(2013), pp.277~301

○ 안희돈, "로마 공화정 중기 문학과 정치 : 리비우스 안드로니쿠스의 활동을 중심으로" 『서양고대사연구』 35(2013), pp.112~140

○ 안재원, "고대 로마의 이상적 연설가(orator perfectus)론" 『서양고전학연구』 20(2003), pp.119~140

○ 염창선, "초기 기독교와 로마 제국의 정치적 갈등과 대응" 『서양고전학연구』 51(2013), pp.107~144

○ 오만규, "콘스탄티누스 체제의 등장과 그리스도교 군복무관의 체제화" 『서양사론』 35(1990), pp.31~67

○ 오흥식, "로마의 튀케(τυχη)에 대한 폴리비오스의 견해" 『서양사론』 60(1999), pp.1~19

○ 이광 · 박영태, "로마 제국 시대에서 납의 생산 및 사용과 납중독" 『환경과학논집』 4:1(1999), pp.343~364

○ 이송란, "폼페이 출토 유리용기와 로마인의 화장 문화" 『인문과학연구논총』 35:1(2014), pp.305~336

○ 이승문, "로마 공동체의 경제적 갈등과 공존 : 로마서 14:1-15:13, 15:25-16:2을 중심으로" 『신약논단』 18:2(2011), pp.557~598

○ 이은혜, "암브로시우스는 콘스탄티누스주의적 감독(Constantinian Bishop)인가? : 대립과 결탁(감독 암브로시우스와 3명의 황제들)" 『장신논단』 45:4(2013), pp.117~140

○ 이지은, "로마 제정 초기의 황제 숭배" 『서양고대사연구』 25(2009), pp.217~250

○ 임웅, "고대 로마의 기아와 빵 그리고 정치 : 공화정 후기와 원수정기를 중심으로" 『서호사학』 38(2004), pp.247~285

○ 정기문, "디오클레티아누스 황제의 최고 가격령" 『서양사론』 63(1999), pp.5~30

○ 정기문, "디오클레티아누스 황제의 세정 개혁 : 예산 개념의 도입과 형평성 제고를 중심으로" 『역사교육』 72(1999), pp.79~99

○ 정기문, "후기 로마 제국은 쇠퇴와 몰락의 시기였는가?" 『서양고전학연구』 13(1999), pp.277~300

○ 정기문, "로마 제정의 조세제도 정비와 그 한계" 『서양고전학연구』 14(1999),

pp.217~240

○ 정기문, "서로마 제국의 멸망" 『서양사연구』 25(2000), pp.139~162

○ 정기문, "로마의 후마니타스와 인본주의" 『서양고대사연구』 30(2012), pp.103~130

○ 정기환, "콘스탄티누스의 종교 정책(Ⅰ)" 『종교와문화』 4(1998), pp.179~195

○ 정기환, "콘스탄티누스의 종교 정책(Ⅱ)" 『종교와문화』 5(1999), pp.99~117

○ 정기환, "데키우스의 기독교 정책" 『한국교회사학회지』 9(2000), pp.165~212

○ 조남진, "스토아 사상과 로마법" 『서양고대사연구』 2(1994), pp.23~78

○ 조영식, "원수정기 로마 황제와 군대" 고려대 박사 학위 논문, 2005

○ 조영식, "임페라토르(imperator)로서의 로마 황제" 『서양고대사연구』 17(2005), pp.171~195

○ 조영식, "3세기 로마의 제국방어 군사전략" 『서양사연구』 35(2006), pp.3~28

○ 조은정, "방문객의 시선 : 로마 저택의 실제와 허상" 『서양미술사학회』 30(2009), pp.163~190

○ 조인형, "대박해(303~312)와 유세비우스의 서술" 『사총』 34(1988), pp.103~154

○ 조인형, "유세비우스와 콘스탄티누스 대제에 관한 연구 : Vita Constantini를 중심으로" 『강원사학』 5(1989), pp.119~187

○ 조인형, "콘스탄티누스 대제의 황태자 처형의 배경과 그 여파" 『서양고대사연구』 2(1994), pp.79~110

○ 지동식, "초기 로마 연구에 있어서의 제문제" 『사총』 11(1966), pp.1~12

○ 지동식, "Etrusci의 동방기원 서설 : R.S.Conway와 R.Blosh의 연구를 중심으로" 『사총』 12(1968), pp.35~58

○ 차영길, "로마 노예의 특유 재산(peculium)에 관한 연구 : 공화정말~제정초의 노예제에 미친 영향을 중심으로" 『사총』 28(1984), pp.99·130

○ 차영길, "로마 노예 해방과 경제적 배경 : 기원 1,2세기 이탈리아의 농업 노예를 중심으로" 『사총』 30(1986), pp.347~368

○ 차영길, "로마 가족사 연구(Ⅰ) : '파밀리아'(familia)의 상층구조" 『서양고대사연구』 3(1995), pp.77~102

○ 차영길, "로마 노예 공급원과 '쓰렙토스(θρεπτο)'" 『부산사학』 28(1995), pp.237~257 o 차영길, "로마 경제의 '노예 대리인'(Ⅰ) : 빌리쿠스(vilicus)"『부산사학』29(1995), pp.139~153

o 차영길, "로마 상업에서 '노예 대리인(actor)의 역할과 존재 형태"『부산사학』32(1997), pp.157~177

o 차영길, "기원 1세기 로마 가족의 특징과 존재 형태"『역사와경계』49(2003), pp.61~86

o 차영길, "로마 해상무역에서 노예대리인(mercator)의 역할"『중앙사론』32(2010), pp.307~335

o 차영길, "고대 로마의 임산과 피임에 대한 이론과 실제"『역사와경계』76(2010), pp.233~258

o 차전환, "기원전 2세기 전반 로마의 농장 경영 : 카토의 농업서를 중심으로"『역사학보』116(1987), pp.61~98

o 차전환, "로마 공화정 말 제정 초기의 노예 가족"『호서사학』27(1999), pp.163~185

o 차전환, "로마 제정 초기 북아프리카 황제령의 경영"『서양사론』76(2003), pp.5~32

o 차전환, "기원전 4세기 로마인들은 어떻게, 무엇을 위해 전투했는가?"『서양고대사연구』25(2009), pp.119~145

o 차전환, "로마 제정 초기 타키투스의 역사 서술"『서양사론』110(2011), pp.352~377

o 차전환, "포에니 전쟁 : 카르타고 문명의 몰락"『서양고대사연구』35(2013), pp.77~110

o 최온, "원수정기 로마 지배 하의 아테네 : 헤로데스 아티코스(Herodes Attikos)와 그의 가문"『서양고대사연구』20(2007), pp.147~200

o 최주연, "기원전 1세기 도시 로마의 곡물 문제와 정치 : 클로디우스 곡물법을 중심으로"『서양고대사연구』30(2012), pp.67~102

o 최화선, "로마 공화정 말기의 '종교religio'와 '미신superstitio' 개념"『서양고전학연구』17(2001), pp.133~154

o 최혜영, "율리아누스 황제의 이교주의"『대구사학』41(1991), pp.185~233

o 최혜영, "크로노스의 황금 시대"『대구사학』56(1998), pp.141~163

○ 최혜영, "로마 황제 숭배와 기독교"『서양고대사연구』19(2006), pp.87~115

○ 최혜영, "고대 로마의 지식인"『서양사연구』34(2006), pp.5~35

○ 한도령, "건강한 신체에 건건한 정신이 깃든다 : 플라톤과 아리스토텔레스를 중심으로"『한국웰니스학회지』9:2(2014), pp.1~11

○ 허승일, "Tiberius Gracchus의 농지 정책 : 로마 혁명의 발단과 연관하여"『서양사학』7(1967), pp.105~109

○ 허승일, "티베리우스 그라쿠스의 로마 시 곡물수급계획"『역사학보』142(1994), pp.273~330

○ 허승일, "그라쿠스 형제 개혁 시대의 도시 로마의 경제 위기"『서양고전학연구』19(2012), pp.51~79

○ 허중권, "세계사에서의 무기 발달과 전술 전략의 변화"『국방과기술』259(2000), pp.64~67

○ Heinz Bellen, 조인학 역, "로마 황제 이념의 기독교화에 대하여 : 콘스탄티누스 황제에서 테오도시우스 황제까지"『서양고대사연구』2(1994), pp.129~152

○ Internet Britanica 백과사전

○ Internet 한국어 Wikipedia 등 그 외